FRANÇOIS Ier
ROI DE FRANCE, ROI-CHEVALIER
PRINCE DE LA RENAISSANCE FRANÇAISE
1494-1547

Max Gallo
de l'Académie française

François Ier

roi de France, Roi-Chevalier
prince de la Renaissance française

1494-1547

Récit

CRÉDITS PHOTOGRAPHIQUES

Page 1 : François Ier © Photo12/Oronoz **Pages 2 et 3** : La famille royale © Photo Josse/Leemage **Portraits page 2** : François de France © Look and Learn/Bridgeman Images ; Henri de France © RMN-Grand Palais/René Gabriel-Ojeda ; Charles de France © Bridgeman Images **Portraits page 3** : Claude de France © Giraudon/Bridgeman Images ; Éléonore de Habsbourg © DeAgostini/Leemage **Page 4** : Allégorie de la régence © Photo Josse/Leemage ; Antoine Duprat © Patrick Lorette/Bridgeman Images ; Marguerite de Navarre © Bridgeman Images **Page 5** : Françoise de Foix © Look and Learn/Bridgeman Images ; Anne de Pisseleu d'Heilly © Photo Josse/Leemage ; Diane de Poitier © RMN-Grand Palais/Daniel Arnaudet **Page 6** : François Ier © Photo Josse/Leemage ; Pierre Terrail © The Stapleton Collection/Bridgeman Images ; Mathias Schiner : Peter Willi/Bridgeman Images ; Prospero Colonna © Photo12/Oronoz **Pages 6 et 7** : Marignan © Bridgeman Images **Page 7** : Tableau de Louis Ducis © RMN-Grand Palais/René Gabriel-Ojeda **Page 8** : Henri VIII © Photo12/Ann Ronan Picture Library ; Le camp du Drap d'or © Photo Josse/Leemage **Page 9** : Charles Quint par Bernard van Orley © RMN-Grand Palais/Gérard Blot ; Tableau Antoine-Jean Gros © RMN-Grand Palais/Hervé Lewandowski ; Fresque de Taddeo Zuccaro © Photo12/Alfredo Dagli Orti **Page 10** : Pavie © MP/Leemage ; Charles III de Bourbon © RMN-Grand Palais/Gérard Blot ; Guillaume Gouffier © Bianchetti/Leemage **Page 11** : Traité de Cambrai © Giraudon/Bridgeman Images **Page 12** : Tableau de Jacopo Chimenti © akg-images/Rabatti – Domingie ; François Ier © akg-images/Erich Lessing ; Soliman Ier © Photo12/Ann Ronan Picture Library ; Barberousse © Christie's Images/Bridgeman Images **Page 13** : Chambort © RMN-Grand Palais/Gérard Blot ; Blois © Photo12/Hachedé ; Amboise © Photo12/Hachedé ; Tableau de Cesare Mussini © Photo12/Alfredo Dagli Orti **Page 14** : Fresque de Charles-Raphaël Maréchal © Photo Josse/Leemage ; Le Louvre © The Stapleton Collection/Bridgeman Images **Page 15** : Fontainebleau © DeAgostini/Leemage ; Galerie François Ier © Photo12/Michel Bury **Page 16** : Urne de la basilique de Saint-Denis © Photo12/Société Française de Photographie ; Tableau de Pierre-Henri Révoil © Photo RMN – P. Bernard ; Jeanne III d'Albret © Peter Willi / Bridgeman Images.

© XO Éditions, 2014
ISBN : 978-2-84563-681-1

« *La gloire n'appartient pas qu'aux armes, aux lances et aux glaives, l'Art lui est même supérieur.* »

François Ier

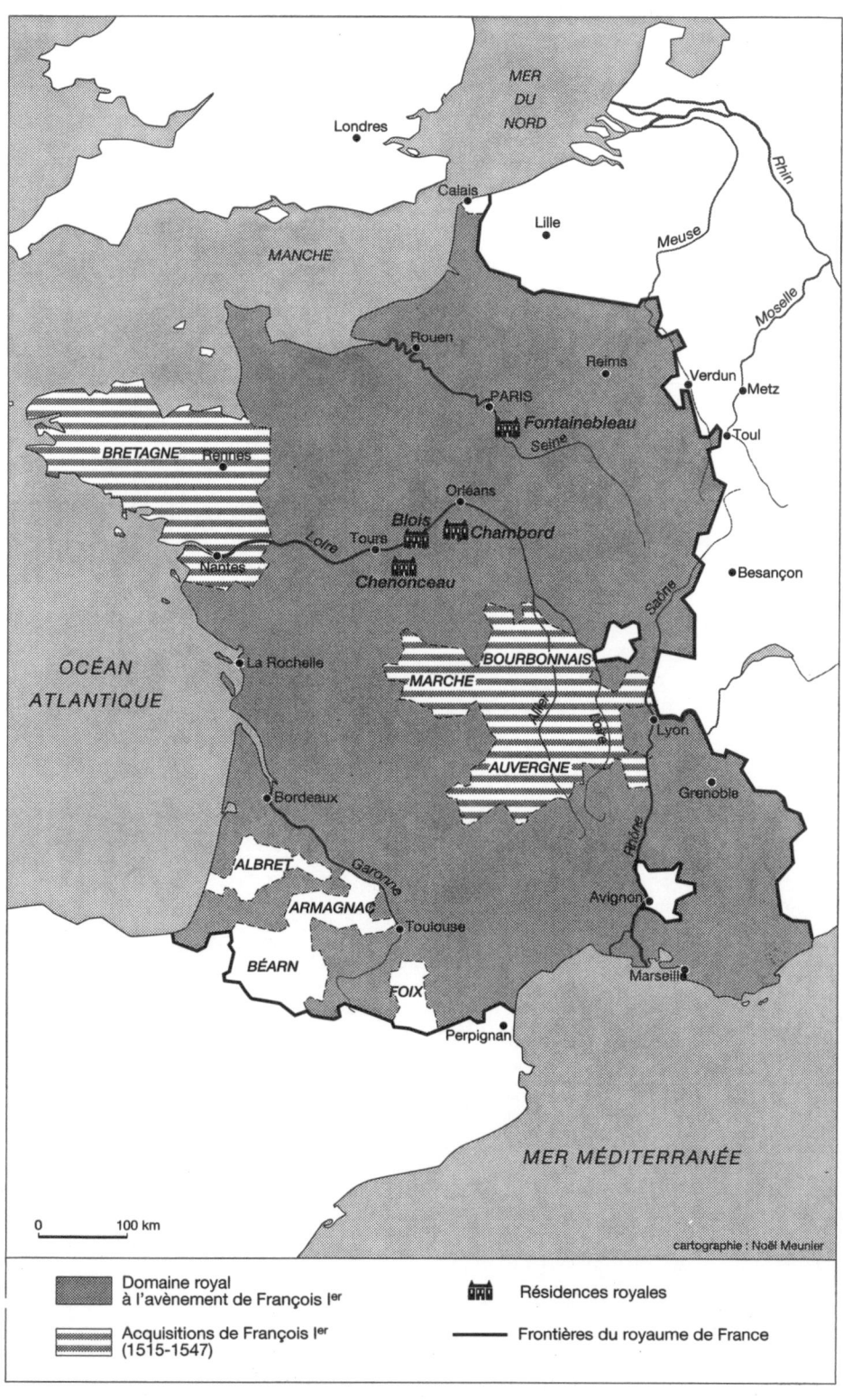

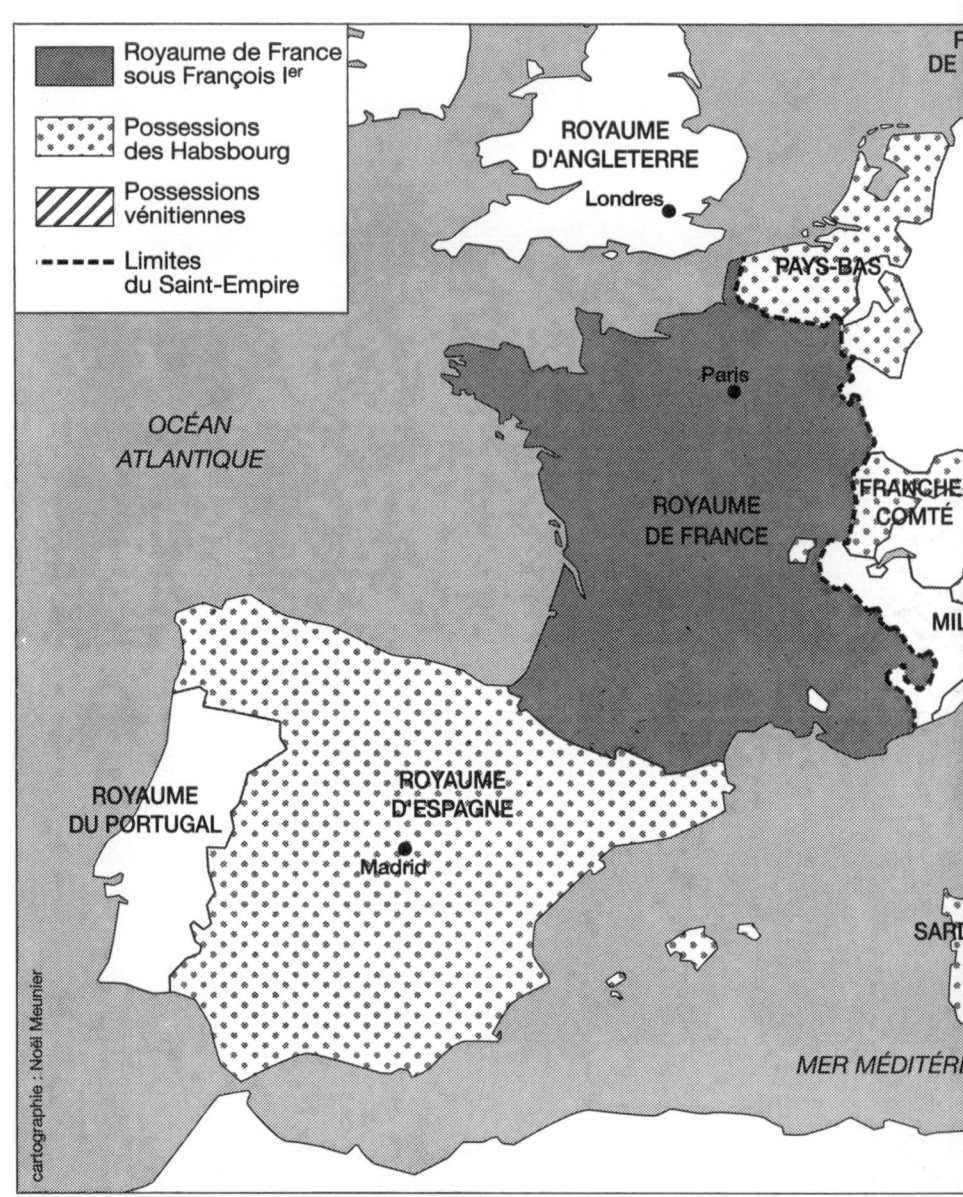

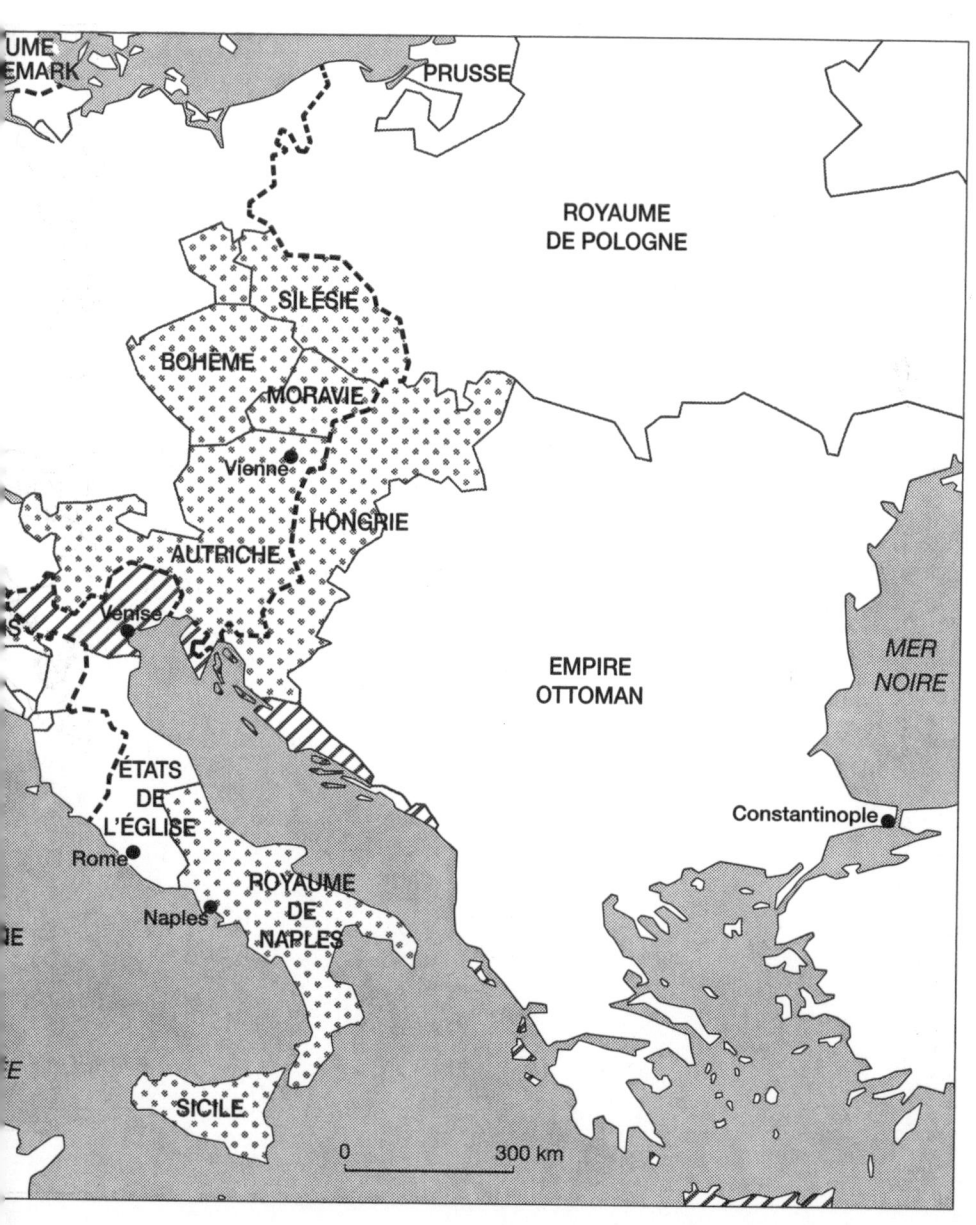

Prologue

Octobre 1546

Relation de Marino Cavalli, ambassadeur de la Sérénissime République de Venise auprès de François Ier, Roi Très Chrétien de France.[1]

Illustrissimes Seigneurs,
Depuis mon arrivée à la cour de France, à Rambouillet, puis lors de plus brefs séjours en maints autres châteaux sis dans les provinces et à Paris ou dans la proximité de cette imposante cité, j'ai mesuré aux courriers que vous m'adressiez votre impatience.

Mais j'ai pensé que le roi de France s'était fait connaître depuis trente-trois ans à votre très illustre État et au monde, et qu'il serait superflu de répéter ce que vous en savez déjà. Je ne parlerai donc dans ma relation que de la condition dans laquelle François Ier se trouve aujourd'hui, en cette année 1546.

Le roi, né à Cognac le 12 septembre 1494, a maintenant cinquante-deux ans. Il est fils de Charles d'Angoulême et de Louise de Savoie. Marguerite sa sœur, son aînée de deux années, a épousé Henri d'Albret, roi de Navarre.

Marguerite de Navarre voue un amour proche de la dévotion à son frère, devenu roi de France le 1er janvier 1515, à la mort de son oncle Louis XII, qui n'avait pas de descendant.

---

1. M. N. Tommaseo, *Relations des ambassadeurs vénitiens sur les affaires de France au XVIe siècle,* Paris, 1838. Cité dans Charles Terrasse, *François Ier, le roi et le règne,* Paris, Grasset, 1943-1970.

À la cour, on me chuchota que François Ier était assailli par la maladie.

Mais lorsque je l'ai vu s'avancer, je fus saisi par sa prestance tellement royale que sans le connaître ni avoir jamais vu ses portraits il n'est pas un étranger qui ne dise en l'apercevant : « C'est le roi. »

Il a dans tous ses mouvements une gravité, une grandeur telles que nul prince, à mon avis, ne saurait espérer je ne dis pas le surpasser mais même l'égaler.

Il est d'une excellente complexion, d'une constitution vigoureuse et gaillarde que n'ont ébranlée ni les soucis, ni les disgrâces, ni les fatigues qu'il n'a cessé d'endurer et qu'il endure encore dans tant de voyages et d'excursions à travers ses provinces.

Peu d'hommes auraient pu résister à tant de contretemps et d'obstacles inattendus.

La nature lui a donné une espèce de fistule qui le purge tous les ans de tout ce qu'il peut avoir d'humeurs malsaines, de façon que si ces humeurs ne deviennent pas trop abondantes, il pourra vivre longtemps encore.

Il mange et boit fort bien, il dort on ne peut mieux, et, ce qui importe encore plus, il tient à vivre gaiement et sans trop de soucis. Il aime la recherche dans ses habillements ; il les porte galonnés, chamarrés, parsemés de pierreries et d'ornements précieux. Ses pourpoints sont d'un élégant travail. Sa chemise, très fine, sort par l'ouverture du pourpoint, à la mode de France. Cette vie délicate et choisie peut contribuer au maintien de sa santé.

Si son corps supporte aisément tous les genres de fatigues, il n'aime pas fatiguer son esprit à réfléchir plus qu'il ne faut. Aussi s'en décharge-t-il d'ordinaire presque entièrement sur le cardinal de Tournon et l'amiral d'Annebault. Il ne prend de résolution et ne fait de réponse qu'après en avoir traité avec ces deux conseillers. Et s'il arrive par extraordinaire qu'on ait donné une réponse ou pris une mesure que le cardinal ou l'amiral aient désapprouvée, le roi consent à la révoquer ou à lui donner un autre tour. Mais pour les affaires de la première importance, dans les questions de guerre ou de paix, le roi ne s'en rapporte qu'à lui, n'entend pas qu'on résiste à ce qu'il a décidé, personne à la cour, quelle que soit l'autorité qu'il possède, n'oserait parler dans un sens opposé.

Il est doué d'un jugement excellent, d'un savoir des plus étendus. Il n'est art ni étude dont il ne puisse raisonner aussi justement que possible, et comme pourraient le faire ceux qui professent le mieux chacun de ces arts. Non seulement pour ce qui touche à la guerre, à la façon d'équiper une armée, de la conduire, de la faire combattre, de la loger et entretenir, de dresser un plan de bataille, d'assaillir et de défendre une ville, de diriger l'artillerie il est très capable, mais il n'ignore rien de ce qui a trait à la guerre maritime. Et dans un autre ordre d'idées, il parle merveilleusement de chasse, de tous les exercices du corps, de peinture, de tous les genres de lettres et de langues mortes ou vivantes.

Il est vrai que, avec tant de savoir et d'éloquence, il est loin d'avoir toujours été heureux en guerre, ce qui a fait dire à quelques-uns qu'il avait plus de sagesse sur les lèvres que dans l'esprit. Mais les revers qu'il a éprouvés doivent être attribués, selon moi, à la lenteur de ceux auxquels il a confié l'exécution de ses plans plutôt qu'à l'imperfection de ces plans. Il suffisait dans sa pensée de bien faire ce dont il avait pris la charge : à lui d'ordonner et de disposer, aux autres de bien exécuter. Et peut-être aurait-on le droit de lui demander plus d'activité, plus d'attention suivie à ses entreprises commencées, mais non plus de savoir et de perspicacité.

Sa Majesté est très naturellement portée à la clémence, à l'oubli parfait des offenses qu'on lui a faites. Elle semble toujours empressée de donner, bien que les exigences du temps aient modéré cette passion de largesse. Mais elle n'a pu réduire sa façon de vivre et celle de la cour au-dessous de trois cent mille écus, dont la reine emporte soixante-dix mille, au lieu de quatre-vingt-dix mille les années précédentes. La Bretagne et le Dauphiné donnent trois cent mille écus à M. le dauphin qui suffisent pour son entretien, celui de la dauphine, de leurs enfants, et de leur maison. Les œuvres d'architecture exigent cent mille écus, huit palais des plus somptueux ont été jusqu'à présent élevés, d'autres sont en voie de construction. La vénerie, les chariots, les toiles, les chiens, les oiseaux de proie réclament pour le moins cinquante mille écus ; puis, en joyaux, la dépense est aux environs de cinquante mille écus ; en menus plaisirs, tels que banquets, mascarades et autres ébats, cinquante mille ; autant en draps, tapisseries, dons particuliers ; l'entretien de sa maison, des gardes suisse, écossaise et française, est de plus de deux cent mille, sans compter les dames, auxquelles on donne en présents près de trois cent mille. Le tout répond annuellement pour la personne du roi, sa maison, celle de ses fils et de ses filles, à bien près de quinze cent mille écus. Si vous voyiez la cour de France, vous ne vous étonneriez pas d'une telle dépense : car elle entretient ordinairement six, huit, et jusqu'à douze mille chevaux.

Jeudi 31 mars 1547

Illustrissimes Seigneurs de Notre Sérénissime République de Venise,

J'ai vu mourir le roi François Ier dont il y a moins d'un an – en octobre 1546 – je vous décrivais la prestance royale, l'excellente complexion, la constitution vigoureuse et gaillarde. Il succomba dans la nuit du jeudi 31 mars 1547.

Tout au long de ce mois de mars, j'avais constaté que les forces du roi déclinaient. Il continuait de chasser en litière mais chaque soir la fièvre l'empourprait.
Et de jour en jour ceux qui, comme moi, étaient autour de lui, le trouvèrent fort changé de complexion et de façon de faire.
Il déclarait ne plus aspirer qu'au repos alors qu'à la fin du mois de janvier il chassait encore.
Ses médecins constatèrent l'apparition d'un nouvel abcès qu'ils décidèrent de percer.
L'évêque de Mâcon, Pierre Duchâtel, aumônier du roi, s'efforça de le réconforter.

Le roi se confessa, entendit la messe, communia.
Il tenta de se redresser et en pleurant il déclara qu'il regrettait ses péchés.
Il parut revenir à la vie.

François Ier, roi de France, Roi-Chevalier

On lui annonça que le roi Henri VIII d'Angleterre venait de mourir. François Ier ferma les yeux, cependant que le messager anglais lui rapportait les propos d'Henri VIII qui rappelait au roi de France que les souverains eux-mêmes, pourtant élus de Dieu, n'échappent pas à la mort.

Elle était dans cette chambre où l'on se pressait.

Le roi demanda l'extrême-onction. Puis il dit : « Je ne veux point partir de ce monde sans avoir tous les caractères et enseignes d'un chevalier sous l'étendard et conduite de Jésus-Christ. »

Il y eut des cris dans une chambre voisine.

On m'apprit le lendemain que la duchesse d'Étampes – aimée du roi depuis vingt ans – s'était jetée à terre criant : « Terre, engloutis-moi. »

Elle venait d'apprendre que le roi était à l'agonie et qu'elle devait quitter le château de Rambouillet. Elle ne serait pas autorisée à veiller le roi, à assister à ses obsèques puisqu'elle n'était qu'une favorite, même si une passion toujours vivante liait la duchesse et le roi. Mais, selon l'étiquette, elle n'était qu'une favorite.

À la mort du roi de France, les liens familiaux effaçaient tous les autres.

J'ai découvert, au cours de ces heures, la foi du roi envers le Christ et son Église.

Il dit au dauphin Henri :

« Mon fils, faites-vous encore votre devoir ? Dieu vous le rendra. »

Puis le roi, ému aux larmes, serra longuement la main de sa fille Marguerite.

Au dauphin Henri qui se tenait près de lui, il dit :

« Mon fils, vous m'avez été bon fils et je m'en contente. Je ne m'en irai point que je ne vous donne premièrement ma bénédiction. Il vous souviendra de moi.

« Mais quand vous viendrez en l'état où je suis maintenant pour aller rendre compte de votre charge devant Dieu, ce vous sera grand réconfort de pouvoir dire ce que je dirai maintenant, que je n'ai point de remords en ma conscience pour chose que je n'ai jamais faite ni fait faire à justice, à personne du monde que j'ai sue.
« Embrassez-moi, mon fils. »

Durant la nuit, alors qu'agenouillés, les familiers du roi, et les membres de la famille royale pleuraient, on alluma deux cierges dans la chambre.
« *In manus tuas, Domine, commendo spiritum meum.* »
Plus faiblement encore il ajouta :
« Je l'ai dit, je l'ai dit, Jésus. »

Ce furent ses derniers mots.

Il succomba dans la nuit du jeudi 31 mars entre une heure et deux heures du matin.

Le roi n'était plus qu'un cadavre d'homme, que le Premier médecin et le chirurgien autopsièrent.
Ils trouvèrent « une tumeur purulente en son estomac, des rognons gâtés, le poumon entamé ».

Illustrissimes Seigneurs,
Le roi François est mort.
Vous m'aviez choisi pour être Votre ambassadeur auprès de lui, à la cour de France.
J'avais noué avec le Souverain de sensibles attaches.
Quand j'ai entendu dans les galeries du château de Rambouillet les proches du dauphin Henri crier « Le roi est mort, vive le roi ! », j'ai su que ma tâche s'achevait.
Le dauphin Henri sera le roi d'hommes nouveaux.
Je sollicite donc de vos Grâces, le rappel auprès de Vous, Illustrissimes Seigneurs.
J'attends votre décision avec espoir.
J'ai hâte de regagner ma demeure du Grand Canal et de m'y vouer à une grande tâche. Si Dieu m'en donne l'élan et si Vous, mes Seigneurs m'y autorisez, je consacrerai le reste de ma vie à dresser le portrait du roi et à brosser la fresque de son règne.
Le roi de France a rêvé toute sa vie de l'Italie.
Et le destin de notre Sérénissime République a subi l'empreinte du Sien.

Marino Cavalli
Ambassadeur de la Sérénissime République de Venise auprès de Feu François Ier, Roi-Chevalier, prince des Arts.

Première partie

1494-1515

1.

Ce jeudi 31 mars 1547, on a placé autour du lit funèbre du roi de France douze cierges.

Le peintre François Clouet et son aide, qu'on a mandés chercher à Paris, s'affairent, penchés sur le corps déjà rigide du roi.

Ils prennent le moulage du visage du défunt François. Ils mesurent son corps, afin de confectionner en bois l'effigie du souverain qui sera exposée à Saint-Cloud, dans la maison de l'évêque de Paris.

On soulève le cadavre, le retourne, on le met sur le flanc.

François Clouet le caresse comme pour s'imprégner des formes du souverain. Il s'attarde, serrant les mains de François Ier. Il faudra qu'on puisse joindre les doigts comme si le roi priait ou tenait le sceptre et la main de la justice.

« Deux paires de mains », murmure Clouet.

Peu à peu la chambre se vide.

La plupart des présents veulent aller au-devant du dauphin Henri, qui est déjà pour tous Henri II.

Les derniers à se retirer sont les plus vieux, ceux qui ont connu François quand il n'était qu'un enfant, un duc de Valois.

Ceux-là, ces vieux amis et conseillers, ces comtes, ces ducs, ces chevaliers qui furent de toutes les guerres conduites par François Ier, se souviennent.

Ils ont entendu, il y a trente-deux ans, le 1er janvier 1515, le cri qui s'est à jamais inscrit dans leur mémoire :
« Le roi est mort, vive le roi ! »
Alors, ils étaient jeunes. Ils ne pouvaient dissimuler que la mort de Louis XII et l'ascension de François de Valois au trône leur apportaient la joie et le pouvoir, puisqu'ils étaient depuis l'enfance, les compagnons de jeu, les amis de François de Valois, devenu ce 1er janvier 1515 François Ier.

La mère de François était Louise de Savoie. Elle avait épousé en 1488 le comte Charles d'Angoulême. Charles VIII régnait sur le royaume de France, conduisait son armée en Italie, jusqu'à Naples.
Et Louise de Savoie donnait naissance en 1492 à une fille, Marguerite d'Angoulême. Mais c'est un fils qu'elle désirait.
Il naquit le 12 septembre 1494 à Cognac, l'année où Charles VIII guerroyait en Italie.

« Le roi est mort, vive le roi ! »
Charles VIII mourut en 1498. Et Louis, duc d'Orléans, lui succéda sous le nom de Louis XII.
François était un enfant de quatre ans, vigoureux, intrépide. Ses traits étaient si parfaitement tracés, sa peau si claire, ses gestes si mesurés, mais le corps musclé, qu'on eût dit l'une de ces statues qui, à Florence, commençaient à peupler les places, les arcades, les palais seigneuriaux, les nefs et les chapelles.
Les femmes – sa mère, sa sœur, les nourrices, puis les jeunes filles séduites avant même qu'il ne les vît – veillaient sur François de Valois. Et d'abord sa mère, Louise de Savoie, veuve de Charles d'Angoulême, en 1496, alors que François n'avait que deux ans, et qu'il serait donc un enfant sans père, adoré par sa mère et sa sœur, qui le chargeaient de leurs ambitions.

Or le destin – Dieu, pense Louise – semble favoriser François. Des unions de Louis XII avec Jeanne et Anne de Bretagne ne survécurent que des filles.

Louis XII est soucieux de l'avenir du royaume. Et le plus proche, ce François d'Angoulême, de la branche des Valois, qu'on marie à Claude de France, l'une des filles de Louis XII, est un successeur légitime.

Lorsque Louis XII meurt, le 1er janvier 1515, François, duc de Valois, âgé de vingt et un an, lui succède.

Louise de Savoie est comblée. Ce fils qu'elle n'a jamais quitté des yeux, elle peut enfin l'appeler « mon roi, mon seigneur, mon César et mon fils ».

Elle se souvient de chaque moment passé près de lui. Rien d'autre ne l'a préoccupée que le destin de ce fils.

Elle écrira, évoquant sa naissance :

« François par la grâce de Dieu, roi de France et mon César pacifique, prit la première expérience de lumière mondaine à Cognac, environ dix heures après midi, 1494, le douzième jour de septembre. »

Louise ajoute, remerciant Dieu du don qu'il venait de lui faire pour la nouvelle année :

« Le premier jour de janvier, je perdis mon mari et le premier jour de janvier, mon fils fut roi de France. »

2.

François de Valois, roi de France ?

Voilà des années que, autour du roi Louis XII, on ne doutait plus que le fils de Louise de Valois était déjà de fait le dauphin de France.

Au fur et à mesure que les épouses successives de Louis XII, Jeanne la Folle puis Anne de Bretagne, ne lui donnaient que des filles, le destin de François de Valois se dessinait.

D'abord Louis XII choisit Pierre de Rohan, maréchal de Gié, comme gouverneur de la famille d'Angoulême. L'homme était son plus proche compagnon, capitaine héroïque lors des guerres d'Italie, riche et bien né.

Il devait veiller sur la famille d'Angoulême, celle des Valois, la seconde famille de France, après celle des Orléans, dont Louis XII était le duc.

Et Louis composa avec une partie du patrimoine d'Orléans, un duché de Valois au bénéfice de François, désormais duc de Valois.

Puis le maréchal de Gié décida avec l'accord de Louis XII d'installer les Valois dans le château d'Amboise, l'un des séjours préférés de Louis XI, puis de Charles VIII avant qu'ils n'accèdent au trône.

Le château d'Amboise devint ainsi aux yeux de la noblesse le château où vivent les dauphins de France.

Quand les Valois y furent installés – Louis XII choisissant de vivre à Blois –, il fut évident que François, duc de Valois, était promis au trône.

C'est à Amboise que François, entouré de l'amour de sa mère, Louise, et de sa sœur, Marguerite – ils partagent tous trois la même chambre –, devint ce jeune homme dont le regard assuré et distrait en même temps ne s'attardait pas sur le visage de ses compagnons de jeux ou des jeunes femmes qui tentaient d'attirer son attention.

Il serait chevalier, et l'on murmurait : « C'est le dauphin ! »

Il était le « roi », déjà, des quelques jeunes gens qui l'entouraient et qui jouaient à la guerre, courant dans les galeries et les jardins qui, étagés, surplombaient la Loire. Ils se poursuivaient du sommet du donjon aux souterrains.

Sa mère veillait, craignant toujours qu'une mauvaise chute, un coup trop violent, ou une pierre lancée au cours des affrontements ne vînt briser le destin de François, duc de Valois.

Futur roi de France, de cela elle ne doutait pas, mais il fallait prendre garde.

Elle suivait son fils à la trace, veillant pourtant à ne jamais lui donner le sentiment qu'on lui tenait la bride. Elle voulait respecter les volontés d'un dauphin de France.

Et Louise de Savoie et la sœur de François, Marguerite d'Angoulême, adulaient le futur roi. Alors Louise et Marguerite priaient, se prosternaient afin que Dieu favorise, de sa divine volonté, François, duc de Valois.

Le maréchal de Gié, aussi attentif que Louise de Savoie, était comme elle persuadé que le duc de Valois serait le roi de France.

Il veillait sur l'éducation du futur dauphin.

Il exigea que François fît, enfin, chambre à part, éloigné de sa mère et de sa sœur, mais aussi d'Antoinette de Polignac, l'une des suivantes de Louise de Savoie.

Quand, le 7 décembre 1501, Louis XII reçoit en son château de Blois Philippe le Beau, archiduc des Pays-Bas et fils de l'empereur Maximilien, et sa femme, Jeanne de Castille, le roi a voulu que François soit à ses côtés, afin qu'on sache ainsi qu'il le choisit comme héritier.

Dans la salle d'armes du château de Blois, Louis XII s'adresse plus à François qu'à ses hôtes, montrant la hache de Clovis, l'épée de Dagobert, la dague de Charlemagne, deux haches de Saint Louis, les glaives de Philippe le Bel et de Jean le Bon, ainsi que l'armure dorée de Jeanne d'Arc, garnie intérieurement de satin cramoisi. C'est l'armure que Jeanne la Pucelle a revêtue au sacre de Charles VII.

François de Valois ne détache pas ses yeux de ces armes qui illustrent la grandeur guerrière de l'histoire dynastique du royaume de France.

Lorsque le maréchal de Gié pose la main sur l'épaule de François qui n'est encore qu'un enfant de six ans, celui-ci sait qu'il a été choisi comme dauphin.

Et quand quelques mois plus tard le Maréchal de Gié lui murmure que Louis XII envisage de le marier à sa fille – Claude de France –, François, renonçant ainsi à un mariage avec l'une des filles de l'empereur Maximilien, ne tressaille pas. Il sait déjà que le mariage des rois est affaire politique, question d'alliances, de guerres ou de paix et qu'il s'y soumettra.

Mais pour l'heure il joue au chevalier, à la guerre avec les compagnons dont on l'a entouré (Guillaume de La Marck, seigneur de Florange, fils d'un proche du maréchal de Gié, Anne de Montmorency...) et il écoute les « maîtres d'escolle », apprend à chevaucher – il lui arrive de se perdre dans les forêts voisines et sa mère s'affole.

On lui enseigne les vérités catholiques, le latin, la grammaire, la mythologie, l'italien.

prince de la Renaissance française

Il lit ou on lui lit *Le Roman de la Table ronde*, et il rêve, comme tous ses compagnons, de prendre part à ces guerres d'Italie, fasciné par le récit qu'en font, les yeux brillants d'enthousiasme, les chevaliers qui y ont participé.

Mais à dix ans il découvre aussi les querelles, les jalousies qui déchirent les courtisans.
Il fait mine de ne pas savoir, de ne pas entendre. Il ne pose pas de question quand le maréchal de Gié est écarté, vaincu par Louise de Savoie, qui veut seule avoir de l'influence sur son fils. Et François n'a confiance qu'en elle !
Il reçoit de ses mains une médaille dont l'une des faces porte l'inscription « François duc de Valois comte d'Angoulesme aux dix ans de son âge. »
Il est ému, s'incline devant sa mère et sa sœur, qui se tient en retrait.
Au revers de la médaille est gravée une salamandre et une devise qu'il n'oubliera pas :
« *Notrisco al buono, stingo el reo. MCCCCCIIII.* »
« Je fais vivre le bon droit, et périr l'injustice. 1504. »

3.

Un nouveau gouverneur, Artus de Gouffier, est choisi par Louis XII pour succéder au maréchal de Gié, dont on murmure que, retiré dans son château, il s'y morfond, ayant fait le serment de ne plus jamais apparaître devant le roi.

François, duc de Valois, observe cet homme jeune d'à peine trente ans, aîné de huit enfants, que sa jeunesse autorise à se mêler parfois aux tournois, aux batailles que se livrent les compagnons du duc de Valois.

Il introduit auprès de François l'un de ses frères, Guillaume de Bonnivet, âgé d'une quinzaine d'années, qui devient vite le plus intime des jeunes gens à entourer François. Il conseille, il rapporte les propos des uns et des autres. François écoute, mais ne se départ pas de ce sourire ironique qui donne à croire qu'il est indifférent. En fait, il se tient à distance. Il est le futur roi de France, il en est persuadé et Louise de Savoie ne cesse chaque jour de le lui répéter.

Tout le royaume attend ce moment, la mort de Louis XII, aimé certes, « père de son peuple », mais incapable d'avoir un fils, amoureux pourtant qu'il est d'Anne de Bretagne qui, le 21 janvier 1512, donne enfin naissance à un garçon... qui meurt presque aussitôt.

Il faut choisir.

Et les notables du royaume adressent des suppliques au roi. Il faut, disent-ils, marier Claude de France – fille de Louis XII – avec François de Valois.

« Monsieur François, ici présent, qui est tout français. »

Or, jadis, Louis XII a promis par traité le mariage de Claude de France et Charles de Habsbourg, fils de Philippe le Beau.

Ce prétendant est tout sauf « français » : bourguignon d'abord, espagnol, germanique, Habsbourg !

Louis XII déclare aux ambassadeurs qui rappellent la promesse du roi de France aux Habsbourg :

« Les rois de France, quand ils viennent à la Couronne, font un serment si fort et si inviolable que tout ce qu'ils accordent ou promettent après n'est de nulle valeur, pour sy que ce soit chose qui puisse toucher le bien ou utilité du royaume. »

En 1506, devant l'assemblée des notables, François, duc de Valois, est fiancé à Claude de France. Quant à la reine, Anne de Bretagne, elle s'épuise en grossesses alors que son corps s'étiole, et que le désespoir de ne pas avoir vu vivre un fils la ronge.

Et pendant ce temps, François s'épanouit.

Il mord dans la vie avec un appétit de jouissance. Les amours d'un jour, les courses nocturnes, les jeux de guerre, les tournois se succèdent.

En 1512, enfin, il est envoyé en Guyenne pour y prendre le commandement des troupes. Louis XII a nommé le seigneur de Lautrec lieutenant général du roi afin de conseiller, de retenir, de contrôler le jeune duc de Valois.

Mais François ne s'en laisse pas conter. Il sait qu'il sera bientôt roi. Autour de lui, toute une foule de courtisans se rassemble. Mais surtout il dispose pour le servir de près de deux cents officiers et chambellans, affectés à toutes les tâches, sans compter les secrétaires, les chapelains, des trésoriers.

Et naturellement des artistes peintres, sculpteurs, musiciens.

Louis XII, las, s'inquiète : ne s'est-il pas trompé en le choisissant pour dauphin ?

Mais qui dans le royaume aurait toléré qu'il mariât Claude de France à Charles de Habsbourg ?

Pourtant la reine, Anne de Bretagne, ne pense qu'à cela ! La jalousie, la haine la dévorent.

Elle a été deux fois reine de France : veuve de Charles VIII, elle a épousé Louis XII. Et il lui faudrait accepter qu'un Valois, ce fat, ce gros garçon joufflu, ce François devant qui Marguerite, sa sœur, et Louise de Savoie se prosternent devienne roi de France ! Lui qui n'est que le fils d'une Louise de Savoie, fille d'une petite noblesse désargentée !

Anne de Bretagne ne peut s'y résoudre.

Elle recrute une armée, et fait fortifier le château de Nantes.

Elle rêve à l'indépendance de la Bretagne. Elle ourdit des conspirations. Elle prépare sa fille Renée à gouverner cette Bretagne où elle se retire.

Mais il est bien tard.

4.

La mort est là, qui prolifère dans le corps flétri d'Anne de Bretagne, usé par huit grossesses et le désespoir de ne pas avoir donné un fils à son époux, Louis XII, dont elle sait qu'il l'aime.

En cette fin d'année 1512, elle pressent qu'elle ne peut plus rien espérer en ce monde.
Elle va comparaître devant Dieu.
Est-ce la crainte qui la guide ? Elle se tourne vers sa rivale, l'objet de sa haine, et elle dicte d'une voix étouffée, le visage décomposé, ses dispositions testamentaires. Elle confie à Louise de Savoie l'administration de ses biens et la tutelle sur sa fille Claude de France, la fiancée de François, duc de Valois.
Et alors que la mort d'Anne comble de joie Louise de Savoie, et tous ceux qui attendent avec impatience l'accession au trône de François, qui ne saurait tarder car Louis XII n'est plus qu'un vieil homme accablé, le dauphin exige des gens de sa Maison qu'ils revêtent une livrée de deuil, et lui-même porte un pourpoint noir.
Puis François assiste à une messe de requiem, à Saint-Florentin d'Amboise.

Louis XII se lamente :
« Allez, allez, disait-il, faites le caveau et le lieu où doit être ma femme assez grand pour elle et pour moi, car

devant que soit l'an passé, je serai avec elle et lui tiendrai compagnie ! »

Il a seulement quarante-cinq ans, mais la maladie le harcèle.

« Le moindre accident est de conséquence dans son corps si mal constitué, dit un ambassadeur. Son tempérament affaibli va sans cesse en déclinant. »

Alors que se déroulent les obsèques d'Anne de Bretagne, que le peuple tout au long de la route d'Amboise à Saint-Denis se rassemble et s'agenouille, Louis XII paraît plus chétif qu'à l'habitude.

« Sa tête est petite, pointue, le front étroit, les yeux gros et saillants, la figure maigre, les narines larges et relevées, les lèvres épaisses, le menton aigu, le cou mince et court, les épaules étroites, les mains et les bras menus et longs, la glotte saillante, la taille resserrée, la poitrine sans développement. Le roi est petit, conclut l'ambassadeur.

Ses sujets pleurent en le voyant. On mesure sa peine.

Lors de l'embaumement d'Anne de Bretagne, on a placé le cœur de la reine dans un reliquaire d'or en forme de cœur. Anne avait légué son cœur aux Bretons.

C'est en grand deuil que Louis XII assiste, le 18 mai 1514, à Saint-Germain, au mariage de sa fille Claude de France et de François, duc de Valois. Point de foule, point de faste.

Les mariés sont en deuil et le roi quitte rapidement la chapelle pour s'en aller chevaucher et chasser en forêt.

C'est François qui reçoit les ambassadeurs puis le jeune couple se sépare, Claude regagnant Blois, et François Paris.

Là, le deuil est aboli. François se plonge à nouveau dans sa vie de plaisir.

Déguisé, avec quelques compagnons, il hante les nuits de Paris, s'éprend de l'épouse d'un procureur, Mme Dishomme. Il escalade la façade, audacieux, sûr de lui, alors même que le mari sommeille à quelques pas, cependant que François honore sa conquête.

C'est donc cela, le futur roi ?
Le peuple regarde avec un œil critique ce dauphin qui se conduit en maître, ce séducteur vêtu de pourpoint de drap d'or ou d'argent. Il porte plusieurs bagues de rubis, des éperons d'or ou d'argent. Est-ce d'un roi ?!
L'on commence à murmurer.
Louis XII a repris vigueur. Il signe avec Henri VIII un traité d'alliance, et l'on apprend qu'à cette occasion, et pour parfaire le rapprochement avec l'Angleterre, le négociateur français, marquis de Rothelin, a conclu à Londres, le 13 août 1514, un mariage par procuration entre Louis XII et Marie d'York, jeune sœur d'Henri VIII.
Paris va découvrir cette vigueur juvénile – elle a seize ans –, une beauté blonde qui fascine.
Le mariage est confirmé à Abbeville, où le duc de Norfolk remet la jeune Marie d'York au « vieux » roi de France, qui paraît rayonnant de joie et de force retrouvée.

On festoie, ce 9 octobre 1514.
Les canons, placés sur les murs de la ville, accompagnent de leurs tirs la marche du cortège.
Et Claude de France, visage grave, au milieu des rires des suivantes de Marie d'York, semble la seule à se souvenir que sa mère, Anne de Bretagne, « était morte, il n'y avait guère ».
Mais la vie suit son cours inexorable.
« La nuit vint et les mariés se couchèrent, et lendemain, disait le roi Louis XII qu'il avait fait merveille. »

Mais il s'épuise à tenter de suivre sa jeune et blonde reine, autour de laquelle rôdent les gentilshommes.
François, duc de Valois, rend souvent visite à sa « belle-mère ». Ses compagnons le mettent en garde !

Si cette belle-mère lui cédait – ce qui, chaque jour, paraît plus probable –, elle pourrait donner naissance à ce fils qu'espérait Louis XII et qui deviendrait le dauphin, l'héritier !

François, duc de Valois, se retire et exige que sa femme, Claude, et une suivante ne quittent pas la chambre de Marie, que l'on disait sensible aux charmes de François, mais aussi du duc de Norfolk.

La menace est d'autant plus grande que Louis XII paraît épuisé.

Il décide de loger aux Tournelles, pour être plus proche de sa jeune épousée. Mais bientôt les forces lui manquent. Il ne quitte plus le lit.

Dans la nuit du lundi 1er janvier 1515, alors qu'un orage violent se déchaîne sur Paris, Louis XII expire.

Et sous les rafales, les compagnons de François, indifférents à la tempête, courent vers l'hôtel du duc de Valois en criant :

« Le roi est mort, vive le roi ! »

5.

Il est le roi.

Sa mère, sa sœur, ses plus proches compagnons lui ont répété depuis l'enfance qu'il accéderait au trône de France. Et il a pensé cela, lui aussi.

Il n'est donc pas surpris et cependant, depuis ce lundi 1er janvier 1515, il se sent différent et devant lui on s'incline plus vite, plus bas, et personne quand il parle n'ose l'interrompre.

Il est le roi.

Quand il entre le 25 janvier 1515 dans la cathédrale de Reims, qu'il s'avance seul vers l'autel – des chambellans, des seigneurs, des évêques le suivent à plusieurs pas de distance –, il mesure qu'il n'appartient plus seulement à la noblesse du royaume.

Il est le roi.

Et cela signifie qu'il n'y a personne entre lui et Dieu. Et le sacre, qui sera célébré demain, inscrit cette différence dans l'histoire des hommes et dans l'astre divin.

Il est le roi.

Il règne sur la France qui est la fille aînée de l'Église.

Il est au-dessus de l'empereur Maximilien le Germanique. Il domine le roi Ferdinand le Catholique, l'Espagnol. Il est plus haut que le roi d'Angleterre Henri VIII !

Même Léon X, le souverain pontife, s'incline devant lui.

Mais François Ier sait qu'entre ces souverains et lui la lutte sera sévère, parce que chacun d'eux voudra imposer sa majesté, sa grandeur aux autres.

Je suis roi de France.

Je n'accepterai d'aucun de ces monarques l'idée qu'ils pourraient être mes suzerains ou mes égaux.

François Ier a appris que le 5 janvier un jeune prince de quinze ans a été émancipé par l'empereur Maximilien du Saint-Empire romain germanique – et qu'il est ainsi devenu Charles de Habsbourg, Charles Quint !

Et les ambassadeurs du prince demandent pour leur suzerain la main de Renée de France, fille de Louis XII et d'Anne de Bretagne.

François Ier ne rejette pas cette alliance, sans pour autant l'accepter.

Je suis roi de France. Mon seul guide, mon seul maître est Notre Seigneur Jésus-Christ. Je le sers et partage son épreuve.

Et le sacre confirme cela.

Dans la cathédrale de Reims, François – revêtu d'une robe de damas blanc fourrée de martre, qui recouvre la chemise et la tunique de soie, les vêtements de sacre – a pris place dans le chœur, en face de l'archevêque de Reims.

Celui-ci, en latin, demande à François Ier de prêter serment.

« Sire, commence l'archevêque d'une voix lente et grave, nous vous demandons que vous conserviez à chacun de nous et aux Églises à nous commises le privilège canonique et justice et que à nous exhibiez et bailliez défense et protection comme roi doit en son règne à un chacun évêque et à l'Église à lui commise. »

C'est au roi de parler, de prêter serment la main sur les Évangiles. Il n'a aucune appréhension à devoir s'exprimer en latin alors qu'il a suivi de façon distraite les leçons que ses « maîtres » lui prodiguaient.

Les mots viennent avec assurance, sa main s'appuie sur les Évangiles. Dieu le guide.

« Je promets au nom de Jésus-Christ au peuple chrétien, composé de mes sujets, les choses qui s'ensuivent.

« Premièrement qu'à notre pouvoir tout le peuple chrétien garde en tout temps à l'Église de Dieu vraie paix.

« Item que j'interdirai à tous degrés et toutes manières de gens toutes rapacités et iniquités.

« Item que je commanderai et ordonnerai en tous jugements équité et miséricorde.

« Item que de ma bonne foi et de ma force et puissance j'étudierai à exterminer et chasser de ma terre et juridiction à moi sujette tous les hérétiques qui seront dénotés et déclarés par l'Église.

« Toutes les choses dessus dites, je jure et affirme tenir accomplir. »

Il s'avance vers l'autel et se souvient de la devise gravée sur la médaille que sa mère, Louise de Savoie, lui a offerte.

« Je fais vivre le bon droit et périr l'injustice. »

Les prêtres le dévêtent avec des gestes lents. Il ne porte plus que sa chemise et sa longue cotte de soie.

L'archevêque bénit l'épée, puis le roi s'agenouille et l'archevêque ouvre la Sainte Ampoule, dont avec une aiguille d'or il n'en retire qu'une goutte d'huile sainte qu'il mélange avec le saint chrême. Puis il oint François Ier. Il bénit l'anneau royal et le passe au doigt du roi.

François reçoit alors la couronne de Charlemagne, remplacée à la fin de la cérémonie par une plus petite.

Il est roi de France. Il est le premier sujet de Dieu. Il doit protection à l'Église de Jésus-Christ.

L'archevêque s'incline devant le roi, l'embrasse, et d'une voix qui résonne sous la nef, il lance :

François Ier, roi de France, Roi-Chevalier

« *Vivat Rex in aeternum !* »
Les orgues ne réussissent pas à couvrir la voix du peuple qui emplit la nef et crie « Vive le roi ! »
Puis se déploie comme une houle océane, le *Te Deum*.
Et le roi François, premier du nom, communie.

6.

François Ier a quitté Reims et chevauche, à la tête du cortège royal, vers le monastère de Corbeny.
Là, depuis le sacre de Louis X le Hutin – fils de Philippe le Bel –, les rois de France, après les cérémonies du sacre de Reims, vont se recueillir sur les reliques de saint Marcoul. Ils reçoivent, en communiant devant la châsse, le pouvoir miraculeux de guérir les écrouelles, ces plaies qui rongent la peau du corps.

Tout au long du chemin qui conduit à Corbeny, François voit ses paysans, accompagnés de leurs prêtres, s'agenouiller, montrer leurs enfants malades, implorer la grâce de Dieu et du roi, la guérison. François ne tressaille pas. Il est le roi. Il guérira les écrouelles si Dieu le veut.

À quelques centaines de pas de Corbeny, les moines et leur prieur attendent le roi, lui remettent une relique de saint Marcoul, et François entre dans la chapelle du monastère, portant la relique, ce rituel signifiant que désormais les pouvoirs de saint Marcoul ont été transmis au roi.
François prie longuement devant la châsse où sont déposées les reliques du saint.
Il passe la nuit dans le « pavillon royal » construit pour recevoir les souverains après leur sacre.
Le lendemain, il affronte la foule des « scrofuleux ».
Tumeurs et plaies purulentes les défigurent.

François Ier s'arrête devant chaque malade, effleure du bout des doigts les plaies.

Il est le roi. Il est le faiseur de miracles par choix de Dieu. Et les malades pleurent et implorent. Le regard de François Ier ne s'attarde pas, passe au-dessus de leurs plaies.

« Le roi te touche et Dieu te guérit », répète François.

Le roi reprend la route, vers Compiègne et Saint-Denis.

Tout en chevauchant, il appelle l'un ou l'autre de ses compagnons, de ses courtisans, barons, comtes, ducs, et il leur annonce qu'il les gratifie d'une terre, d'un office, d'un bénéfice.

Lorsque, à sa demande, sa mère s'approche, les yeux brillants de joie, elle murmure au roi son fils :

« Pour ce qui advient, je suis bien tenue et obligée à la divine Miséricorde qui m'a amplement récompensée de toutes les adversités et inconvénients qui m'étaient parvenus en mes premiers ans et en la fleur de ma jeunesse. Humilité m'a tenu compagnie et patience ne m'a jamais abandonnée. »

François l'a écoutée. Il n'oublie rien de ce qu'elle a fait pour lui, de son attention permanente et, après l'avoir ainsi louée, il lui annonce que le comté d'Angoulême devient, par la volonté du roi, un duché.

Celle que désormais on appelle « Madame » reçoit en outre des seigneuries, le duché d'Anjou, les comtés du Maine et de Beaufort.

Elle devient ainsi l'une des nobles dames les plus fortunées du royaume.

À Saint-Denis, le roi reçoit la couronne.

Le voyage d'initiation, ce pèlerinage de la cathédrale de Reims au monastère de Corbeny, ces prières qu'il a prononcées devant la châsse de saint Marcoul, ou devant cette statue de la Vierge noire – non loin de Corbeny –, se termine.

prince de la Renaissance française

Il prend conscience en constatant l'attitude déférente, figée de ses compagnons qu'il est devenu, après ces deux semaines de pèlerinage, autre : il incarne la dignité royale et sainte.

Il est le roi de France, sacré, couronné, mais il est aussi le visage royal de l'Église devant qui évêques, archevêques, et même le souverain pontife s'agenouillent.
Il est l'élu de Dieu.

Il lui reste à faire son entrée dans Paris.

7.

Ils sont là, devant la chapelle Saint-Denis, les représentants de Paris venus en cortège à la rencontre du roi et de sa suite.

Les chevaux piaffent, les naseaux enveloppés de la brume glacée de ce 15 février 1515.
En dépit de cette grisaille qui recouvre le village et les champs, les couleurs vives des vêtements des différentes députations de Paris ressortent comme autant de flammèches.
Il y a, faisant face au cortège royal, des cavaliers du Guet, leur prévôt, les gens de justice, notaires, avocats, les échevins, les archers et les arbalétriers, les sergents du Guet.
Le rouge des vêtements domine.
Et quand les deux cortèges, celui de Paris et celui du roi, s'ébranlent, c'est comme si un long fleuve écarlate s'enfonçait dans le brouillard.
Peu à peu le gris et l'humidité qui relient le sol aux cieux se dissipent. Le cortège de Paris et du roi passe la porte de la ville et s'enfonce dans la rue Saint-Denis.

Le roi est précédé par treize pages vêtus de blanc, la couleur royale. Sa musique l'annonce, trompettes et hautbois, suscitant l'enthousiasme du peuple qui s'agglutine de chaque côté de la rue.
Le roi cavalcade, majestueux sur un cheval fougueux, qu'il retient puis libère, et la monture bondit, caracole.

prince de la Renaissance française

On crie : « Vive le roi ! »

Le soleil tout à coup paraît, et l'on découvre des tapisseries pendues aux façades.

Ici et là, on a monté des estrades sur lesquelles se pavanent les notables et leurs dames.

Mais c'est le roi dans sa rayonnante jeunesse – il a vingt et un ans – qui retient seul l'attention.

De temps à autre, le visage éclairé par un sourire, le roi appelle à lui l'un ou l'autre de ceux que, dans les heures qui ont suivi la mort de Louis XII, il a nommés à telle ou telle fonction qui fait de celui que le roi a distingué l'un des piliers du royaume. Ainsi Charles de Bourbon sera-t-il connétable de France.

Nombre d'entre eux ont l'âge du roi, ils ont été ses compagnons de jeux, de chasse et de courses nocturnes.

Puis le roi, d'un signe, convoque le héraut d'armes Montjoye.

Il lui donne l'ordre d'annoncer au peuple que les tournois, les jeux à l'épée, à la lance vont se succéder.

Et le peuple acclame le héraut chaque fois qu'il rappelle le calendrier des festivités qui se succéderont devant le logis des Tournelles et rue Saint-Antoine.

Ainsi entre dans Paris « le Roy de France François, premier de ce nom à qui Dieu donne bonne et longue vie ».

Puis le roi, le soir, préside à la table de marbre, en la grande salle Saint-Louis, un souper munificent qui termine cette journée, la plus fastueuse qui ait jamais eu lieu à l'occasion de « l'entrée » d'un roi de France dans Paris.

Le dimanche 11 mars, les notables de Paris offrent au roi de France une statue de saint François, son patron.

La statue se dresse sur un piédestal à quatre piliers. Une salamandre couronnée complète ce monument. « Le tout d'or, pesant quarante-trois marcs, cinq gros, touché et prisé par le maistre de la Monnaye, de bon or d'escus à vingt-trois carats. »

Quelques semaines plus tard – à la fin du mois de mars 1515 –, l'Université est enfin reçue par le roi.
L'un des docteurs s'avance vers le souverain. Il parle lentement, soulignant que le roi est monté sur le trône en « grande paix, sans nul trouble de sédition et guerre intestine ».
Puis il déroule sa harangue.

« Vous avez commencé votre règne par clémence et bénignité et avez très humainement traité vos sujets, dit-il, en imitant le bon feu roi dernier décédé, avez mis en oubli toutes injures et autres offenses qu'aucuns particuliers vous pourraient avoir faites avant votre avènement à la couronne et n'avez nul désappointé de son état et office mais conservé un chacun... »
L'ordre, la paix : les docteurs de l'Université saluent et exaltent le calme dans lequel s'est déroulée l'arrivée sur le trône de ce jeune souverain.

François Ier, tête penchée, écoute avec attention, félicite l'orateur. Un fin sourire éclaire son visage.
Ici l'on parle de paix, mais le roi pense aux guerres d'Italie de Charles VIII et de Louis XII, à ce duché de Milan conquis par les Français puis perdu. Lui, François, premier du nom, doit le reconquérir. Alors sur sa couronne on déposera les lauriers de la gloire des armes.

Deuxième partie

1515-1516

8.

La gloire, le choc des armes, les prouesses des chevaliers : le roi a connu cette ivresse des combats. Il a mis sa vie en jeu mais il ne s'agissait que de tournois. Et ce que veut François Ier, ce n'est point d'une joute même périlleuse.

Il veut la victoire au terme d'une bataille.

Il est impatient d'être face à Maximilien Sforza qui, fils aîné de Ludovic le More, est maître du duché de Milan.

Les Français ont perdu le duché – deux ans auparavant en 1513 – à la bataille de Novare. Et Maximilien Sforza qu'on dit léger, insouciant n'a pas moins sous ses ordres quinze mille Suisses, ces mercenaires aguerris, vigoureux et souvent invincibles. Ces soldats sont commandés par le cardinal de Sion, Mathias Schiner.

François a tenté de les « acheter », mais le cardinal Schiner a rejeté ses offres.

Il faut donc conclure des alliances, avec Henri VIII, roi d'Angleterre, avec Charles de Habsbourg à qui il concède des droits, en Artois, en Champagne. Charles est son jeune vassal qu'on nomme bientôt Charles Quint.

François Ier ajoute à cette gerbe d'alliés Venise, le duc de Gueldre, le duc de Lorraine. Et il charge des capitaines allemands de recruter des lansquenets, ces fantassins qui valent bien les mercenaires suisses.

François Ier, roi de France, Roi-Chevalier

Le 24 avril 1515, le roi peut enfin quitter Paris avec la reine, Claude de France – elle est enceinte –, Mme la régente – Louise de Savoie, sa mère – et tous ses compagnons. Le roi en chevauchant s'est souvent mêlé à cette troupe qui rêve d'en découdre. On lui a désigné le chevalier Bayard, noble du Dauphiné, qu'on dit meilleur chevalier du royaume. Et dont on murmure qu'il dompte aussi bien les ennemis que les dames, et parmi elles une souveraine, de Savoie ? du Dauphiné ? Mais Bayard n'est pas homme à faire des confidences. Il se défie des bavards autant que des Suisses.

Le cortège royal descend la Seine, séjourne à Blois, au château royal, à Amboise. François s'attarde. Amboise, les forêts qui entourent le château sont ses souvenirs d'enfance. On le croyait pressé d'atteindre les Alpes, de reconquérir le duché de Milan, voilà qu'il organise à Amboise jeux, tournois avec les compagnons de ses premières années.

Il a même fait construire dans la cour du château une arène dans laquelle on lâche un sanglier de quatre ans, capturé à cet effet dans la forêt. La foule hurle, et l'animal furieux démantèle les palissades, se précipite au milieu des spectateurs affolés. Il charge le roi, qui l'évite et le tue d'un coup d'épée souverain déchaînant l'enthousiasme.

« Vive le roi ! », crie-t-on cependant qu'on traîne la bête afin de la dépecer. François Ier, comme rappelé à ses devoirs et ses buts par ces acclamations, donne l'ordre de quitter Amboise le 29 avril 1515, à trois heures du matin.

On s'éloigne de la Loire. On chevauche vers le Rhône. On « entre » dans Bourges, dans Moulins et chaque ville rivalise en fêtes, en défilés, en tapisseries pendues aux façades afin de saluer le roi.

Le 12 juillet, François Ier est accueilli à Lyon.

À la porte, les représentants de la cité riche et industrieuse saluent le roi. Les échevins, les comtes et chevaliers de Lyon, les ordres religieux entourent le souverain, qui pénètre dans la ville sous un dais de drap d'or.

prince de la Renaissance française

Le 15 juillet, le roi confie à sa mère, Louise de Savoie, duchesse d'Angoulême, la régence du royaume.

À Saint-Denis, sur ordre du roi, on expose les reliques du saint martyr et de deux de ses compagnons.

« Car quand le roy du royaume s'absente
Pour ennemis combattre et débeller
Céans ont fait trois saints corps devaller. »

Ce roi qui inspecte les fortifications de Lyon, qui chevauche à la tête de son armée, entre à Grenoble puis quitte cette ville après y avoir séjourné une semaine, est-il le même homme que ce jeune souverain joueur, séducteur, insouciant ? Ses compagnons découvrent le chef de guerre, qui s'impatiente parce que ses officiers s'interrogent sur le chemin à suivre.

François Ier s'apprête à franchir les premières pentes de cette montagne écrasante.

Or les Suisses de Maximilien Sforza ont occupé les débouchés des principaux cols – Mont-Cenis, Montgenèvre. Ils tiennent ainsi toutes les voies d'accès à la plaine lombarde, donc à Milan.

Mais il faut traverser les Alpes et vaincre les Suisses. Un paysan interrogé indique qu'il existe un chemin passant par le col de Larche, mais il est étroit, coupé par des éboulements, et les pentes sont raides.

François Ier écoute, décide. Les canons – demandés par Galiot de Genouillac maître d'artillerie – prendront la route de Montgenèvre et mille deux cents pionniers prendront le chemin du col de Larche praticable.

Le 8 août, François Ier quitte Grenoble.

L'avant-garde conduite par le connétable de Bourbon a déjà entrepris la montée du col de Larche. Après trois jours d'attente, un courrier annonce au roi que le col est franchi.

François Ier lève son épée, intime l'ordre à chaque chevalier de revêtir son armure. Le roi endosse la sienne et donne le signal du départ.

« C'est une armée de fer », rapportent les paysans qui avec effroi ont vu apparaître ces milliers d'hommes, fantassins, lansquenets avec leurs arquebuses, leurs lances et ces chevaliers en armure.

Mais les troupes au service de Maximilien Sforza – les Suisses, les compagnies du pape – ignorent tout de la progression de François Ier. Aussi, Prospero Colonna, l'un des plus célèbres capitaines qui commandent l'armée milanaise et pontificale, dîne avec ses officiers sans avoir songé à placer des guetteurs, des sentinelles.

Quand, dans l'avant-garde française, on apprend que le plus illustre des capitaines pontificaux est sans défense, on décide de l'attaquer et de s'emparer de lui.

Le chevalier Bayard mène à bride abattue l'assaut et s'empare de Prospero Colonna.

François Ier exulte. La « fortune » est avec lui.

En dépit des difficultés de l'ascension, l'armée atteint le col, puis la descente entre les abîmes est accomplie en deux jours. Les chevaux se cabrent, apeurés par le vide. Les canons arrimés sont tirés, portés de rocher en rocher.

Le 30 août, la jonction de toutes les troupes de François Ier est réalisée.

Les Suisses reculent, pillent et saccagent les villages qu'ils traversent.

François Ier, l'épée au poing, interdit à ses troupes de se conduire comme les Suisses. Point de pillage.

« De quoi les habitants du pays furent fort joyeux et se conferma leur cœur en l'amour du dict seigneur. »

De nombreux Suisses veulent quitter cette guerre qui leur semble déjà perdue pour eux. Ils traitent avec François Ier.

Alors les compagnons du roi veulent pourchasser les Suisses. François Ier choisit de répondre à leur demande de négociation « désirant éviter effusion de sang chrétien et aimant la paix plus que la guerre ».

« Un roi, poursuit-il, ne doit point hasarder le sang de ses sujets ni verser le sang de ses ennemis lorsqu'il peut racheter l'un et l'autre avec de l'argent. »

Le 8 septembre, les capitaines suisses sont prêts à se retirer chez eux, en échange de six cent mille écus d'or dont cent cinquante mille à payer comptant.

Les alliés du duc de Milan se retirent eux aussi.

L'armée royale de François Ier compte trente mille hommes de pied, dix-huit mille cavaliers et trois cent soixante-douze canons.

Le 13 septembre 1515, les espions français rapportent que le cardinal de Sion, Mathias Schiner, a rassemblé sur la grande place de Milan les Suisses qui n'ont pas voulu traiter avec les Français.

Le cardinal Schiner les galvanise par une harangue enflammée puis il prend la tête de ses troupes, qui sortent de Milan, soulevant un nuage de poussière.

Armé de pied en cap, François Ier, dressé sur son cheval, lance aux chevaliers qui l'entourent :

« Or messieurs, combattons aujourd'hui virilement ! Je suis votre roy et votre prince, je suis jeune, vous m'avez tous promis fidélité et juré d'être bons et loyaux : je ne vous abandonnerai point et suis délibéré vivre et mourir avec vous. »

9.

Il est quatre heures ce 13 septembre 1515.

François Ier parcourt les allées du camp, non loin de Marignan – une petite localité située à mi-chemin entre Milan et Pavie –, où son armée est rassemblée.
C'est l'heure de la bataille.
Les canons de Galiot de Genouillac commencent à expédier leurs énormes boulets. Et les Suisses restés fidèles au duc de Milan enfoncent le centre de la ligne française.
Mais François charge, tout en veillant à ne pas être séparé de son artillerie. Il a compris que cette bataille de Marignan se gagnera par l'artillerie.

La situation cependant est incertaine alors que la nuit d'automne recouvre le champ de bataille où gisent des milliers de morts. François, quand le silence n'est plus rompu que par les cris des blessés et les hennissements des chevaux qui agonisent, s'allonge sur un affût de canon.
Il écrit à Louise de Savoie, sa mère, qui est la régente du royaume :
« Toute la nuit demeurâmes le cul sur la selle, la lance au point, l'armet à la tête. »
Il imagine l'angoisse qui doit saisir sa mère dans l'attente de la fin des combats. Elle doit penser qu'il peut mourir.
Lui n'est en rien inquiet. Comment Dieu pourrait-il l'arracher à cette vie qui n'en est qu'à ses débuts ?

prince de la Renaissance française

Il va et veut vivre, et Marignan sera le premier joyau de sa gloire.

À l'aube, les combats reprennent. François charge trente fois !

Les Suisses se battent avec rage. Leurs unités restent compactes.

Mais les boulets de Galiot de Genouillac les écrasent.

François Ier écrit à sa mère :

« Le sénéchal avec son artillerie ose bien dire qu'il a été en partie cause du gain de la bataille car jamais homme ne s'en servit mieux [...]. Et tout bien débattu, depuis deux mille ans ça n'a point été vu une si fière et ni si cruelle bataille [...]. Au demeurant, Madame, faites bien remercier Dieu par tout le royaume, de la victoire qu'il lui a plu nous donner. »

Les morts pourrissent. L'eau des torrents est rouge de sang. François Ier estime que douze mille Suisses et quatre mille Français ont été tués sur ce champ de bataille de Marignan.

Il faut récompenser les héros de ces deux journées sanglantes – 13 et 14 septembre –, ceux de la première victoire d'un roi, qui ces jours-là, précisément, célèbre son vingt et unième anniversaire.

Il convoque le chevalier Bayard dont toute l'armée a vu les exploits et qui en capturant Prospero Colonna a donné toute confiance au roi et à ses troupes.

« Bayard, mon amy, dit François Ier en accueillant Bayard, je veux que aujourd'hui sois fait chevalier par vos mains, pour ce que le chevalier qui a combattu à pied et à cheval en plusieurs batailles entre toutes les autres est tenu et réputé le plus digne. »

François demandait donc à Bayard de le faire chevalier.

Bayard chancelle d'émotion. Le roi de France, l'oint du Seigneur au jour du sacre, est chevalier par nature et n'a pas besoin d'« adoubement ».

François Ier écarte d'un geste vif les arguments de Bayard.
« Le roi ordonne », dit-il.
Bayard s'incline, tire son épée du fourreau, et en frappe trois fois l'épaule de François Ier.
Puis il salue le glaive devenu relique, le remet au fourreau et fait caracoler son cheval.
À son tour le roi adoube plusieurs capitaines.

On acclame le roi et les chevaliers.
On dit que la traversée des Alpes par François Ier ne peut être comparée qu'à la prouesse d'Hannibal !
Louise de Savoie, qui a prié avec ferveur durant ces jours de bataille, remercie Dieu quand les premières lettres du roi lui annoncent la victoire.
Elle s'agenouille, écarte les bras devant l'autel de la chapelle et, comme en extase, elle adresse ses vœux de gloire à celui qu'elle nomme « mon fils glorieux et triomphant, César, subjugateur des Helvètes ».

10.

François Ier chevauche lentement dans la campagne italienne.

Jamais il n'a éprouvé une telle joie de vivre. Il a déposé son armure. Tout son corps respire.

On se bat pourtant encore ici et là. On entend même tonner le canon. Et un courrier vient d'apporter un message de Galiot de Genouillac.

Le maître de l'artillerie lui annonce que quelques centaines de Suisses, qui refusaient de rendre les armes, ont été écrasés sous les boulets. Le feu a pris dans la maison fortifiée où ils s'étaient réfugiés et ils ont brûlé vifs.

Le roi détourne la tête, rend la lettre du maître de l'artillerie au courrier, puis met son cheval au galop. Il imagine combien de chevaliers, de lansquenets, de Suisses, de Vénitiens, de soldats pontificaux sont morts.

Leurs corps sont là, dans la campagne au-dessus de laquelle planent des oiseaux au bec acéré et aux ailes noires. Combien d'hommes ont péri ?

Douze mille Suisses ou treize mille ? Quatre mille Français ou deux mille ? Certains capitaines annoncent huit mille morts dans l'armée royale. François Ier retient son cheval et le met au pas. Il ne veut pas oublier ces morts.

Depuis que la nouvelle de la bataille est arrivée à Paris – le 24 septembre – et dans les grandes cités – Lyon, Rouen, Orléans... –, après l'enthousiasme, quand on fut assuré qu'il s'agissait bien d'une victoire, on met en terre les corps revenus de Marignan !

François est allé lui-même annoncer la mort du fils, du frère. Nombre de ces chevaliers avaient été ses compagnons de jeux.

Il a vu la douleur endeuiller le visage du duc de la Trémoille, qui a perdu son fils unique.

Puis François a consolé le connétable de Bourbon après lui avoir appris la mort de son frère.

Un cortège funèbre a ainsi parcouru les chemins des Alpes, et François Ier s'est souvenu de l'ascension qu'avait accomplie l'armée pour rejoindre les terres du duché de Milan.

Il loue ces hommes, les morts et les survivants.

Il pense à récompenser ces héros. Et peu à peu, un sourire éclaire à nouveau son visage. Il se souvient de la joie de sa mère, qui lui a écrit, le nommant « mon fils glorieux, et triomphant, César, subjugateur des Helvètes ».

Il voit surgir au loin les murs d'enceinte de Pavie, cette ville où il veut résider quelques jours avant de faire son entrée dans Milan.

Il découvre lors de cette halte Pavie, *« Citta delle cento torri »* !

Chacune des cités italiennes, quelle que soit son importance, porte en elle la trace d'une histoire antique qui donne grandeur et beauté. François entre dans Pavie par un pont étroit et couvert franchissant le fleuve Tessin qui va, quelques lieues en aval, s'unir au Pô, majestueux.

François Ier s'arrête, cependant que la foule l'acclame. Dans une niche ménagée au creux d'une façade, il découvre la statue d'un magistrat romain.

Pavie, « ville des cent tours » et des « cent statues ». Une ville, qui, comme toutes les villes italiennes, rappelle le temps de la Rome impériale, le temps des césars.

prince de la Renaissance française

Il ne se lasse pas de visiter les petits châteaux qui parsèment la campagne autour de Pavie. Il est reçu par son maréchal, Trivulce, dans son manoir de Vigevano, là où a séjourné Louis XII lors de sa guerre d'Italie.

Mais François Ier est d'abord séduit par Pavie, qui fut la capitale des Lombards de 572 à 774.

Les travaux de construction de la cathédrale ne sont pas achevés bien que commencés en 1488. Les maçons et les sculpteurs se tiennent à distance respectueuse du souverain, mais c'est lui qui s'approche, demande qu'on lui raconte l'histoire de la basilique dont la cathédrale a pris la suite. L'architecte en fut Bramante, l'un des grands maîtres de cette *rinascita* – renaissance – dont les créations font des villes et de la campagne italienne une fresque inoubliable.

« La gloire n'appartient pas qu'aux armes, aux lances et aux glaives, commente François Ier, l'Art lui est même supérieur. »

François, chaque jour, se fait conduire devant ces « reliques » de l'Antiquité et ces œuvres de la Rinascita qui l'enthousiasment, ces églises qui abritent tant d'œuvres d'art qu'il rêve d'en faire l'acquisition, d'en peupler les églises et les châteaux du royaume de France.

Il visite l'église de San Michele, construite à la fin du XIe siècle, mêlant l'art lombard et l'art roman.

La décision de François Ier est prise : il veut que le royaume de France, son royaume, recèle plus de richesses que le duché de Milan, que toute l'Italie !

Il faut que les artistes acceptent de travailler en France, à Blois, à Amboise.

François songe à quitter Pavie pour Milan où l'on prépare son entrée, quand on lui apprend que Léonard de Vinci, dont il connaît l'œuvre, sollicite une audience.

Il éprouve autant de joie à cette nouvelle que s'il s'agissait d'une alliance bénéfique entre le royaume de France et une puissance incomparable.

Léonard, artiste et savant, paraît intimidé, et le roi est si troublé qu'il ne peut que répéter : « Venez avec moi dans mon royaume de France, je vous assure protection et liberté, vous organiserez des fêtes, vous serez couvert d'admiration et d'or. Je vous veux parce que je vous admire. »

Léonard de Vinci accepte et François Ier lui donne l'accolade comme s'il l'adoubait.

Maintenant François sait qu'il ne sera pas qu'un souverain sacré à Reims auquel Dieu a donné le pouvoir de guérir les écrouelles, il ne sera pas qu'enfermé dans l'armure du chevalier glorieux, il sera, veut être le prince des Arts, le prince de la Renaissance.

Mais il faut d'abord, réduire la résistance du duc de Milan, Maximilien Sforza, qui s'est enfermé avec mille deux cents Suisses dans le redoutable Castello de Milan.

Les bastions et les murs du château ont été minés par les sapeurs de l'armée du roi. Si Maximilien ne se rend pas, le feu sera mis à la poudre. Il s'incline, est reçu par François à Pavie.

Le roi l'accueille, avec courtoisie et bienveillance. On verse à Maximilien Sforza quatre-vingt-quatorze mille écus, et une pension de trente-six mille écus. Il résidera en France.

François observe le duc, qui paraît enchanté de ces conditions. Il renonce à tous ses droits, il sera reçu à Lyon où, pour saluer son « entrée », on lui offre dix boîtes de dragées, de gros raisins et du vin autant qu'il peut en boire !

Le 16 octobre 1515, entouré de huit mille hommes d'armes, François Ier fait son entrée à Milan.

Les chevaliers d'Italie et de France, soit près de deux mille cavaliers, sont venus à la rencontre du cortège royal.

En tête le roi et ses lansquenets suivis par ses hommes d'armes, leur longue lance appuyée contre la cuisse.

prince de la Renaissance française

Le roi est vêtu de velours bleu brodé de fleurs de lys d'or, son cheval est décoré de même.

C'est l'épée au poing que François Ier passe sous le dais d'honneur. Sa jeunesse, sa prestance, son élégance enthousiasment la foule. Jamais il n'y eut telle entrée.

Le cortège atteint la cathédrale, François met pied à terre, il entre dans la cathédrale et les acclamations redoublent.

François, comme s'il était saisi par la majesté du lieu, a un moment d'hésitation, le temps de découvrir les cinquante-deux gigantesques piliers qui soutiennent la voûte.

Le bâtiment n'est pas achevé, mais il est immense, pouvant rassembler quarante mille personnes.

On conduit le roi au palais épiscopal où il doit loger mais François préfère l'une des maisons nobles proches de la cathédrale. Car il veut découvrir cette ville conquise, perdue, dont le roi mesure l'importance – qui tient Milan tient le duché – et la beauté.

Il veut que son séjour soit marqué par des fêtes, des tournois, des festins.

On l'entoure de compliments, d'admiration. Les femmes s'offrent à ce jeune roi.

Un témoin écrit : « N'y eut-il jamais prince en Italie qui fut mieux festoyé des Seigneurs et des Dames ? »

11.

Les pucelles et les comtesses, François sait qu'il n'a qu'à les fixer d'un regard insistant pour qu'elles baissent la tête, pour qu'en une œillade elles suggèrent qu'elles sont prêtes à suivre ce jeune chevalier beau comme une sculpture, séduisant comme un portrait, et qui n'est ni de marbre ni de peinture mais de chair et de peau douce, et est le roi.

Comment se souvenir de ces femmes, de leur corps, offert, alors que François les oublie si vite, chaque rencontre effaçant la précédente ?

Mais il n'a que vingt et un ans et écrit souvent à sa mère, la chargeant de transmettre ses attentions à la reine Claude.

Elle vient d'accoucher pour la deuxième fois d'une fille. Et François en une lettre de félicitation dissimule sa déception. Il lui faut un fils pour lui succéder ! Mais il ne s'inquiète pas !

Il ne doute pas de sa vigueur d'étalon ! Il a devant lui tant d'années à vivre qu'il n'y pense pas. La reine Claude lui donnera un fils, il en est sûr. Et Dieu veillera sur elle.

Il loue sa mère et son épouse d'aller de pèlerinage en pèlerinage pour remercier la Vierge qui a protégé François et lui a donné la victoire. Et l'une et l'autre sans l'avouer prient que la Vierge puisse donner un fils à François. Elles

prince de la Renaissance française

vont ainsi vers le sud, vers la grotte profonde de la Sainte-Baume, en Provence.

Là, elles espèrent retrouver leur roi.

François Ier est un souverain attentif aux intérêts du royaume. Il chevauchera en Provence, la jeune province du royaume, puisqu'elle n'a été annexée qu'en 1481 ! Et c'est pour cela que le roi François Ier veut y faire son entrée, avec Madame sa mère, régente du royaume, et son épouse, Claude.

Mais d'abord voir le pape, Léon X.

Dès le lendemain de la victoire, le souverain pontife a mandé des messagers à François Ier.

Un traité est signé à Viterbe le 13 octobre 1515 : le pape cède au roi de France Parme et Plaisance, François Ier est reconnu par Léon X duc de Milan, et le roi garantit au pape ses domaines.

Bon accord, fructueux pour François !

Mais le pape veut que le roi de France renonce à la Pragmatique Sanction de Bourges, promulguée par Charles VII. Le pape veut annuler ce traité qui confère à l'Église de France le droit de choisir ses évêques par élection, et d'être ainsi indépendante de Rome.

François et le pape se retrouvent à Bologne le mardi 11 décembre 1515 à 11 heures.

Grande entrée du roi dans Bologne.

Sur le tissu noir de son pourpoint scintillant, des broderies de fil d'argent. Le roi avance majestueusement à la tête de deux cents gentilshommes de sa garde. La ville est parée de tapisseries, d'arcs de triomphe, portant des statues et des fresques colorées.

La foule immense crie *« Francia ! Francia ! »* et François caracole sur son destrier noir.

Le pape, un homme massif, les yeux ronds et ternes d'un myope, a besoin d'un verre grossissant pour distinguer les traits de François. Le roi de France s'incline. Léon X le relève, le serre contre sa poitrine, et le baise sur la bouche.

Baiser de paix.
Restés en tête à tête, le roi et le pape établissent les lignes générales d'un concordat qui définit les rapports de l'Église de France avec la papauté.
Le 15 décembre 1515, avant de quitter Bologne, le roi touche les malades d'écrouelles puis prend la route de Milan. Tout au long du trajet, le roi sourit.
L'Église de France n'élira plus ses évêques, qui seront nommés par le roi, le pape leur conférant la seule investiture : « C'est une deuxième bataille de Marignan que vous avez gagnée, Sire », murmure au roi le chancelier Duprat.
François fait la moue. Il s'est engagé à gagner la croisade contre les Turcs, dit-il.
Tout à coup il éclate de rire, et lance son cheval au galop.

12.

Rire ? François dévoile rarement ce qu'il ressent.

Quand ses compagnons, seigneurs et capitaines, le rejoignent sur cette route de Milan, ils imaginent qu'ils vont retrouver l'homme qui s'y est élancé, manifestant par un rire triomphant qu'il vit intensément sa prise de pouvoir, sa victoire de Marignan.
En une année, il sera devenu roi, chevalier de grande bravoure, et par le concordat de Bologne, maître de l'Église de France !

Mais le roi ne rit plus. Et ses proches mesurent qu'ils doivent se tenir respectueusement, humblement à distance.
Il est le roi auquel Dieu a concédé le pouvoir miraculeux de guérir.
Il leur indique qu'il va passer les fêtes de fin d'année à Milan, et certains d'entre ses compagnons manifestent leur joie. Mais le sourire ironique de François Ier leur ordonne le silence. Et ils baissent la tête.

Ces jours de fêtes, le roi ne les partage qu'avec quelques-uns de ses intimes compagnons d'enfance, mais personne ne peut oublier que François n'est plus le coureur de jupons grimpant aux façades et courant sur les toits.
Ses aventures nocturnes, on les soupçonne.

François Ier, roi de France, Roi-Chevalier

Les femmes qu'il a élues pour une nuit arborent souvent des colliers ou des bagues, mais se font discrètes.

Le 7 janvier 1516, quand il reçoit les représentants de Milan venus lui prêter serment de fidélité, il est affable : personne ne peut douter qu'il n'acceptera aucune résistance ou atteinte à son pouvoir.

Le 8 janvier, il quitte Milan pour la Provence après avoir confié le duché au connétable de Bourbon.

Il mène un train d'enfer, et en cinq jours de chevauchée alors que le crépuscule s'assombrit, enveloppant la forteresse qui domine et défend la ville de Sisteron, il voit s'avancer un cortège que des porteurs de cierges précèdent.

C'est Louise de Savoie, Mme la régente, qui est venue au-devant de son fils. Elle est accompagnée de la reine Claude.

Les deux femmes s'inclinent, Louise de Savoie s'approche de son fils et hésite à se serrer contre lui.

C'est François Ier qui ouvre les bras. Bref instant de bonheur pour la régente :

« Dieu sait si moi, pauvre mère, confiera-t-elle, fus bien aise de voir mon fils sain et entier après tant de violences qu'il avait souffertes et soutenues pour la chose publique. »

Le roi fait son entrée à Sisteron et toute la population rassemblée l'acclame.

Puis, les jours suivants, François chevauchant à côté de la voiture où se trouvent sa mère et son épouse, le cortège longe la Durance et pénètre dans Manosque.

Les habitants se pressent dans les rues étroites, s'agglutinent sur les remparts, ovationnent le roi, la régente et la reine. La foule est si dense, venue de toute la campagne environnante, que François Ier et sa suite ont de la peine à pénétrer dans la demeure du consul de Manosque, Antoine de Voland.

Dans la grande salle, François, d'un geste impatient écarte ceux qui l'entourent, veulent l'approcher, le toucher.

François s'est figé. En face de lui une jeune fille de grande beauté semble médusée, et tous deux restent ainsi, leurs regards noués.

Le silence envahit la salle. Tous les visages sont tournés vers le roi qui sourit, s'avance vers la jeune fille, qui tout à coup, bouscule les gens qui sont près d'elle, et s'enfuit en courant, cependant que la foule se referme sur le vide qu'elle a créé.

« Ma fille, Sire », dit le consul Antoine de Voland.

François paraît ne rien entendre, ne rien voir, une ride fend son front.

« Qu'on me la présente », murmure-t-il.

Au même instant un cri déchire le silence, une servante se précipite. Le consul tombe à terre, le visage empourpré.

On chuchote au roi que la jeune beauté s'est défigurée en brûlant son visage au-dessus d'un réchaud de soufre enflammé.

François a pâli.

Sa mère et son épouse l'entourent, l'entraînent.

« Un papillon que vous avez effrayé », confie Louise de Savoie.

François s'éloigne, ignorant les murmures de sa mère. À voix basse il donne des ordres à l'un de ses écuyers.

La fille du consul de Manosque qui voulait préserver sa vertu sera soignée par le médecin du roi, et jamais oubliée.

13.

François Ier, en cette matinée du 16 janvier 1516, chevauche seul, en tête du cortège royal.

Les officiers de sa garde ont à plusieurs reprises voulu s'approcher, être le bouclier de leur souverain. Mais, chaque fois, François Ier a exigé leur retrait. Il n'a même pas voulu que la voiture de sa mère et de la reine de France cheminent près de lui.
Parfois le roi saute de cheval, fait quelques pas, regarde vers les cimes des Alpes et la vallée de la Durance. Le vent glacial a décapé le ciel, et cisaillé les reliefs.
Puis, d'un seul élan, François remonte en selle, et le cortège royal, qui s'était immobilisé, se remet en marche.
François songe-t-il à la jeune vierge, la fille du consul de Manosque ?

Après quelques jours et des nuits passées dans l'accueillante hospitalité des nobles provençaux et de leurs dames ou filles peu farouches, François se laisse rejoindre par les officiers de sa garde et les voitures de ses deux reines, sa mère Louise et son épouse Claude de France.
Louise de Savoie murmure : « Le roi est le roi. Notre-Seigneur Jésus-Christ est son seul juge. »

Deux jours plus tard le roi fait son entrée à Aix, à Saint-Maximin et les habitants manifestent avec autant de ferveur que les foules qui tout au long de la pérégrination royale se sont rassemblées et ont crié le nom du roi, et « *Francia ! Francia ! Francia !* »

Puis tout à coup le paysage change, on s'enfonce dans la forêt de la Sainte-Baume aux senteurs entêtantes. Là, le roi et les reines mettent pied à terre et marchent dans cette sainte forêt jusqu'à la grotte où sainte Madeleine a vécu en recluse les trente années de sa pénitence.
On dit que chaque jour les anges l'emportaient aux cieux, la nourrissaient et la déposaient sur le rocher où ils l'avaient prise.
Le roi prie devant la grotte, séjourne avec ses reines au monastère de la Sainte-Baume, fait don aux moines de plusieurs milliers d'écus d'or, et les religieux accompagnent leurs illustres visiteurs de cantiques jusqu'à ce que Leurs Majestés aient quitté la forêt.

Au bout de la route, le 22 janvier 1516, on aperçoit la mer comme un drap bleu qui à l'horizon rejoint le dais scintillant du ciel.
On entend déjà tonner les canons depuis les murs d'enceinte de Marseille annonçant l'arrivée du roi et des reines.
À la porte Royale, les notables de la ville attendent le roi et le cortège.

Il va séjourner à Marseille quatre jours, du 22 au 26 janvier 1516.
Grande entrée : ordres religieux, notables, milliers d'enfants vêtus de blanc, deux mille archers et quatre mille hommes d'armes.
Le roi, d'un pas lent, parcourt les rues décorées, accueille les ovations, les offrandes, les aubades et les bals. Il passe en revue la flotte des galères, les arsenaux, puis participe avec l'enthousiasme d'un jeune chevalier à une bataille d'oranges. On ne l'épargne pas et il répond avec la joie et la vigueur d'un jeune homme, qui est déjà un héros.

François Ier, roi de France, Roi-Chevalier

On chante sa victoire de Marignan, la défaite qu'il a infligée aux Helvètes :

« Écoutez tous, gentils Galloys,
La victoire du noble roy François !
[…]
Aventuriers, bons compagnons
Ensemble croisez vos bastons
Nobles sautez dans les arçons
Armés, bouclés, frisquez mignons
La lance au poing, hardis et prompts
[…]
Alarme, alarme, alarme, alarme,
Suyvez Françoys, le roy Françoys
Le roy Françoys
Suivez la couronne !
….
Tue ! Tue !
À mort, à mort !
Serre, serre
….
Ils sont en fuite !
Ils montrent les talons
Courage, compagnons
Donnez des horions
Tous gentils compagnons !

Ils sont confus !
Il sont parfus
Prenez courage !
….
Victoire au noble roy François
Victoire au gentil de Vallois
Victoire au noble roy François ! »

Le roi a-t-il entendu cette chanson ? Ses compagnons ne l'ont jamais vu ainsi, apaisé mais enthousiaste, veillant à

prince de la Renaissance française

affirmer son autorité royale, rendant hommage aux notables, viguiers, consuls, et naturellement aux seigneurs.

Et tous accueillent celui qui est déjà un grand roi. On lui remet les clés de Marseille. Elles sont en or.

« François, c'est mon César », répète Mme la reine mère et régente.

François quitte Marseille pour Aix, Salons, Arles, Tarascon, Avignon. Puis le cortège royal remonte la vallée du Rhône... Orange, Montélimar, Valence, Tournon, Vienne, et l'on arrive à Lyon, à la fin du mois de février.

Dans chacune de ces villes, « l'entrée » royale est accompagnée de festivités, de tournois, de jeux, de danses et de festins.

François ne s'attarde pas. Accompagné de quelques chevaliers, il parcourt la campagne provençale. Belle province qui donne la mesure de la richesse du royaume français.

Dieu l'a bien pourvu !

Lors de son séjour à Avignon, François a chevauché jusqu'à la Fontaine-de-Vaucluse, demandé qu'on le laisse seul. Pense-t-il aux amours de Pétrarque, ou à la jeune défigurée de Manosque ?

Un roi peut-il se perdre ainsi dans des affaires de cœur ?

À Lyon – où il demeurera trois mois –, il doit écouter ses conseillers lui annoncer que l'empereur Maximilien a tenté de reconquérir Milan. La cité, défendue par le connétable de Bourbon, a résisté victorieusement.

Mais les temps changent. La victoire des armes suscite rancœur et jalousie et provoque d'autres batailles.

Des hommes nouveaux apparaissent.

Le roi Ferdinand le Catholique vient de mourir et ses héritiers sont sa fille Jeanne la Folle et son petit-fils Charles Ier d'Autriche, désormais roi d'Espagne, roi de Naples, roi de Castille et roi catholique.

Les espions français décrivent ce jeune souverain comme un homme de grande ambition.

« C'est mon vassal », dit François.

Un vassal qui rêve d'être le souverain – l'empereur des Habsbourg, du Saint-Empire romain germanique.

Il faut rentrer, retrouver le cœur du royaume français, les châteaux de Blois et d'Amboise, Paris.

Mais François passe encore quelques jours dans ces « pays » alpins. Il veut comme un pèlerin aller s'agenouiller devant le saint suaire, qui se trouve à Chambéry.

Il remonte la vallée de l'Isère, séjourne à Grenoble, et le 16 juin 1516, à Chambéry, il s'incline et prie devant le saint suaire de Notre-Seigneur Jésus-Christ que lui présentent trois évêques.

« J'ai voulu, dit-il, rendre grâce à Dieu des bonnes fortunes qu'il m'a données au commencement de mon règne. »

Il y a plus d'un an que François Ier a quitté Amboise.

Troisième partie

1516-1519

14.

Amboise !
François Ier a sauté de cheval et, d'un pas rapide, il parcourt les galeries, les tourelles du château de son enfance.

Il se tourne, appelle ses compagnons qui le suivent à quelques pas, et François va vers eux, comme si à cet instant il avait oublié Marignan et Manosque, Lyon et Marseille, les acclamations des habitants de toutes ces villes.
Il a envers ses compagnons des gestes familiers, amicaux.
Les premiers tournois, les jeux, les chasses dans les forêts voisines lui reviennent en mémoire. Il veut dès demain se rendre au château royal de Blois, sa demeure maintenant, parcourir ces forêts, y chasser comme autrefois.
Il prend l'un de ses compagnons par l'épaule, son favori, Guillaume Gouffier de Bonnivet, qu'il élèvera à la dignité et aux fonctions d'amiral de France.

Ce n'est pourtant point de gloire qu'il s'agit mais de plaisir. Le souverain victorieux retrouve les désirs de l'adolescent.
Ses compagnons, Bonnivet, Florange, Montmorency, se pressent autour de lui.
Et s'ébauche entre le roi et ses familiers le projet d'une escapade nocturne, pourquoi pas à Orléans, où le souverain doit se rendre.

Mais on ne rencontrera pas les ambassadeurs, on ne signera pas de traité de paix ! On sera masqué, en effrayant les bourgeois, en buvant jusqu'à plus soif dans les tavernes, en organisant la chasse aux femmes... Et finalement on sera reconnu et on poursuivra ces habitants qui s'enfuient, craignant un mauvais coup pour eux et leurs femmes.

Les compagnons de François applaudissent d'enthousiasme. Mais les jours suivants l'humeur de François a changé.
Il est grave. Il reçoit les notables représentants de dix-neuf villes et provinces.
Le chancelier Duprat doit faire accepter à ces « députés » la fonte des différentes monnaies, la création d'une monnaie unique. L'Assemblée refuse. Habile, François Ier leur demande seulement d'envoyer leurs suggestions par écrit. Et lorsque les projets arrivent, le secrétaire du chancelier Duprat, Barrillon écrit : « On mit leurs missives en un grand sac de cuir et depuis n'en fut plus parlé. Ainsi se départit cette assemblée sans rien faire. »

Le roi s'est montré attentif et aimable envers ces notables qui, ayant regagné leurs provinces, ont écrit et envoyé leur projet avec la conviction de détenir une part du pouvoir.
Puis on leur rapporte que François Ier, se heurtant aux réserves des conseillers des cours souveraines, s'est tout à coup laissé emporter par la colère, menaçant, criant : « Il n'y a qu'un roi en France, c'est moi ! »
Et chacun de rentrer la tête dans les épaules, de craindre la vindicte du roi, l'envoi de son armée dans les provinces, la saisie des biens des « opposants ».
On admire, on aime, on craint ce jeune roi, qui est à la fois le Roi-Chevalier de Marignan, et celui auquel Dieu a accordé le pouvoir de toucher – et de guérir – les écrouelles.
Capricieux, bienveillant et colérique, menaçant, passionné de chasse, François Ier surprend toujours !

prince de la Renaissance française

Il rentre de la chasse au sanglier ou au grand cerf, et tout à coup il se dirige vers le manoir du Clos-Lucé.

C'est encore un autre homme que ses compagnons découvrent.

François s'incline devant Léonard de Vinci, auquel il a offert l'hospitalité de ce manoir. Là, le créateur le plus imaginatif d'Italie, et peut-être de tous les temps, vit à sa guise, libre, aux frais du roi de France.

« Mon père, dit François, mon père, je viens vous voir. » Il y a plus que de l'admiration dans ses propos : de la tendresse, de l'affection, et d'abord du respect.

Âgé de soixante-quatre ans, Léonard de Vinci semble perclus de rhumatismes. Sa barbe blanche couvre sa poitrine.

Il dévoile ses esquisses, la canalisation de la Loire, la jonction du fleuve royal avec la Saône, ce qui permettrait des échanges faciles et fréquents entre la France et le duché de Milan.

François Ier interroge, évoque la construction d'un immense château à Chambord.

Puis il demande à Léonard d'organiser des fêtes, les plus somptueuses qu'il puisse imaginer.

Léonard de Vinci montre au roi les projets qu'il a déjà ébauchés, puisque l'on a appris que la reine, Claude de France, doit être couronnée.

François écoute, remercie.
« Mon père, je reviendrai vous voir », dit-il.
Il s'arrête devant chacune des œuvres de Vinci accrochées aux murs du manoir. Un portrait de femme au sourire énigmatique le retient longuement.

Pensif, il quitte le manoir du Clos-Lucé.

Dieu a voulu que cet homme soit en son domaine le plus grand des rois.

15.

Et lui, François, premier du nom, n'est-il pas aussi, parmi les princes et les rois, le plus grand d'entre eux ?

Il ne s'est pas imposé par une longue guerre incertaine, et il en est heureux et fier.
Il a suffi de la bataille de Marignan pour que Charles d'Espagne conclue avec lui le traité de Noyon, le 13 août 1516.
Et il est entendu que Charles Ier épousera Louise, la première fille de François Ier.
La reine Claude de France a accouché d'une seconde fille, née le 23 octobre 1516, et les souverains se disputent déjà sa main !
D'autres traités, signés avec les Suisses, puis Maximilien empereur du Saint-Empire romain germanique, puis le pape Léon X, puis l'Écossais Jacques V ont suivi.

François proclame que la paix générale règne sur la chrétienté tout entière.
Le roi de France s'en félicite : point besoin de fourbir les armes, de fondre des canons, la paix est la plus habile des victoires. Et François fait désarmer ses galères.
Les hérauts parcourent les rues, annonçant avec leur trompe la grande nouvelle : Paix ! Paix ! Et on allume de grands feux pour fêter l'événement.

prince de la Renaissance française

Visitant l'un des chantiers dont il a, avec les architectes italiens, approuvé les plans, François Ier dit brusquement, posant la main sur l'emplacement de la future nef :

« Je suis le pilier et la clé de voûte, ce château sera le plus somptueux de toute la chrétienté. »

Le secrétaire du chancelier Duprat, Barrillon, s'émerveille du savoir de son roi qui en remontre aux architectes. Il ajoute :

« Après que le roy eut fait traité de paix, alliance et confédération avec le pape Léon X, Maximilien, empereur, et Charles, roy catholique, et tous gens d'armes retournés en leur maison, ce royaume de France était en grande paix et tranquillité et n'y avait pour lors aucun bruit ou rumeur de guerre, division ou partialité.

« Les marchands faisaient leur train de marchandises en grande sûreté, tant par mer que par terre, et commerçaient pacifiquement ensemble, Français, Anglais, Espagnols, Allemands et toutes autres nations de la chrétienté qui était grande, grâce que Dieu faisait au peuple chrétien. »

Ne suis-je pas le plus grand des rois ?
François ne peut se retenir d'exprimer joie et orgueil.
Il chasse, il court les rues obscures avec ses compagnons, tous masqués, brisant de leurs éclats de rire le silence nocturne. Mais silencieux derrière leurs volets clos, les habitants apeurés reconnaissent le roi et ses compagnons de paillardise.
Et parfois, ces grands seigneurs bombardent de cailloux et d'œufs les façades des demeures tranquilles.

Mais cela ne suffit pas à François Ier.
Lors d'un tournoi, qui se déroule dans l'une des cours du château de Blois, en présence de tous les seigneurs et chevaliers qui suivent le roi d'une résidence à l'autre, François Ier vainqueur salue de sa lance une femme brune, à grande et fière allure, et n'a de cesse de la rencontrer. Françoise de Foix est la sœur du maréchal de Lautrec, elle est mariée à Jean de Laval, comte de Châteaubriant. Le mariage a été

célébré en 1509. Françoise de Foix avait à peine quatorze ans. Elle ne résiste pas longtemps au siège et aux assauts du roi ! La passion amoureuse embrase François. Il se souvient de son pèlerinage à Fontaine-de-Vaucluse, de sa méditation sur les amours de Pétrarque. Il avait pensé alors qu'il ne succomberait jamais à cette brûlure du corps et de l'âme.

Mais c'est ainsi !

La cour bruisse de rumeurs. Comment le roi pourrait-il cacher cette passion dévorante ?

Il entraîne Françoise de Foix dans les forêts, les pavillons de chasse. Elle fait partie du cortège royal car, amoureux passionné, François n'en continue pas moins de voyager.

Il a besoin de parcourir les provinces de son royaume dont les paysages, les lieux si nombreux de pèlerinage, la beauté des châteaux, des églises, des couvents, des monastères le comblent.

Dans son journal, un bourgeois de Paris note ainsi :

« L'an 1517, dix-neuvième jour de mai, s'en allèrent de Paris le roi, la reine, Madame la régente et toute la noblesse, premièrement coucher au château d'Escouen appartenant à M. de Montmorency. »

Dans les villes, on fête l'entrée du roi.

À Rouen, François Ier séjourne trois semaines.

En septembre il est à Gaillon, où se trouve l'une des résidences de l'archevêque de Rouen.

François est fasciné par l'imposant château de Gaillon et, tout en regagnant Paris puis Blois, il donne des ordres pour que l'on accélère les travaux du château de Chambord, qui doit magnifier la puissance, la richesse, la gloire du roi.

Un roi n'est roi que si ses sujets le reconnaissent dans son royaume le premier en tout.

16.

S'imposer par tout le royaume ! Défendre l'Église et la religion de Notre-Seigneur Jésus-Christ ! Rendre la Justice, et dicter la loi pour tous ! En remontrer aussi bien aux architectes qu'aux évêques ! N'accepter d'écouter les conseillers que s'ils sont premiers en leur domaine. Léonard de Vinci mérite qu'on tienne compte de son génie. Et prêter attention aux avis du chancelier Duprat, serviteur zélé et maître négociateur.

Ne jamais entrer en conflit avec ma mère, Louise de Savoie, et sa fille, Marguerite d'Alençon, ma sœur.

Telles sont les volontés de François Ier quand, en chevauchant, il laisse ses pensées jaillir de son cœur, de son esprit.

Tenir la bride serrée aux trop puissants vassaux.

Il ne faut point avoir de rivaux, d'opposants, d'ennemis, d'envieux dans le royaume.

Et se méfier des assemblées qui se veulent souveraines.

Veiller à ce que les parlements obéissent au roi alors qu'ils tardent à accepter le concordat de Bologne conclu avec le pape Léon X.

Dicter la loi, pour tous.

François s'emporte, reçoit deux envoyés du Parlement qui viennent présenter les excuses des parlementaires.

François les écoute avec bienveillance, puis il hausse le ton :

« Je sais, dit-il, qu'il y a des gens de bien au Parlement. »

Il s'avance vers les deux conseillers.

Il faut que ces notables comprennent qu'il peut disposer de leur vie.

« Mais il y en d'autres, reprend-il – chaque mot tombant comme un coup de hache – qui ne sont que fols... Je sais qu'il y a au Parlement une bande de fols ! »

Mais il sait aussi qu'il doit agir avec prudence, séduire, et ne condamner, ne châtier qu'après avoir, par des attentions qu'il manifeste envers tel ou tel de ses vassaux, désarmé la méfiance de ce puissant.

Ainsi la famille du connétable de Bourbon l'une des plus illustres, des plus riches.

Son fief autour de la ville de Moulins, est vaste, giboyeux, fortifié. Et le connétable, maître des armées, peut un jour se retourner contre le roi.

François Ier le sait. Il n'ignore pas qu'Henri VIII, roi d'Angleterre, a confié, voyant passer entouré de ses chevaliers le connétable de Bourbon : « Si j'avais un vassal tel que ce Bourbon, je sais bien quel sort je lui réserverais. »

Mais François n'est pas homme à tuer sur un simple soupçon. Sûr de lui, il préfère désarmer le rival et l'ennemi par la séduction.

Il est bienveillant, il sait pardonner.

Il est persuadé qu'il vaincra.

Et c'est avec la même assurance qu'il s'approche de ces jeunes femmes qui n'attendent qu'un signe de lui pour succomber.

Il aime avec passion Françoise de Foix, mais toute femme désirée doit être « prise ».

prince de la Renaissance française

Il respecte la reine, regrette qu'elle n'ait pour l'heure donné naissance qu'à deux filles, alors qu'il espère et attend un fils, un dauphin, mais il a ses favorites. Il est libre de ses désirs, il compose, rime :

> « Où êtes-vous allées mes belles amourettes
> Changerez-vous de lieu tous les jours ?
> À qui dirai-je mon tourment
> Mon tourment et ma peine ?
> Rien ne répond à ma voix
> Les arbres sont secrets, muets et sourds. »

Il a grandi dans l'admiration, la dévotion que lui vouent sa mère, Louise de Savoie, régente, et sa sœur, Marguerite, Mme d'Alençon, « sa plus que sœur », qui est prête à tous les sacrifices pour son frère François.

« Quoique ce puisse être jusques à mettre au vent la cendre de mes os pour vous faire service, rien ne me sera ni étrange, ni difficile, ni pénible, mais consolation, repos et honneur... »

Marguerite est, dit François Ier, « son doublement ».

« Elle a le corps droit, beau, chaste et pudique », écrit le poète Clément Marot.

Marguerite d'Alençon a, parmi les poètes qui font partie du cercle intime entourant le roi, une place reconnue.

On sait qu'elle rime, qu'elle est la « mignonnette » du roi. Qui a vu une fois ensemble Mme la régente, la sœur et le roi ne peut se tromper. La mère et ses deux enfants sont liés par un amour, une « foi » miraculeuse : on ne peut séparer l'un des autres. Mais la mère et la sœur sont au service de tous les projets, de tous les désirs du roi.

François les honore, les écoute, c'est à elles qu'il fait confiance. Il est reconnaissant à Mme la régente de n'avoir jamais douté de son destin. Il serait roi.

Et puis aux côtés de ces deux femmes, il y a la reine, et François veut qu'elle soit honorée, couronnée, reçue par

Paris parce que cette gloire dont elle va être éclairée, c'est lui, le roi sacré à Reims, élu de Dieu, qui la dispense.

Le dimanche 10 mai 1517, Claude sera couronnée, et le mardi 12 mai elle fera son entrée dans Paris.

À Saint-Denis la veille du couronnement, Claude de France s'est agenouillée en larmes au pied du tombeau de ses parents, Louis XII et Anne de Bretagne.
Le lendemain, 10 mai 1517, elle est couronnée dans la basilique. Le duc d'Alençon, le connétable de Bourbon, le duc de Vendôme soutiennent la couronne de Charlemagne au-dessus de la tête de Claude de France. Puis le 12 mai, après avoir passé la journée du 11 à Saint-Denis, Claude de France « entre » dans Paris.
Archers, arbalétriers, échevins, marchands, bourgeois, représentants des métiers se sont avancés vers cette litière où, accompagnée de seize princesses, se trouve Claude de France.
Jamais reine ne fut ainsi accueillie par Paris.
Le soir un festin est offert dans la grande salle du Palais et le peuple peut y entrer.
« Jamais homme vivant ne fit si somptueux souper à entrée de reine. »

Puis le 14 mai, il y eut grand tournoi.
Les chevaliers vêtus de noir sont les Bretons.
Le roi et ses chevaliers sont en blanc.
On honore ainsi Anne de Bretagne, épouse tant aimée de Louis XII et Claude de France, leur fille.
Le couronnement de la reine à Saint-Denis, puis son entrée dans Paris manifestent l'unité du royaume de France, dont François Ier est le grand roi.

17.

Parfois, le roi, alors qu'il chasse, qu'il a levé une portée de sangliers et que les veneurs attendent qu'il charge et tue le sauvage sanglier mâle d'un coup de lance, quand tous ont la certitude que le roi va frapper, et que le sang noir de la bête jaillira, François Ier s'arrête, se détourne, et d'un geste de la main invite les chevaliers, les veneurs à en finir à sa place, puis il s'éloigne, exigeant de ne pas être suivi.

Il connaît ces forêts. Il emprunte des sentiers à peine tracés, ou les grandes allées.
Il s'interroge, comme s'il doutait de lui.
Qu'est-ce qu'un grand roi ?
Il se souvient du *Commentaire des Épîtres de saint Paul,* écrits par un maître de l'Université de Paris, Lefèvre d'Étaples :
« Ne suivons pas les dogmes des hommes, a écrit Lefèvre, qui n'ont pas le fondement dans la lumière qui a brillé d'en haut. Attachons-nous donc au seul Christ et à la doctrine apostolique, le reste est peut-être plus superstitieux que religieux... Le mérite des œuvres est bien petit... Nous ne saurions être justifiés que par la grâce... »

François saute à terre, prend le cheval par la bride, avance dans la futaie.

Il sait que sa sœur, Marguerite d'Alençon, sa « mignonnette », lit et relit le *Commentaire des Épîtres de saint Paul* comme s'il s'agissait d'un bréviaire. Et d'autres autour d'elle, ainsi Briçonnet, l'évêque de Meaux, ou l'érudit Guillaume Budé, suivent Lefèvre d'Étaples.

Pendant ce temps l'Église lève des fonds pour organiser la croisade contre les infidèles et finit de bâtir la basilique Saint-Pierre.

« De toutes ces consultations de faire la guerre au Turc, a dit Barrillon – le secrétaire du chancelier Duprat –, n'est sorti aucun effet… »

François d'un seul élan enfourche son cheval.

Barrillon se trompe : de l'argent levé pour la croisade est allé remplir les coffres du Trésor royal.

Et les chrétiens qui versent leur obole pour la croisade reçoivent des indulgences pour leurs péchés.

François pressent qu'il faut agir avec prudence. Ne pas toucher à l'Église et à ses dogmes. Et d'autant plus que, en Allemagne, un moine, Martin Luther, a affiché le 31 octobre 1517, à la porte de l'église du château de Wittenberg, quatre-vingt-quinze propositions contre le trafic des indulgences.

Cela ne peut, ne doit pas se produire dans le royaume de France dont l'Église, depuis le concordat de Bologne, est dans la main du roi.

François Ier chevauche, retrouve ses compagnons, qui entourent les dépouilles des sangliers.

François d'un geste les félicite puis, suivi par ses chevaliers, reprend le chemin du château d'Amboise.

Il éprouve, dès qu'il aperçoit les tours, les galeries, les flèches – et cette pierre est travaillée, ajourée jusqu'à ressembler à une dentelle –, les jardins qui bordent la Loire, une émotion, une impatience joyeuse.

C'est là qu'est son enfance !

prince de la Renaissance française

Et il est chaque fois admiratif et surpris par les tapisseries, les meubles, les statues, dont Mme la régente, sa mère, Louise de Savoie, a enrichi le château.

Mais il ne peut retenir un mouvement d'impatience. Il voudrait tant... Déjà il refoule sa déception naissante : sa mère, sa sœur viennent vers lui, et sa joie revient, comme une embellie après une brève ondée...

18.

Que serait-il, lui, le roi, sans un fils ?
Et lorsqu'il pense que Claude de France a déjà accouché de deux filles, Louise et Charlotte, il regrette de ne pas avoir engrossé l'une de ses conquêtes, et il se serait contenté d'un bâtard !
Mais ce serait un fils.

Et tout à coup, le dimanche 28 février 1518, vers cinq heures de l'après-midi, alors qu'il rentre d'une chevauchée en Touraine, le grand écuyer, qui a saisi les rênes de la monture du roi, murmure que cinquante et un accoucheuses et nourrices sont venues d'Orléans et de Moulins, de Blois et de Tours parce que la reine va être délivrée.
Le roi en est sûr, c'est un fils qui va naître, c'est le dauphin attendu !
Les cloches commencent à sonner. Une suivante de Claude de France apporte un message de la reine :
« Un beau dauphin est né, qui est le plus beau et puissant enfant que l'on saurait voir et qui se fait le mieux nourrir... Dites au roi qu'il est encore plus beau que lui... »

François voudrait crier de joie, mais d'une voix lente, il dit seulement que le chancelier doit avertir les villes et tous les villages.
Les évêques ordonneront que partout l'on célèbre le Te Deum.

prince de la Renaissance française

Un sang brûlant coule dans les veines du roi et après qu'il a vu l'enfant – qui reçoit le nom de François et le titre de duc d'Orléans –, il s'emporte contre cette foule qui se presse dans les galeries, dans la chambre même de la reine.

Il dicte un ordre pour son chambellan, M. de Bouchaize :

« J'ai été averti qu'il y a plusieurs allants et venants qui s'ingèrent d'aller voir mon fils le dauphin, ce que je ne veux ni n'entends pour l'inconvénient qui en peut advenir. À cette cause, je vous prie, voire défends, qu'on n'y laisse personne entrer, sinon ceux qui viennent deçà, prochains de ma personne ou portant lettres de moy, ou de la reine, ou de Madame ma mère. »

François ne quitte plus le château d'Amboise.

Il veut, pour le baptême de son premier fils, des fêtes, des triomphes qu'on n'oubliera plus.

Le 25 avril, jour du baptême, le château est illuminé par des torches, car la nuit résiste au jour qui s'annonce.

Des archers de la garde royale et des Suisses brandissent ces torches, et tracent ainsi dans la pénombre deux longues guirlandes lumineuses. Le dauphin François a été placé dans la salle d'honneur du château et on a élevé un pont qui, traversant les deux tours du château, communique avec l'église.

La gouvernante du dauphin, Mme de Brissac, a la charge pendant le trajet de soutenir la tête de l'enfant.

Le parrain du dauphin, Laurent le Magnifique, est entouré par les ambassadeurs du pape et ceux de l'empereur Maximilien et du roi d'Espagne, Charles Ier.

Le baptême accompli, les hérauts d'armes crient « Vive Monseigneur le dauphin ! »

Puis, au retour de l'église, le festin fastueux se déroule dans la grande cour du château.

Et durant toute une semaine se succèdent les tournois.

François Ier, peut-être avec le concours de Léonard de Vinci, imagine une bataille où des canons de bois tirent comme projectiles des ballons aussi gros que le cul d'un tonneau qui, remplis d'eau, renversent chevaliers et chevaux.

François Ier, roi de France, Roi-Chevalier

« Ce fut le plus beau combat pour passe-temps, mais il ne plut pas à tous, car il y eut beaucoup de tués et de blessés. »

Année riche et diverse qui donne à François Ier encore plus d'assurance. Il signe un traité d'alliance avec Henri VIII. Et à Paris, les festivités – jeux, joutes, tournois, danses, mascarades – se succèdent.

François pour couronner l'année offre le 2 décembre 1518 à la Bastille, une fête de nuit illuminée par des torches innombrables, si bien qu'il semblait qu'il fut « jour clair ».

19.

Le roi aime ces fêtes de fin d'année qui annoncent et illustrent le recommencement, la naissance de Jésus. Entouré de ses proches, avec dévotion et recueillement, il suit les messes qu'accompagnent les pèlerinages, cette longue chaîne où chaque homme porte une torche et les femmes les plus jeunes enfants.

Et jusqu'à l'aube on prie et on festoie.

François Ier aime rassembler autour de lui, ces nuits et ces jours-là, ses compagnons d'enfance et ces maîtres érudits qui l'ont instruit.

Le plus illustre d'entre eux, Bourbon, est un seigneur dont la devise dit la foi et l'ambition : *Espérance*.

François marque son estime pour Bourbon mais on devine à son regard souverain qu'il se défie de lui, trop puissant pour un vassal !

Et le roi se souvient d'Henri VIII, qui, voyant Bourbon passer entouré de ses chevaliers, murmura : « Si j'avais un vassal tel que ce Bourbon, je sais quel sort je lui réserverais. »

Et tout en parlant, il place le tranchant de sa main sur sa gorge. François n'est pas roi à châtier avant qu'on ne l'ait trahi.

Il préfère donc à Bourbon, Guillaume Gouffier de Bonnivet – le frère d'Artus de Boisy, qui jadis a enseigné au roi l'essentiel de ce qu'un souverain doit savoir.

Ce Guillaume Gouffier de Bonnivet est l'ami le plus proche du roi. Il est jalousé parce qu'il est le favori de François, qui suit souvent ses conseils.

À Marignan, ils étaient côte à côte durant les combats, et à Milan ils dressaient ensemble les embuscades amoureuses où se laissaient prendre les plus belles femmes du duché.

Souvent Florange, un chevalier, se joint à eux. C'est un homme dont François Ier sait qu'il lui est dévoué, comme Galiot de Genouillac, le maître de l'artillerie.

Et puis il y a Duprat, le chancelier de France, le grand serviteur, qui a toute la confiance de Louise de Savoie.

François le charge des missions les plus difficiles : ainsi à Bologne lors des négociations avec le pape Léon X pour l'élaboration du concordat si favorable au roi de France.

C'est aussi Duprat qui défend contre le Parlement et l'université de Paris les prérogatives du roi.

François Ier sait qu'il peut compter sur Duprat mais il n'a pour lui ni l'amitié ni l'affection qui le lient à Bonnivet et Florange.

À ce groupe d'hommes qui servent le roi et l'aiment s'ajoutent, plus puissantes, plus dévouées, la mère et la sœur du roi. Et les femmes amantes d'un jour donnent au roi les plaisirs dont il est insatiable, et la passion, ainsi celle qui le lie à Françoise de Foix.

Cet entourage de François Ier va devoir faire face, aux côtés du roi, à un événement qui, le 12 janvier 1519, bouleverse la situation en Europe.

Ce jour-là, l'empereur Maximilien meurt.

Et la règle de la Bulle d'Or (1356) veut que le successeur de l'empereur du Saint-Empire romain germanique soit élu par un collège de sept électeurs, qui se réunissent en diète, à Francfort.

Empereur ?

prince de la Renaissance française

François Ier, dès qu'il apprend la nouvelle, envoie des émissaires à chacun des électeurs.

Il veut être élu empereur. N'est-il pas à la tête du plus grand et du plus riche des royaumes ?

Il écrit au pape Léon X pour lui annoncer sa candidature.

Il charge Bonnivet de s'installer à Lunéville, puis à Coblence afin de connaître les manœuvres de Charles Ier de Habsbourg – vassal de François Ier –, qui lui aussi a fait connaître ses intentions et rêve d'être le cinquième Charles à devenir empereur. On l'appelle déjà Charles Quint.

Parmi ces sept électeurs (trois archevêques – Mayence, Cologne, Trêves –, le roi de Bohême, le duc de Saxe, le comte palatin du Rhin, le margrave de Brandebourg), François Ier est persuadé de pouvoir en acheter quelques-uns qui constitueront une majorité en sa faveur.

Il convoque le chancelier de France, Duprat.

« Il faut de l'or », dit-il.

Duprat écarte les bras en signe d'impuissance, mais François Ier semble ne prêter aucune attention aux gestes et aux propos de Duprat.

« Il faut de l'or », répète François Ier.

Il ordonne qu'on vide les coffres où s'entassent les réserves royales, ces pièces de bonne monnaie titrée.

Il exige de Duprat qu'il crée de nouveaux offices, vers lesquels se précipiteront les bourgeois en quête d'hermine et de toge. Duprat souligne que le Parlement s'opposera à ces créations, qui dévaluent leurs propres charges et offices.

« Qu'on vende en Normandie, en Picardie, en Dauphiné des parties du domaine royal ! », s'exclame François Ier.

Il fixe Duprat qui, tête baissée, murmure comme s'il priait. Sèchement, François interrompt ces oraisons, ces suppliques.

« Si besoin est, martèle le roi, une bataille victorieuse nous rendra ce que nous venons d'aliéner. Il faut aussi préparer cela. roi de France, empereur, qui osera m'affronter ? Ce Charles Quint qui n'a jamais combattu ? D'ailleurs il est notre vassal et nous allons honorer sa lignée. »

François Ier, roi de France, Roi-Chevalier

Le 21 février 1519, à Notre-Dame de Paris, le roi François, entouré de la reine et de Madame mère, régente, puis de tous les princes, et de la foule des membres du Parlement, des maîtres de l'Université, des chevaliers et des fidèles qui se pressent de part et d'autre de la nef, célèbre le service funèbre de l'empereur Maximilien. Pendant l'office, Bonnivet, rentré de Coblence, chuchote au roi ce qu'il a appris des intentions et des espoirs de Charles Ier d'Espagne.

Les Fugger, les grands banquiers d'Augsbourg, versent à Charles Quint des centaines de milliers de florins et de ducats. Charles Quint les distribue aux sept électeurs. Et il négocie alliances, donations de territoires.

Il mène ainsi une intense campagne, attise les résistances contre François Ier.

Il écrit dans les missives que reçoivent les religieux d'Allemagne : « Si le roi de France est élu, il tiendra les Allemands dans les mêmes servitudes qu'il tient les Français. Il les taillera sans merci, il les surchargera d'impôts. »

François répond que : « ce roi catholique n'a que dix-neuf ans ! Ses royaumes sont lointains de l'Empire […] Et avec ce, les mœurs et les façons de vivre d'Espagnols ne sont conformes, et ainsi sont totalement contraires à celles des Allemands et au contraire la nation française quasi en tout conforme à celle d'Allemagne, aussy en est-elle yssue et venue, c'est assavoir de Sicambre et Franquefort, comme les historiens anciens récitent… »

Et le futur Charles Quint réplique :

« Si nous n'étions de la vraie race et origine de la nation germanique, nous ne voudrions aucunement entreprendre d'aspirer audicdt Empire. Notre vray estoc et premier fleuron de noblesse vient de la Maison d'Autriche. »

François Ier réplique. Ce tournoi d'ambitions l'emporte. Il est comme à la chasse. Lorsque, le 31 mars 1519, la reine lui donne un second fils – frère donc du dauphin François –, il exulte. C'est le roi d'Angleterre qui tiendra – par l'intermédiaire de son ambassadeur – l'enfant sur les fonts baptismaux et ce fils de François Ier se nommera Henri.

Les conseillers de François et ceux de Charles d'Espagne se rencontrent pour tenter d'éviter un affrontement entre leurs souverains. Mais la roue tourne. François, par de fulgurantes intuitions, craint tout à coup le conflit qui se dessine entre le royaume de France et l'Empire germanique. Artus de Boisy, son négociateur, meurt en ce mois de mai 1519 comme Léonard de Vinci. François Ier pleure sincèrement ces deux hommes et craint que leurs disparitions ne soient des signes annonciateurs d'échec.

Le 18 juin 1519, la diète s'est ouverte à Francfort. Le 28 juin, Charles d'Autriche, roi d'Espagne, est proclamé empereur d'Allemagne. L'argent des Fugger a joué un rôle important, mais les électeurs allemands voulaient élire un Allemand. Le tocsin sonne dans toutes les églises de l'Empire pour annoncer l'apparition sur la scène de l'histoire de Charles Quint.

Le 3 juillet 1519, alors qu'il se trouve à Saint-Germain, François Ier apprend son échec.
« Les quelles nouvelles ne lui plurent pas fort, moins pour la valeur de l'Empire que pour la honte. »
Puis, entraînant ses proches à une chasse aux cerfs dans la forêt de Fontainebleau, François Ier lance : « Je suis bien aise de ne pas avoir les soucis de l'Empire. »

Quatrième partie

1519-1520

20.

Le roi chasse.
Le roi chevauche.
Allant d'un château, l'autre.
Il veut retrouver les forêts de son enfance, être hébergé par ses vassaux.
Il se rend à Cognac, sa ville natale. Il n'était alors que comte d'Angoulême : le voici roi, accompagné de sa cour, de sa mère et de la reine épouse, que les grossesses successives épuisent. Mais elle a donné des fils au roi, elle est donc respectée.
Le roi certes baguenaude et recherche le plaisir, mais c'est là privilège de roi.
Il semble heureux, le roi de France.

Les villes – Cognac, Angoulême – se parent pour accueillir le roi François, premier du nom. Entrées triomphales. D'immenses tapisseries couvrent les façades des maisons, des arcs de triomphe sont dressés. On visitera Poitiers et La Rochelle.
François sourit à tous, salue d'une inclinaison de tête ceux qui l'acclament.

On lui rend grâce de la paix qui règne dans le royaume.
« À présent, dit l'un des notables de Cognac, grâce à notre seigneur, il y a abondance de tous vivres en notre royaume et ils sont à raisonnable prix et marchés. »

Cependant on murmure au roi que les prix sont trop élevés, et le roi acclamé met en place des commissions présidées par son prévôt assisté « des plus savants et apparents personnages et de bonne conscience » qui fixeront les prix et les afficheront.

Le roi, dont chaque parole est écoutée, répandue et souvent déformée, est observé.
Mais il ne cesse de sourire, de montrer son intérêt pour les dames, de s'éloigner en compagnie de sa « passion », Françoise de Foix, et ni Louise de Savoie ni Claude de France n'osent protester.
Le roi est le roi.
Seule la mélancolie, la tristesse même se lisent sur le visage et dans les regards de l'épouse respectée, comblée d'honneurs mais souvent oubliée.
Certes François Ier veille à l'honorer. Il a voulu que le couronnement de Claude de France, à Saint-Denis, soit la plus éclatante des fêtes. Il n'y a jamais eu reine de France davantage distinguée.
Il est vrai que Claude de France a rempli tous ses devoirs : le roi a des fils !
Et quand elle demande à François d'agrandir, d'embellir et d'achever le château de Blois – celui de Louis XII et Anne de Bretagne, le père et la mère de Claude –, le roi accepte aussitôt. Il surveille et oriente les travaux. L'escalier du château de Blois, contenu, comme une vis, dans une tour, émerveille tous ceux qui le découvrent. Et François Ier y entraîne les ambassadeurs qui dans leurs relations à leurs princes, ou au doge de Venise, soulignent la magnificence et la richesse des travaux que le roi de France entreprend.

Les châteaux se multiplient. Chambord sera le château royal, répondant à Blois, qui est celui de la reine. C'est ainsi « entre les Grands » du royaume, entre les vassaux du roi, des joutes permanentes, opposant château à château, seigneur à seigneur, sous l'œil du roi.

prince de la Renaissance française

Il se rend ainsi au château du connétable de Bourbon, manoir austère qu'il possède à Châtellerault. Comparé à celui de l'amiral de France, Guillaume de Bonnivet, il paraît modeste alors que le château du favori du roi domine le paysage et évoque gloire et puissance.

Brantôme, chroniqueur acéré de ces temps-là, écrit que Bonnivet alla faire construire son château « à la vue de Châtellerault, que vous eussiez dit qu'il eût voulu dominer en cavalier la maison de Bourbon qui ne semblait qu'un petit nid auprès. »

Le roi imagine la rivalité entre ces deux hommes. Il interroge le connétable, insiste afin de connaître l'avis du connétable sur le château de Bonnivet.

Bourbon, la moue dédaigneuse, répond, sans même regarder le roi :

« Je n'y vois qu'un défaut, la cage est trop grande pour l'oiseau. »

Le roi, son sourire paraissant hésiter entre la bienveillance et l'ironie, dit :

« L'envie vous fait, sans doute, parler ainsi. »

Bourbon, renfrogné, s'éloigne du roi, puis revient sur ses pas :

« Moi, jaloux ! Comment pourrais-je l'être d'un homme dont les ancêtres tenaient à honneur d'être les écuyers des miens. »

Le roi continue de sourire, mais il donne le signal du départ, ne saluant pas le connétable.

Ce Bourbon l'a blessé. Sa morgue est un défi. Brusquement, le roi lance son cheval dans la forêt. Bourbon lui a rappelé qu'un vassal de vingt ans est devenu Charles Quint. François jure et un sentiment de doute l'envahit.

Tous les princes d'Europe, les chevaliers ont suivi l'affrontement : et Charles d'Autriche l'a remporté, versant aux électeurs huit cent cinquante et un mille florins, les deux tiers ayant été avancés par Jacob Fugger.

Et cela a coûté quatre cent mille écus d'or au roi de France !

Le visage de François Ier s'empourpre. Peut-il, lui, le vainqueur de Marignan, accepter d'être ainsi humilié par un empereur qui n'a jamais guerroyé, et que personne n'a vu baisser sa lance dans un tournoi ?
Cette honte que le roi ressent, il doit l'effacer, et s'il faut se battre on se battra !

François Ier tourne bride et sa suite qui le rejoint entre avec lui dans la cour majestueuse du château de Bonnivet.
On cherche l'amiral de France. L'un de ses écuyers assure que Bonnivet est malade, qu'il ne peut aller au-devant du roi.
Marguerite d'Alençon s'approche de François Ier et insiste pour que le roi laisse l'amiral Bonnivet se soigner.
François dévisage longuement sa sœur. Quelle complicité lie Marguerite et Bonnivet ?

Le lendemain matin, Bonnivet a quitté le château, terrassé par la fièvre, prétend son chambellan.

François Ier apprendra quelques jours plus tard que Bonnivet s'est introduit par une trappe dissimulée dans la chambre où Marguerite dormait. La sœur du roi s'est débattue, griffant, mordant, criant, et Bonnivet, le visage sanguinolent, a dû s'échapper par la trappe.
Le roi a ri aux éclats, il a fait mine de ne rien savoir alors que la dame d'honneur de Marguerite se confiait à lui.

Punir ou jouer les naïfs ?
Bonnivet est l'ami fidèle et Marguerite a défendu victorieusement son honneur. Bonnivet devait cuver sa honte. Il fallait que ses plaies cicatrisent. Le roi s'est approché de Marguerite. Il s'est placé en face d'elle qui balbutiait, rougissante.

« Ma sœur est toujours une mignonnette », a-t-il dit, puis il lui a tourné le dos.

Lorsqu'il a revu l'amiral Bonnivet, le roi s'est contenté de murmurer qu'ils avaient, tous deux, des comptes à régler et qu'une guerre contre ce Charles Quint allait achever de cicatriser « nos blessures ».
Mais cette guerre, on ne peut l'engager qu'avec l'alliance promise par Henri VIII.
Une rencontre est prévue.
Les deux souverains se réuniront entre Boulogne et Calais le 31 mai 1520.
Le roi de France, la reine Claude de France, et Mme la régente, Louise de Savoie, rejoindront Ardres.
Henri VIII, roi d'Angleterre, sa femme, Catherine d'Aragon, et sa sœur Marie iront à Guînes.
« Entre Ardres et Guynes, les rois se rencontreront accompagnés d'un nombre limité de leurs gens et en un autre lieu entre Ardres et Guynes seraient faictes lisses pour faire joustes et tournoys. »

François Ier veille personnellement à la préparation de cette rencontre qu'il juge décisive. Henri VIII doit être séduit, acheté, conquis. L'alliance franco-anglaise doit vaincre Charles Quint.
La rumeur de bon augure assure qu'Henri VIII a hâte de rencontrer le roi de France.
« Je ne raserai pas ma barbe avant d'avoir vu le roi de France » a-t-il assuré.
Et François Ier de répliquer :
« Je ne raserai pas non plus ma barbe avant d'avoir vu le roi d'Angleterre. »

21.

Le roi est impatient, allant à la rencontre des chariots qui, arrivant de Paris, transportent en Picardie les tentes, les rouleaux de tissu d'or, les paniers d'osier remplis de vaisselle dont chaque pièce est une œuvre d'art.
Il interroge le maître de l'artillerie Galiot de Genouillac, qui est le surveillant responsable de la marche des travaux et qui rend compte au roi.

François Ier veut qu'on suive, heure après heure, l'état d'avancement du chantier depuis l'arrivée dans le port de Calais du *Grand Henry,* le navire du roi d'Angleterre. C'est un bâtiment dont les voiles sont de drap d'or. Les oriflammes, les étendards sont hissés au haut des mâts, des banderoles de drap d'or couvrent la coque qui s'élève, à la proue et à la poupe à la hauteur d'une maison de plusieurs étages.

Le roi Henri a décidé de coucher à Calais, dans son château gardé par plusieurs centaines d'archers.
Le roi François choisit de s'installer sous son immense tente, dressée à Ardres. Les courtisans s'y pressent, des buffets somptueux ont été préparés.

Le roi s'avance, entouré de sa mère, Louise de Savoie, de la reine Claude et de sa sœur Marguerite. Souvent il s'arrête devant les miroirs ouvragés en Italie qui, accrochés aux parois de la tente, donnent l'impression qu'elle est aussi vaste que l'une ou l'autre des grandes salles du château d'Amboise ou de Blois.

Cette tente est la demeure royale de François Ier qui, caressant du bout des doigts sa barbe – taillée chaque jour par des barbiers italiens –, s'étonne, s'emporte, interpelle Galiot de Genouillac.

Quand donc le roi de France rencontrera-t-il le roi d'Angleterre ?

Le roi se retire dans sa chambre qui, gardée, est réservée au souverain et à ses intimes.

François Ier va et vient, d'un pas lent, il veut qu'on lui lise les relations de ses ambassadeurs, à propos de la situation en Allemagne, et dans l'empire des infidèles.

Il exige qu'on lui relise certains passages.

Il sourit.

« On me dit de toutes parts que Charles Quint n'aime pas la chasse, c'est qu'il est chassé et non pas chasseur ! Il ne faut pas que cette pièce qui se veut impériale nous échappe. »

François veut qu'on lui rassemble tout ce qui se rapporte à ce moinillon germanique, ce Luther qui défie l'Église : Charles Quint devra, comme les autres souverains catholiques, soutenir le pape, combattre les thèses du moinillon, et se soumettre au souverain pontife, donc devenir notre allié et en payer le prix !

Et les Turcs ne se laisseront pas oublier, ajoute François. Il se tourne vers l'un des courriers qui viennent d'arriver de cet empire des infidèles.

L'homme épuisé, parle la voix entrecoupée de longues pauses, durant lesquelles il reprend son souffle.

« Leur empereur, que tous appellent Soliman le Législateur, et les chrétiens qui le côtoient "Soliman le Magnifique".

François Ier, roi de France, Roi-Chevalier

— Voilà l'un de nos alliés, murmure François Ier, qui dévisage lentement les ambassadeurs réunis autour de lui.

— Vous imaginez, reprend-il, notre jouvenceau Charles Quint devant résister à Soliman le Magnifique, et lutter contre un moine hérétique ! Et, nous, royaume de France, nous pourrions perdre ce tournoi contre Charles Quint ! »

Il fait quelques pas, les chambellans soulèvent la tenture qui sépare la chambre du roi du reste de la tente.

« Voyons l'Anglais Henry : s'il est notre allié, qui restera auprès de l'empereur Charles Quint ? Voyons l'Anglais, il se vendra un bon prix, mais il se vendra. Soignons nos barbes. »

22.

François Ier retient son cheval, saute à terre, s'avance sur ce promontoire d'où l'on aperçoit la rivière qui coule jusqu'à Ardres. Les reflets du soleil sur les tissus d'or des tentes et des pavillons éblouissent le roi.

Demain, le roi Henri VIII signera le traité d'alliance préparé en octobre 1518 par le chancelier Duprat. Et qui pourra alors attaquer et vaincre le royaume de France ? Charles Quint ? Un empereur qui n'a jamais renversé un adversaire dans un tournoi ?

François Ier enfourche son cheval et suivi par sa garde de chevaliers se dirige vers cette ville d'or qui scintille au soleil d'un printemps précoce.

Il a suffi de quelques jours pour que les hommes de Galiot de Genouillac finissent de monter quatre cents tentes et pavillons, chacun couronné par les oriflammes, les blasons, les écussons, les boucliers qui signalent le chevalier ou le prince qui loge sous ces tentes « de drap d'or frizé dehors et de drap d'or frizé dedans, de tant de chambres, salles, que galeries et tout plein d'autres draps d'or ras et toile d'argent et toile d'or ».

François est ébloui.

Non loin de là, proche du château de Guînes, le roi Henri VIII a fait dresser ses tentes, elles aussi en tissu d'or.

Il a ordonné la construction d'une maison de bois qui reproduit la Maison des marchands à Calais.

« Elle est par-dedans toute tapissée de drap d'or et d'argent et tout le faîte d'autre tapisserie lardée et entrelacée de soye blanche et verte qui est la couleur et belle devise du roi Henri VIII. »

Ces deux camps du Drap d'or, celui du roi de France et celui du roi d'Angleterre, sont séparés par une colline au sommet de laquelle Français et Anglais ont aménagé les lieux de tournoi, les lices, entourés de tentes, de pavillons et de galeries où les princes et chevaliers qui se seront affrontés en tournoi pourront se désaltérer.

Ainsi tout est en place pour que les rois puissent enfin se rencontrer.

Les souverains et leur suite vont l'un vers l'autre par courtes étapes.

Le 5 juin la reine de France et Mme la régente arrivent à Ardres. Les reines anglaises (Catherine d'Aragon et la reine Mary) rejoignent Guînes.

Français et Anglais saluent ces deux événements en faisant tirer plusieurs coups de canon.

Pendant ce temps, les représentants des deux rois signent le traité qui marque l'alliance entre les royaumes. Négocié il y a deux ans, le voici paraphé.

La fille unique d'Henri VIII, Mary, doit épouser le dauphin François. Il est précisé que François Ier paiera annuellement cent mille francs d'or au roi d'Angleterre jusqu'à la célébration du mariage.

Le jeudi 7 juin 1520, les deux souverains se rencontrent enfin. Chacun des rois n'est précédé que par un seul connétable tenant l'épée nue.

prince de la Renaissance française

Dès qu'ils se voient, les deux rois éperonnent leur monture comme s'ils s'apprêtaient à combattre, mais l'heure n'est pas à un tournoi. Les deux rois tendent les rênes, puis se saluent soulevant leur bonnet. Ils s'embrassent et sautent de leur coursier. Ils se donnent l'accolade, puis se tenant par le bras entrent dans le pavillon tendu de drap d'or.

Les rois ne se quittent plus, ils lèvent leur verre à la santé de l'un et de l'autre. Ils se chuchotent des remarques qui les font s'esclaffer. Ils sont jeunes : Henri VIII a vingt-neuf ans, François Ier vingt-cinq.

À quelques pas, sous la tente, se tiennent l'amiral de France, Guillaume Gouffier de Bonnivet, et Thomas Wolsey, cardinal d'York. Sur le seuil de la tente, se mordillant les lèvres, l'air sobre, le connétable de Bourbon. Le roi lui a préféré Bonnivet, ce favori, alors que Bourbon est le plus puissant seigneur du royaume et l'héritier d'une lignée royale !

Mais les rois font à leur guise.

On prépare le tournoi, on rend visite aux reines, on offre des festins somptueux.

Le grand maître qui dirige l'ordonnance du festin commande les plats, les désignant avec un bâton sculpté et doré.

Mais en dépit de ces festivités et bien que François Ier appelle Henri VIII « mon bon frère », et qu'Henri lui réponde « vous êtes mon frère et ami », le roi de France a le sentiment qu'Henri VIII et ses gens se méfient de lui, craignant un guet-apens français.

Alors, un jour à l'aube, accompagné de deux gentilshommes et d'un page, il galope jusqu'au château de Guînes, écarte les archers anglais stupéfaits de voir le roi de France qui demande où est la chambre d'Henri VIII, y pénètre, réveille l'Anglais : « C'est moi, mon frère. »

Henri VIII est paralysé par la surprise !

« Vous me montrez la grande confiance que je dois avoir en vous », dit-il à François Ier.

On échange des colliers, François chauffe la chemise du roi anglais.

« Vous n'aurez point d'autre valet que le roy de France... »

Dans le camp français, on évoque un enlèvement du roi, et quand il paraît rayonnant, désinvolte, le chevalier Florange lui lance : « Vous êtes un fol d'avoir fait ce que vous avez fait ! »

Mais ce roi-là, couronné par sa jeunesse, comment ne pas l'aimer, l'applaudir quand il combat contre Henri VIII, lors du tournoi, le jeudi 14 juin 1520, ou bien quand, Henri VIII ayant proposé un combat de lutte, François Ier d'une prise soulève Henri VIII qui se trouve jeté à terre ?

Les proches des souverains dissuadent Henri VIII d'engager un nouvel affrontement.

Empourpré, les yeux brillants de colère, on devine l'Anglais humilié, et cette partie peut faire basculer l'équilibre que François Ier a voulu établir entre les deux royaumes.

Mais François Ier ne peut dissimuler sa joie... Et le samedi 23 juin, dans une chapelle dressée en une nuit, les deux souverains communient côte à côte.

On se sépare après quatre semaines.

Le traité de Guînes évoque le bon voisinage entre les deux royaumes. Mais l'un et l'autre rois ont toujours pris leur dîner à part... avant les festins durant lesquels ils bavardent et plaisantent sans toucher aux mets.

Mais, dit François, mieux vaut boire seul et festoyer seul que d'avaler de bonne grâce un poison.

Quelques mois plus tard, alors que le roi séjourne à Saint-Germain-en-Laye et de là gagne Amboise et Blois, François Ier apprend que Charles Quint a, dès le mois de juillet, rencontré Henri VIII à Calais. Et que les deux souverains ont signé un traité d'alliance !

Le 23 octobre 1520, Charles Quint est couronné empereur à Aix-la-Chapelle et on annonce qu'il se rendra à Rome pour être sacré empereur par le souverain pontife, comme l'avait été Charlemagne.

Devant ceux de ses proches qui évoquent le risque de guerre entre le roi de France et l'empereur Charles Quint, François Ier, désinvolte, hausse les épaules. « Jouons à la guerre » dit-il.

On organise, le jour de l'épiphanie, une bataille d'œufs ! Le roi contre le comte de Saint-Pol dans l'une des cours du château de Romorantin.

Quand les œufs manquent, on se défend à coups de boules de neige, de pommes, et François Ier reçoit un gros tison sur la tête.

Il perd conscience. On le donne pour mort.

François, les yeux clos, réussit à murmurer :

« Ne cherchez qui a jeté ce tison, si j'ai fait la folie il faut que j'en boive ma part. »

Cinquième partie

1521-1525

23.

François veut se lever, mais il a l'impression qu'on lui enfonce un poignard dans la nuque. Il essaie de tourner la tête.

La douleur est si vive qu'il ne peut étouffer un cri.

Il ne voit plus les médecins et les gentilshommes qui l'entourent.

Un voile noir couvre ses yeux.

François Ier répète « si j'ai fait la folie, il faut que j'en boive ma part ».

Mais l'a-t-on entendu ? Les mots sont restés accrochés dans sa gorge. Le roi dresse les bras. Il voulait tuer d'un coup de glaive ce sanglier qui le piétine.

Malheur ! Il n'y a que la douleur et cette ankylose de son cou qui sont vrais. Le reste est cauchemar.

Il en sera ainsi durant les premiers jours, mais peu à peu le roi réussit à se redresser.

Le chancelier Duprat vient lui rendre compte des rumeurs que les hommes de Charles Quint font courir de l'Espagne aux Flandres, de Rome à Milan.

Ils affirment que le roi de France est mort, ou bien qu'il est paralysé, aveugle.

François serre les poings.

Ces mensonges que les gens de l'Empire répandent sont comme autant d'insultes. Il faudrait retrouver ces hommes de sac et de corde et les hisser au plus haut des gibets !

François a la sensation qu'un sang neuf lui remplit le corps. Le voile noir qui l'aveuglait se déchire.

Le roi se lève en trébuchant.

On se précipite, on le soutient, il écarte Bonnivet. Il réussit à rester debout sans appui. Il veut, dit-il, qu'on convoque les ambassadeurs et que ces faiseurs de mensonges découvrent qu'il est bien vivant, et que bientôt il chevauchera jusqu'à Milan !

Les gentilshommes crient : Vive le roi !

François s'assied, le corps rompu, la respiration courte.

Il n'a pas pu chasser avant plusieurs jours, mais chaque matin, il écoute l'un ou l'autre de ses proches – et Bonnivet est toujours debout au côté du roi – dresser le tableau de l'état du royaume, de l'alliance qui a été conclue entre Henri VIII et Charles Quint.

François interroge.

Qu'en est-il de ce Luther ? Est-il vrai qu'il a des disciples parmi ses plus fidèles et dévoués compagnons ?

Les gentilshommes se taisent, n'osant pas poursuivre, échangeant des regards.

« Je sais tout cela », dit François et d'un geste il les congédie.

Il connaît les idées de Lefèvre d'Étaples, qui veut réformer l'Église. La propre sœur du roi, Marguerite d'Alençon, et même Mme la Régente lisent la Bible, et les écrits de Luther.

L'Université de Paris – la faculté de théologie – s'inquiète, condamne Luther, dénonce les écrits et les propos de Lefèvre d'Étaples et de son groupe d'amis qui se réunissent à Meaux.

prince de la Renaissance française

« Qu'ils parlent, dira-t-il, qu'ils écrivent, qu'ils lisent leur bible, les textes de Luther ! L'Église, c'est moi qui la réforme, elle est vassale de Dieu et du roi. Quant aux luthériens, s'ils créent le désordre dans les terres de l'empire de Charles Quint qui s'en plaindra ? »

Un matin d'avril 1521, les conseillers de François Ier le cherchèrent en vain. La pièce où il les recevait d'habitude était vide.
« Le roi chasse de nouveau, mes seigneurs », dit l'un des chambellans.
Et le jour même les ambassadeurs envoyèrent leurs coursiers chevaucher jusqu'à Venise, Rome, en Flandre ou en Espagne afin de remettre à qui de droit leurs dépêches :
« François Ier, roi de France, a repris la chasse. Sa santé est rétablie. On le dit capable de tuer un sanglier... »

Aucun des ambassadeurs n'écrivit que la guerre allait ravager bientôt la chrétienté.

24.

François Ier paraît d'abord ne pas avoir entendu les propos de l'amiral de France Guillaume Gouffier de Bonnivet.

« Le voici tel qu'il est », répète Bonnivet.

Il pousse du bout des doigts la toile qu'il a posée, renversée sur la table, entre François Ier et lui.

Mais le roi a semblé ne pas avoir remarqué ce qui est, il le sait, un portrait fidèle de Charles Quint dont Bonnivet s'était fait le serment de rapporter une copie au roi.

Puis au moment où Bonnivet s'apprête à retourner le tableau, François Ier le devance, prend le cadre à deux mains, et le fixe longuement, puis sourit.

« C'est donc ça, l'empereur Charles Quint. »

François Ier repose le portrait.

« Un page, bien plus qu'un chevalier, empereur ? Faut-il rire ? On dirait un poisson qu'on vient de jeter sur la grève, cette bouche ouverte.

— Il étouffe, le nez toujours encombré, dit Bonnivet.

— Nous lui enverrons une jeune nourrice qui le dégorgera et le nourrira et nous laisserons en paix cet empereur. Quel âge ?

— Vingt ans, dit Bonnivet, mais il n'est pas qu'empereur, vous le savez sire. Il est roi d'Espagne, il rêve de reconquérir le duché de Milan et peut-être toute l'Italie. Il commande les princes allemands. Et il se prétend bourguignon et il est vrai qu'il est le petit-fils de Marie, duchesse de Bourgogne, sa tante Marguerite l'a élevé dans le culte de ses origines bourguignonnes.

— Eh bien nous le mettrons en cage, comme le faisait Louis XI avec ses ennemis, reprend le roi.

— Vous savez ce que pense Marguerite, vous n'êtes pas indifférent, je crois... »

Bonnivet a rougi, il balbutie.

« Bonnivet, Bonnivet, je croyais vous avoir appris qu'il faut se défier des chattes endormies ! »

Le roi prend Bonnivet par les épaules.

« Sais-tu ce que prétend Marguerite ? Que ce Charles Quint et moi sommes faits pour nous haïr jusqu'à la mort. »

Le roi entraîne Bonnivet.

« Je ne hais personne. J'imposerai à Charles Quint la paix mais après l'avoir vaincu ! Haïr jusqu'à la mort ? Luther tourne la tête à ma sœur ! »

La haine jusqu'à la mort, la guerre !

Alors qu'il chasse, François Ier paraît distrait. Il laisse ses compagnons abattre les plus sauvages et les plus belles pièces. Il songe à cette guerre qui s'annonce.

Le duc Robert de La Marck réclame justice auprès de son seigneur, l'empereur Charles Quint. Il est le père de ce chevalier Florange dont François Ier apprécie et loue le courage, la fidélité.

Et Florange convainc son père de passer au service du roi de France. Dès lors, tous ceux qui sont mécontents de Charles Quint lèvent des troupes, font savoir qu'ils rejoignent le roi de France.

Ainsi Henri d'Albret, dépouillé de son royaume de Navarre par Maximilien d'Autriche, lève une armée de six mille Gascons afin de reconquérir le royaume de Navarre. D'autres seigneurs encore font acte d'allégeance à François Ier.

« Et l'on a maintes fois vu, tant de notre temps que du passé, d'une petite étincelle s'allumer un grand feu, écrit Martin du Bellay, des événements qui s'agglomèrent et annoncent la guerre. »

« D'autant qu'il n'est rien plus facile que de provoquer les princes les uns contre les autres ; puis quand ils sont une fois ébranlés, il est merveilleusement difficile de les arrêter. [...] De Messire Robert de La Marck est sorti le commencement des différends [entre l'élu empereur et le roi]. »

François Ier partage le jugement de Du Bellay. Il n'est pas étonné quand on lui rapporte la colère de Charles Quint face à l'invasion ici et là de son domaine impérial par des chevaliers, comtes ou ducs qui se réclament du roi de France.

Indigné, Charles Quint s'est écrié : « Vraiment le roi de France veut donc me faire plus grand que je ne suis ! Bientôt il sera un pauvre roi ou je serai un pauvre empereur ! »

Le 1er avril 1521, l'ambassadeur de Charles Quint, Philibert Naturelli, remet au roi, avec une déférence teintée de morgue, la liste des incursions d'hommes du roi de France dans les territoires impériaux :

« Charles Quint, élu empereur, dit-il, prend cela pour défi et rupture des traités et, comme assailli et provoqué, a délibéré se défendre. »

François Ier a depuis des mois composé la réponse qu'il devait faire à Charles Quint.

D'abord désavouer ceux qui se réclament de lui et pénètrent les terres de l'empereur. Il feint d'ignorer « leurs actes ». Mais puisque son vassal, Charles Quint « prend les choses si absolument, sans aucune restriction pour rupture de nos traités et entend me faire la guerre [...]. Je me tiens pour provoqué et assailli et espère me défendre ».

Puis, lettre paraphée, il gagne la Bourgogne, « entre » dans Dijon, imaginant la colère qui doit saisir Charles Quint « le Bourguignon ».

C'est donc la guerre.

prince de la Renaissance française

Il faut des gens d'armes, et de l'argent pour les « solder ». Presque tous sont mercenaires. Suisses, Français, lansquenets sont enrôlés.

Dans l'Est, dix-huit mille hommes sont rassemblés.

Afin de pouvoir les payer, François crée de nouveaux impôts, lance des emprunts, dispose en « souverain » du domaine royal, dont il aliène des parties, en Dauphiné et en Provence !

La guerre n'est plus « couverte » mais ouverte.

Le 12 juillet, à Anvers, Charles Quint l'a proclamée.

Déjà, le 4 juin, le souverain pontife, Léon X, a signé un traité d'alliance avec Charles Quint.

À Milan, à Côme, les habitants se révoltent contre les « Français ».

Et Henri VIII, tout en répétant qu'il veut être le médiateur entre Charles Quint et l'empereur élu, traite avec ce dernier.

Le négociateur anglais est le cardinal d'York Wolsey, homme de confiance d'Henri VIII. Duprat, chancelier de France, lui fait face.

Le 4 août, à Calais, le cardinal Wolsey ouvre la conférence de paix.

Et le soir-même Duprat met François Ier en garde contre la médiation anglaise.

Chaque jour confirme que cette « médiation » est un leurre, destiné à permettre à Charles Quint de rassembler ses hommes d'armes, et à Henri VIII d'attaquer et de couler la flotte française.

François Ier répond à cette fourberie en faisant croire qu'il en est dupe, qu'il ne veut pas rompre les négociations, qu'il a confiance en son « frère » Henri VIII !

Mais le roi mesure aussi que la guerre cesse d'être une succession d'escarmouches. Elle est impitoyable.

Le comte de Nassau, au service de Charles Quint, assiège la citadelle de Mézières, commandée par Bayard.

François Ier, roi de France, Roi-Chevalier

Nassau propose la reddition des Français.

« Avant que d'en venir là, répond Bayard, j'espère faire des cadavres de mes ennemis, un pont par où je pourrai sortir... »

Après un mois, Nassau lève le siège, et le roi de France attribue à Bayard l'ordre de Saint-Michel.

« Et Dieu lui-même s'est montré bon Français », dit-il.

C'est le mois d'octobre 1521. La pluie déferle. Les chemins sont rivières de boue noirâtre. On se bat avec cruauté. Nassau, dépité de ne pas avoir enlevé Mézières, massacre toute la population de la petite ville d'Aubenton.

Et bientôt, l'hiver venant, on va solder les mercenaires.

Il faut essayer de vaincre maintenant, dans les derniers jours d'avant l'hiver qui sont déjà froids et gris. Le brouillard et les nuages bas ensevelissent les villages.

On apprend dans le camp français que Charles Quint et ses gens sont à Valenciennes.

François est à quelques lieues, séparé de l'empereur par l'Escaut.

Le 22 octobre 1521, le roi décide d'attaquer l'empereur. Les Français construisent deux ponts, par où, dès minuit, les gens d'armes commencent à passer ; l'artillerie empruntant le deuxième ouvrage.

Tout à coup le soleil illumine le ciel alors qu'il était invisible depuis plusieurs jours.

Les impériaux commandés par Nassau ont été avertis de la manœuvre française et veulent livrer bataille à la sortie des ponts.

Mais Nassau découvre que son armée – douze mille hommes, quatre mille chevaux – ne pourra culbuter, vaincre l'armée du roi de France – vingt-six mille hommes, six mille chevaux et une grosse artillerie ».

Nassau recule.

Bayard hurle : « Il faut combattre, ils sont à nous ! »

Mais des capitaines contestent ce choix, et François Ier hésitant les écoute. On n'attaquera pas.

Bayard désobéit, poursuit Nassau, avec quelques autres gentilshommes, mais ces quelques centaines de chevaliers ne peuvent battre l'armée de Nassau.
Occasion perdue.

Le 24 octobre 1521, le pape Léon X, l'empereur Charles Quint et le roi d'Angleterre créent une ligue dont l'archevêque d'York Wolsey est le maître d'œuvre.
Il espère être élu pape. Espoir déçu quand Léon X meurt, le 1er décembre 1521.
Milan est tombé le 19 novembre 1521 aux mains des impériaux.
Bilan décevant de ces premiers mois de guerre.

Les capitaines qui avaient comme Bayard voulu poursuivre les troupes de l'empereur ont de l'amertume plein la bouche.
« Dieu nous avait baillé nos ennemis entre les mains, que nous ne voulûmes accepter, écrit l'un d'eux, Martin Du Bellay, chose qui depuis nous a coûté cher, car qui refuse ce que Dieu présente de bonne fortune, par après ne revient quand on le demande. »

25.

François Ier, en ce début du mois de janvier 1522, est inquiet et impatient.

Il hait l'hiver.
Les sangliers se terrent. Les grands cerfs se sont réfugiés au cœur le plus noir de la forêt. Les loups rôdent. Et les paysans se nourrissent de racines.
Quant à la guerre, elle se réduit à une suite d'escarmouches.
Les Suisses et les lansquenets sont rentrés chez eux, leurs bourses gonflées de soldes et de pillages.
Et le Milanais, ce joyau, est entre les mains des gens du pape et de cet empereur Charles Quint, qu'il faudra vaincre !
Ce duché de Milan est nôtre, répète le roi à ses visiteurs.
Que vienne le printemps, saison de la guerre, et nous les chasserons.

Il faudra d'abord remplir les caisses du royaume !
Il faudra à nouveau payer les mercenaires suisses.
Il faudra lever de nouveaux impôts, créer des offices de notaires, de commissaires, et pourquoi pas de barbiers !
Il faudra, si l'or manque encore, céder des parcelles du domaine royal que victoire venue on reprendra à ceux qui s'en croyaient désormais légitimes possesseurs.
Mais le roi est le seul maître du royaume. Il en dispose.

prince de la Renaissance française

Un chambellan introduit le comte Odet de Foix, seigneur de Lautrec, maréchal de France.
Lautrec commande les troupes royales qui hivernent dans le Milanais.

Le roi se lève, prend Lautrec par le bras, l'entraîne vers la fenêtre d'où l'on aperçoit la forêt de Saint-Germain sombre et immense.
« Expliquez-moi, Lautrec. »
D'une voix sourde, François Ier interroge le maréchal.
Les troupes pontificales et celles de Charles Quint étaient commandées par Prospero Colonna et Nassau, deux valeureux hommes de guerre, mais les troupes et les capitaines du roi de France les valent bien.
« Et les impériaux vous ont échappé, Lautrec ! »
Lautrec d'abord balbutie, puis hausse la voix ; s'emporte même.
« Nos capitaines dit-il, et même Bayard, et même Martin du Bellay sont enragés ! Ils critiquent les ordres qu'ils ont reçus.
Bayard m'a dit : on a taillé les jarrets de mon cheval, comment voulez-vous que je tue ou saisisse les gens de Colonna et de Nassau ? »
François Ier se mordille les lèvres.
« Ils disent, reprend Lautrec, que nous avons laissé la victoire nous glisser entre les mains comme une anguille. »

Le roi se tait longuement. Se balançant d'un pied sur l'autre, il semble prêt à bondir, puis il s'immobilise, pose ses mains sur les épaules de Lautrec.
« J'ai donné cet ordre, Lautrec, vous le savez bien, vous me l'avez conseillé, et d'autres comme vous, de courageux capitaines pourtant. Mais je suis le roi. L'ordre est donc mien. »
François va et vient dans le grand salon.

« Écoutez-moi Lautrec : au printemps vous disposerez de seize mille Suisses, bons soldats, âpres au gain. Je vais parcourir le royaume, les villages, les paroisses lèveront des hommes et verseront des sacs de pièces d'or. »

Des cris tout à coup déferlent, les portes s'ouvrent, des gentilshommes s'agenouillent, prient.
Le grand chambellan s'avance. La reine vient d'accoucher d'un nouveau fils, « un troisième fils, Sire ! » dit-il.
Le roi se signe, puis il embrasse Lautrec.
« Ce 22 janvier 1522, Notre-Seigneur nous comble. Ne Le décevez pas, Lautrec. »

Il s'éloigne, parcourt d'un pas rapide les galeries du château. Il veut voir ce fils qu'il nommera Charles, duc d'Angoulême.
« Qui chasse avec moi malgré la glace ? » lance le roi.
Aussitôt les courtisans l'entourent.
« La chasse, répète François Ier, et bientôt, avec le printemps, la guerre. »
On crie « Vive le roi ! » et, dans le brouhaha, on se bouscule pour être au plus près du souverain.

26.

C'est le printemps de l'an 1522.
Les Suisses, ces rapaces des Alpes, marchent vers Milan et le maréchal de France, Lautrec, est à leur tête.
Pluie et vent froids.

Les remparts de Milan désespèrent Lautrec. On ne pourra pas prendre la ville dont rêve le roi.

On se cherche.
Les lansquenets de Francesco Sforza ont rejoint les pontificaux de Prospero Colonna.
On s'entretue.
À Novare, les impériaux ont torturé les « Français ».
Ils ont mangé le cœur de leurs prisonniers.
Ils les ont éventrés alors que ces hommes étaient encore vivants et ils ont rempli ces corps comme s'il s'agissait de sacs pour y fourrer l'avoine que déchiquetaient leurs chevaux affamés.

On rapporte à Lautrec que les hommes de Colonna ont occupé la Bicocca, une ferme fortifiée, entourée de larges et profonds fossés.
Lautrec une fois encore sait qu'il ne peut conquérir cette véritable forteresse. Mais un siège fera sortir les gens de Colonna. Alors on les dévorera !

Les capitaines des Suisses s'approchent de Lautrec, la main sur leurs poignards. Nos hommes, disent-ils veulent combattre.

« Argent, congé ou bataille », répètent-ils.

Aucun des arguments avancés par Lautrec n'est accepté.

« Argent, congé ou bataille. »

« Bataille », dit Lautrec.

À l'aube du 27 avril 1522, les Suisses lancent leur assaut contre ces remparts, sans attendre que, comme l'a prévu Lautrec, les autres compagnies attaquent la Bicocca.

Carnage !

L'artillerie de Colonna installée au sommet des remparts déchire et creuse les rangs des Suisses.

Le désordre et la peur de mourir s'emparent des assaillants.

Ils fuient.

Ils se sont battus avec toutes leurs forces, mais il leur fallait vaincre au premier assaut.

Maintenant Lautrec ne peut que découvrir plus de deux mille cadavres qui s'entassent au pied des remparts.

Il faut abandonner le Milanais à l'exception de quelques châteaux où résistent les garnisons françaises.

Lautrec est sombre.

Le roi l'attend à Lyon, rêvant à la victoire, à l'entrée flamboyante dans Milan.

Lautrec baisse la tête, résiste au désir de se coucher sur l'encolure de sa monture.

Il se redresse.

Il va devoir faire face au roi.

27.

François Ier serre les poings, le visage contracté par la colère.

Comme le grand chambellan murmure à nouveau que le comte Odet de Foix, seigneur de Lautrec, maréchal de France demande à être reçu par Sa Majesté le roi de France, François lui tourne le dos, et lance :

« Je ne veux pas l'entendre » puis comme s'il regrettait ce refus, François ajoute d'un ton dédaigneux :

« Que ce maréchal de France revienne dans quelques jours, nous verrons bien. »

« Il n'y a rien à voir », ajoute le roi.

D'un geste impérieux, il chasse le grand chambellan.

Ce printemps est un hiver.

Le roi d'Angleterre, Henri VIII, rassemble une armée à Douvres afin de débarquer sur les côtes de France et de s'emparer de Calais.

Martin du Bellay a informé le roi de cette nouvelle, et de la décision du « bon frère et ami » Henri VIII d'engager le combat.

François Ier, dans la grande salle du palais des archevêques où réside la cour à Lyon, reçoit le héraut d'Henri VIII. Les ambassadeurs et les gentilshommes se pressent pour voir et entendre le représentant du roi d'Angleterre qui, la voix tremblante, la peur collée comme une poudre blanchâtre au visage, déclare, après avoir dressé la liste des reproches du roi d'Angleterre au roi de France, que le roi d'Angleterre est son ennemi et entre en guerre contre le royaume de France.

François se mordille les lèvres sans cesser d'esquisser un sourire méprisant.
Il sait qu'on l'observe, il doit cesser de se mordre jusqu'au sang comme il lui arrive quand la colère qu'il veut maîtriser le saisit.
Lautrec a ainsi le don de le mettre en rage, il n'a pourtant jamais hurlé comme il avait envie de le faire. Mais il a senti le goût du sang sur ses lèvres.
Il écoute le héraut anglais dévider les griefs d'Henri VIII. Tout est mensonge. Lautrec ment lui aussi. Et François en vient à regretter de ne pas avoir choisi d'en appeler au comte de Bourbon, le connétable.
Et puis il a cédé à la sœur de Lautrec, Françoise de Foix, comtesse de Châteaubriant.
Elle était obstinée et il avait une passion pour elle. Comment ne pas lui céder ?

Il répond à l'émissaire anglais d'un ton détaché que Dieu aidera le royaume de France.
Mais les mensonges d'Henri VIII le révulsent.
Il se reproche d'avoir, lors de leur rencontre au camp du Drap d'or montré plus que de l'amitié, de l'affection pour Henri VIII.
Il observe le héraut anglais qui quitte la salle, comme s'il fuyait, cherchant à éviter les coups, reculant, trébuchant, courbé comme un valet.
« Mon bon frère et ami », dit François en ricanant d'amertume.
Il sort de la salle, accompagné de ses gentilshommes, et les dévisageant, il dit :
« Après cela, je ne veux plus me fier à aucun prince vivant. »
Mais il va recevoir le comte Odet de Foix, seigneur de Lautrec, maréchal de France.
C'est le devoir du roi.

28.

Le roi a vu Lautrec. Est-ce le maréchal qu'il faut pour reconquérir le Milanais ?

Le roi hésite. Mais il ne pourra décider de se rendre lui-même en Italie qu'à la condition de rassembler une grande armée lui permettant de vaincre la coalition qui se constitue contre lui.

Il y a l'empereur Charles Quint, les Vénitiens, les Pontificaux, les Florentins et les Siennois, le vice-roi de Naples, et le coriace vainqueur de la Bicocca, Prospero Colonna, devenu chef des troupes impériales.

« Toute l'Europe se ligue contre moi ! s'exclame François Ier. Eh bien, je ferai face à toute l'Europe. »

Mais il faut de l'argent.

Le peuple paie : augmentation des impôts sur le sel. Le roi vend des offices, lève pour tout le royaume une imposition de huit cent soixante et une mille livres.

On se plaint dans les villages, dans les manoirs, à la cour même.

On murmure que le roi appauvrit le royaume et quelques-uns ajoutent que l'avidité de Louise de Savoie, mère du roi, est sans limites.

On chuchote qu'elle lorgne sur le domaine immense du connétable de Bourbon.

Et François Ier appuie les ambitions, les intentions de sa mère, d'autant plus qu'il se méfie de la puissance du Bourbon, le seigneur le plus riche de France, dont on murmure qu'il est sollicité par l'empereur.

L'ambassadeur de Charles Quint en France, Philibert Naturelli, a vu le connétable de Bourbon.

« Monsieur, dit Naturelli, vous êtes à cette heure à marier. L'empereur mon maître a une sœur. Si vous y voulez entendre, j'ai charge de vous en parler. »

Bourbon écoute.

Il est humilié, honteux, en colère. Le roi et Louise de Savoie le tiennent à distance, lui intentent un procès dans le but de s'emparer de ses terres.

Au château de Saint-Germain, le connétable de Bourbon, chargé de servir le roi à table, profite de cette occasion pour parler avec franchise au roi.

« Sire, j'ay procès contre madame vostre mère, qui est une chose que je n'ayme point à avoir. Pour l'envie que j'ay à vous faire service, je vous vouldroye supplier que vostre bon plaisir fust de y mettre ordre que ce procès n'eult poinct de lieu.

— Monsieur de Bourbon, répond le roi, madame ma mère ne demande que justice. Vous sçavez que je ne la puis dénier au moindre homme de mon royaume : regardés comme je la lui puis dénier ? Mais laissés aller le procès et justice... Car s'il y a homme en tout mon Parlement qui eult faict plus de faveur à madame ma mère que à vous, je le feray pendre. »

Et le roi poursuit : « Laissez faire le procès comme il est commencé, je vous prometz, foy de gentil compaignon, de vous faire le plus honneste tour que jamais prince fit à aultre, tellement que vous vous louerez grandement de moy. Et fiez vous sur ma foy. »

Mais comment François Ier pourrait-il s'opposer à sa mère, alors qu'il doute de la sincérité de Bourbon ?

François sait que des émissaires de Charles Quint renouvellent à Bourbon les propositions de l'empereur.

Un connétable de France serait-il capable de trahir son roi ?

François Ier ne croit pas Bourbon susceptible de se mettre au service de Charles Quint.

Et pourtant, le 18 juillet 1523, à Montbrison, le connétable de Bourbon signe le traité que Charles Quint lui propose.

Trahison, à laquelle ne croit toujours pas François Ier.

Le roi est trop préoccupé de son entrée en campagne dans le Milanais pour s'attarder longtemps sur le sort et les choix de Bourbon.

« Le roi, écrit le capitaine Martin du Bellay, voyant qu'il avait déjà dépêché en Italie deux ou trois armées pour le recouvrement de son duché de Milan, dont il ne lui était venu aucun profit, mais ruine pour lui et pour son royaume, délibéra d'y aller en personne. »

Le 23 juillet, le roi accompagné par la reine, Louise de Savoie, régente, et par toute la noblesse se rend en pèlerinage à Saint-Denis. On célèbre une grand-messe, le roi se confesse et supplie Dieu de lui donner la victoire.

Le 24 juillet, il se rend en pèlerinage à la Sainte-Chapelle.

Le même jour, le roi quitte Paris pour Lyon.

« Bientôt nous entrerons dans Milan », dit-il aux gentilshommes qui l'entourent.

Puis François Ier éperonne son cheval et s'élance.

29.

Le roi brûle les étapes.

Il a hâte d'atteindre Lyon, et de rejoindre les Suisses, les lansquenets qui commencent à franchir les Alpes afin de surprendre les impériaux dans le Milanais.

Souvent il se tourne vers ses compagnons, les encourage et certains viennent à sa hauteur, échangent quelques mots avec lui, puis retiennent leur monture, car ils savent que le roi chasse en tête.

Le 17 août 1523, à Saint-Pierre-le-Moutier, un cavalier arrive en hurlant qu'on lui laisse le passage, qu'il est le courrier du sénéchal de Normandie, qu'il doit remettre un pli au roi de France.

L'homme est couvert de poussière et de sueur.

François Ier s'est arrêté. Son cheval se cabre, et après quelques caracoles le roi met pied à terre.

Le courrier de Normandie s'approche, lui tend la missive qui est marquée de trois sceaux.

François Ier s'éloigne de quelques pas. Il tient la missive du bout des doigts comme s'il hésitait à l'ouvrir.

Il s'y résout.

Il y a plusieurs feuilles et chacune d'elles est signée par le sénéchal de Normandie.

prince de la Renaissance française

François Ier les parcourt et son cœur s'affole. Il craint de s'étouffer, de vomir.

Mais il n'a pas besoin de s'attarder à ces feuilles. Elles disent toutes que M. le duc de Bourbon, connétable de France, a signé un traité avec l'empereur Charles Quint, qu'il est passé à son service.

Le duc de Bourbon a levé hommes d'armes et lansquenets. Ils surgiront des forêts de Franche-Comté. D'autres, recrutés par le comte de Fürstenberg et le comte Félix, se mettront à la tête de douze mille Allemands, et pénétreront dans le royaume de France par la Champagne.

Henri VIII envahira la Picardie. Charles Quint attaquera au sud la région de Narbonne.

Le roi reprend les feuilles l'une après l'autre. L'amertume, le dégoût l'étouffent.

Le connétable de Bourbon avait été l'un des compagnons de son enfance. Il l'avait choisi comme connétable, et Bourbon avait victorieusement combattu à Marignan.

Et maintenant le duc de Bourbon écrit :

« Je ferai la guerre dedans les entrailles de la France. Et le roi étant hors de son royaume avec toutes ses forces sans point de faute, il est apparent que la France sera ébranlée, devant que le pouvoir secourir. »

Le roi s'adosse au tronc d'un arbre.

Il doit agir avec prudence. Il avance vers ses compagnons. Il boite. Il prétexte cette douleur pour demeurer ici. Que ses compagnons l'attendent à Moulins.

En même temps il donne l'ordre aux lansquenets qui suivent « le train royal », de le rallier ici, à Saint-Pierre-le-Moutiers où il les attendra.

Déjà la certitude qu'il aura six mille hommes autour de lui le rassure et les voir quelques heures plus tard entrer dans Moulins à ses côtés le ragaillardit.

Le duc de Bourbon prétend qu'il est souffrant, retenu par la maladie dans son château de Moulins.

S'il y a une seule chance de retenir Bourbon sur la pente de la trahison, lui, François Ier, roi de France, doit la saisir. Ses compagnons le mettent en garde. Bourbon a déjà trahi. « Saisissez-vous, Sire, de sa personne. »

Mais François Ier ne renonce pas, se rend au château de Bourbon.

« Monsieur de Bourbon, lui dit-il, je suis averti que vous avez intelligence avec l'empereur et les Anglais... »

Il veut savoir, il veut convaincre le connétable. Il évoque leurs souvenirs communs, tournois, Marignan, jeunesse, victoire.

Servir l'empereur ?

« Mettez hors de fantaisie de telles idées qui vous troublent. Je vous assure qu'au cas que vous perdriez votre procès contre moi et contre Madame ma mère de vous restituer tous vos biens. Et tenez-vous préparé pour m'accompagner en mon voyage en Italie. »

Le roi se penche sur le connétable immobilisé dans son lit.

« Je vous prie, s'il est vrai, reprend le roi, dites-le-moi et je vous pardonne de bon cœur et ne vous désespérez point, je vous serai toujours ami. »

Bourbon se dresse, s'appuie sur les coudes, bras repliés.

« Sire, ceux qui vous en ont averti ont faussement menti, car je suis votre bon sujet et féal serviteur. »

Il ajoute qu'Adrien de Rouy, seigneur du Ru, l'a « recherché de la part de l'empereur, mais je n'y ai jamais voulu prêter l'oreille... Les médecins me promettent que dedans peu de jours, je pourrai aller en litière. J'irai faire le voyage avec vous, y dussé-je aller en litière et ne faudrai à me trouver à Lyon. »

Le roi, d'un haussement d'épaules, et d'un mouvement de tête, écarte les soupçons de ses compagnons qui, à son retour de sa visite au duc de Bourbon, le mettent en garde contre ce connétable courtisé par Charles Quint.

Ils répètent au roi : « Saisissez-vous, Sire, de sa personne. »

prince de la Renaissance française

François Ier semble ne pas prêter attention à leurs conseils, voire leurs suppliques.

Il n'est pas dupe des promesses du duc de Bourbon, mais il voudrait le vaincre, le saisir, au terme d'un échange habile.

Bourbon propose une transaction : qu'on me rende mes biens saisis et je servirai le roi loyalement.

Mais François veut aussi garder les biens de Bourbon qui sont déjà attribués à Louise de Savoie. Et François n'est pas fils à trahir sa mère !

Il la rassure :

« Toute la nuit, mes capitaines ont rassemblé une bonne bande de lansquenets que j'ai fait venir auprès de moi, de sorte qu'à cette heure j'ai plus de moyens de leur faire un mauvais tour qu'ils n'ont à moi. »

Mais dans cette joute vient le moment de vérité.

Bourbon s'enfuit après que, le 8 septembre 1523, ses deux cent quarante chevaliers eurent quitté la forteresse de Chantelle – place forte du duc de Bourbon – pour gagner les terres de l'Empire.

François Ier, le 11 septembre 1523, donne l'ordre d'arrêter le connétable. Dans toutes les villes du royaume les « crieurs » annoncent la sentence.

Celui qui livrera le traître au roi recevra de Sa Majesté François Ier dix mille écus d'or.

Chaque jour un capitaine fait rapport au roi des résultats de la chasse au connétable.

Car le duc de Bourbon, déguisé en valet, accompagné de l'un de ses vassaux – le seigneur de Pompérant –, est un homme qu'on traque.

Et qui tremble d'être reconnu sur ces routes qu'empruntent des centaines de chevaliers et des milliers de Suisses et de lansquenets qui se rendent auprès du roi.

Dans les derniers jours de septembre, Bourbon et son vassal, Pompérant, atteignent enfin les terres d'Empire.

À cette nouvelle, François Ier est emporté par la colère. On le sent inquiet.

Le duc de Bourbon a retrouvé ses chevaliers qui avaient quitté le royaume de France avant lui. Ils lui étaient fidèles, comme l'étaient ceux qui occupaient des offices, des fonctions dans les biens appartenant désormais à Louise de Savoie.

Et de nombreux notables – propriétaires de leur office – jugent que le roi a cédé à sa mère, cette avide, qui est à l'origine de la trahison du connétable.

François Ier entend ces critiques. Il cherche à les désarmer en se réconciliant avec le duc de Bourbon.

Il craint que l'on ne l'accuse – lui et sa mère – de s'être laissé guider non par les intérêts du royaume comme le devrait un roi mais par l'appât du gain et par la jalousie et la rivalité face à un vassal puissant.

On murmure que la famille des Bourbons vaut bien celle des Valois, sans compter la petite noblesse de Louise de Savoie.

Quant à Bourbon, il répète qu'il a été trop maltraité en France pour qu'il puisse songer à une réconciliation.

À moins que… on ne lui restitue tous ses biens et au-delà, puisque l'honneur du duc est en jeu.

Accusé de trahison, il ne lui reste plus qu'à gagner l'Italie, à rencontrer l'empereur Charles Quint.

La guerre est aussi, pour le duc de Bourbon et le roi de France, un tournoi.

30.

Le roi a l'humeur sombre.
Il s'interroge, hésitant, poussé par le désir de prendre la tête de ses armées et de déferler dans le Milanais ou bien de rester à Lyon, surveillant ces fronts ouverts contre le royaume, sur toutes les frontières.

Souvent suivi par deux gentilshommes, il chevauche dans les forêts humides qui couvrent les monts entourant Lyon.
Et n'est-ce pas de l'ancienne capitale des Gaules qu'il pourra le mieux connaître l'état du royaume ?

Il sait que bourgeois, notables, et le peuple se plaignent. Il faut de l'or pour la guerre, encore, toujours. On fond même les grilles, les statues des églises, et les cloches. Il faut des métaux pour forger les canons. On lève de nouveaux impôts, comme à l'habitude. Mais les sujets du roi murmurent qu'on les étrangle comme les pendus.

Il faut tenir ce peuple, ce royaume. Mais chaque jour les courriers apportent de mauvaises nouvelles.

Au sud, les Espagnols assiègent Bayonne et Fontarabie. Et le capitaine Franget, qui commandait cette dernière place, s'est rendu sans combattre.
Vieil homme qu'on ne veut pas exécuter, mais qu'on tire sur l'échafaud, qu'on dégrade, qu'on désarme, qu'on jette

au bas de l'échafaud, le couvrant d'immondices, l'accusant d'être un traître perfide, le vouant lui et sa descendance à n'être que des roturiers.

Au nord, les Anglais et les impériaux menacent Paris.
Et l'on murmure que le duc de Bourbon s'est défendu, et qu'on l'accuse à tort, qu'il aurait repoussé les impériaux.
On rapporte ces propos au roi, qui feint l'indifférence alors qu'il confie ne pas reconnaître son royaume.

Les gens de guerre qui ne livrent pas bataille pillent, violent, terrorisent.
À Paris, on se terre. On fouille les maisons suspectes, on tend des chaînes aux carrefours.
Le chef d'une de ces bandes, capturé, aura la main droite tranchée au Palais, et l'autre main devant Notre-Dame. Puis on le décapite et son corps est dépecé, ses quartiers de chair sont suspendus aux quatre portes de Paris.

Et l'on tue avec autant de cruauté Jean Vallière, un moine augustinien accusé d'être disciple de Luther et autres hérétiques. On le jette parmi les pourceaux, on lui tranche la langue, puis attaché par une chaîne de fer, on le brûle vif.
On assure que cette hérésie luthérienne se répand dans tout le royaume. On brûle les livres suspects. On pourchasse les « réformateurs » tels Lefèvre d'Étaples, que l'évêque de Meaux, Briçonnet, et la sœur du roi, Marguerite, protègent encore mais avec difficulté.
François Ier est bienveillant, mais Louise de Savoie est impitoyable. Elle écrit :
« L'an 1522, en décembre, mon fils et moi, par la grâce du Saint-Esprit, commençâmes à connaître les hypocrites blancs, noirs, gris, enfumés de toutes couleurs, desquels Dieu dans sa clémence et bonté infinie nous veuille préserver et défendre. »

L'humeur du roi s'assombrit encore.

L'or manque de plus en plus.

François Ier réorganise l'administration des finances. Mais il soupçonne le baron Jacques de Beaune, sieur de Semblançay, surintendant général, de ne pas être un homme sûr. Il veut faire examiner tous les comptes en souffrance, et peu à peu se persuade que Semblançay confond sa caisse et sa fortune personnelles avec les finances du royaume et l'or nécessaire à la guerre.

Comment vaincre si l'or manque ?

Comment régner et maintenir la paix dans le royaume si le roi n'empoigne pas toutes les rênes ?

31.

Le roi serre les poings, comme s'il tenait ces rênes dont il sait qu'il doit les saisir s'il veut régner.

Mais il faut maîtriser la colère qui l'habite.
Il a écrit au baron de Semblançay, qu'il a élevé à la charge de surintendant des finances et sa mère Louise de Savoie a elle aussi sollicité Semblançay afin qu'il trouve de l'argent pour elle, pour le roi et le royaume.
Et Semblançay a répondu :
« Les bourses sont clauses et on se fuit de moi ! »

François Ier repousse la lettre de Semblançay, humiliante.
Cet homme sait-il que je suis le roi ?
Il faudra qu'il s'en souvienne et on le fera s'en souvenir. Mais pour l'heure il faut le supplier – Moi, le roi, faiseur par volonté de Notre Seigneur faiseur de miracles !

Il faut donc écrire :
« Vous m'avez tant de fois et en toutes affaires, mêmement aux plus nécessaires, si bien secouru et aydé de vous et de vos amis et crédit qui ne sera jamais que ne vous aye en estime et réputation de meilleur serviteur de votre estat que j'aye, ne que saurays jamais avoir en mon royaume et serais ingrat si ne recognoisoye envers vous et les vôtres, un service que je ne mettrai jamais en oubli... »

prince de la Renaissance française

Comment échapper à ces maîtres des finances qui humilient le roi de France et font fortune en prêtant au royaume !

Ces gens-là font sentir au roi leur puissance et son impuissance, tout souverain qu'il soit.

Il a éprouvé ce même sentiment en constatant que les membres du Parlement de Paris s'emploient à juger les complices du duc de Bourbon avec lenteur et bienveillance, retardant le prononcé du verdict.

Quand l'un des principaux soutiens de Bourbon, Jean de Poitiers, seigneur de Saint-Vallier et père de Diane, épouse du sénéchal de Normandie, est condamné à mort, on veut arracher à François Ier la grâce du coupable.

Le roi est partagé entre la grâce et l'exécution de la peine. Il laisse Saint-Vallier marcher entre ses gardes, jusqu'à l'échafaud.

Mais François a choisi de grâcier Saint-Vallier et fait parvenir le jugement quelques minutes avant que le bourreau n'abatte sa hache.

La grâce est accordée « à la requête de notre ami et féal cousin M. le grand sénéchal de Normandie », écrit François Ier.

Le peuple est en « grande joie ».

Qui sait dans cette foule bruyante que le roi a cédé parce que le sénéchal de Normandie avait révélé au roi la conjuration de Bourbon, et que le roi connaissait la beauté de Diane de Poitiers, fille de Saint-Vallier et épouse du sénéchal ?

Le 8 mars 1524, il faut se rendre devant le Parlement de Paris, flatter les parlementaires et les bourgeois d'avoir levé des hommes d'armes, renforcé les remparts de leur ville.

François Ier sent les réserves des parlementaires et des bourgeois.

Ils connaissent les nouvelles arrivées ce même jour d'Italie.

François Ier, roi de France, Roi-Chevalier

Et parce qu'ils imaginent ce que leur coûterait la défaite des armées du roi, le lendemain, 9 mars, ils participent avec toute la cour à la procession et prières publiques à Notre-Dame pour le salut des armées du roi.

Ce jour-là, 9 mars 1524, François Ier a su qu'il se rendrait en Italie, prendrait le commandement de l'armée, se battrait jusqu'au bout de ses forces et *à Dieu vat*.

32.

En ce printemps de l'an 1524, François Ier attend.

Il guette l'arrivée des courriers que l'amiral Bonnivet – le compagnon de l'enfance, auquel il a confié le commandement de l'armée – lui adresse, de la région de Turin, puis des bourgades du Milanais.

Souvent l'anxiété est si grande que François Ier enfourche l'un de ses chevaux, et va à la rencontre du cavalier chargé des missives de l'amiral Bonnivet.

Mais il suffit de la crue d'une rivière pour que le courrier ne puisse passer le gué. Et l'attente peut durer plusieurs jours.

Alors François Ier chasse avec ardeur, comme s'il chargeait, lance à l'horizontale glissée sous l'aisselle, les lansquenets et les mercenaires suisses qui ont été recrutés par le capitaine aguerri Prospero Colonna, chef des armées impériales.

Quand les nouvelles de Bonnivet arrivent enfin, François Ier tourne autour des missives, puis demande qu'on les ouvre et qu'on les lui lise.

Il peut, d'un geste, interrompre la lecture.

Il n'a plus besoin d'écouter la suite.

Bonnivet s'est fait berner. Il a mordu à l'appât que lui tendait Prospero Colonna, qui a proposé une trêve, des négociations, et a profité de ces jours tranquilles pour renforcer les défenses de Milan, où les impériaux se sont repliés derrière les hauts remparts.

À quoi donc a servi cette immense armée royale de trente-deux mille hommes et leurs cinquante canons ?
À faire retraite !
À ne pas attaquer Milan, alors que Prospero Colonna est mort le 28 décembre 1523 dans la ville ravagée par la peste.
Mais Bonnivet est abandonné par les mercenaires suisses.
« On ne nous paie pas, on ne se bat pas ! » Ils regagnent leurs cimes et leurs vallées.
Harcelé par les Espagnols de Charles Quint, Bonnivet, qui commande l'arrière-garde, est blessé.
Les capitaines Saint Pol et Bayard le remplacent à la tête de l'armée.

Le roi pressent le désastre quand le chevalier qui lui remet une missive du capitaine Saint-Pol sanglote et répète : « Le chevalier Bayard, notre bon chevalier, notre capitaine... »

Plus tard, François Ier lira le récit de la mort glorieuse de Bayard : « Le bon chevalier, assuré comme s'il eût esté en sa maison, faisait marcher les gens d'armes et se retirait le beau pas, toujours le visage droict aux ennemis et l'épée au poing, leur donnait plus de crainte que un cent d'autres.
« Mais, comme Dieu le voulut permettre, fut tiré un coup de hacquebute dont la pierre le vint frapper au travers des reins et lui rompit tout le gros os de l'échine.
« Quand il sentit le coup, se prit à crier "Jésus !" et puis dit "Hélas, mon Dieu, je suis mort !"
« Il prit son épée par la poignée et baisa la croisée en signe de la croix et en disant tout haut *"Miserere mei Deus"* ».

Ces trois mots, cette phrase, François Ier la répète.
Il voit Bayard couché au pied d'un arbre. Ses compagnons ne veulent pas quitter Bayard, qui les exhorte à partir afin de ne pas être pris par les Espagnols qui approchent.

prince de la Renaissance française

Trois jours d'agonie pour Bayard, sous la tente de fortune qu'on a fixée à l'arbre et qui le protège de la pluie.

Un homme s'avance entouré de capitaines espagnols.

C'est le connétable, duc de Bourbon.

« J'ai grand pitié de vous voir en cet état pour avoir été si vertueux chevalier. » Bayard réussit à lever le bras, à dire d'une voix rauque qui arrache les mots à la douleur, à la blessure :

« Monsieur, il n'y a point de pitié pour moi car je meurs en homme de bien, mais j'ai pitié de vous, de vous voir servir contre votre prince et votre patrie et votre serment. »

François Ier veut rester seul.

Il fait le serment de vaincre quand viendra, dans quelques mois, nouveau temps de la guerre.

Ce sera l'année 1525, dix ans après la victoire de Marignan.

Alors Bayard, chevalier sans peur et sans reproche, sera honoré et admiré à sa juste mesure.

Déjà une escorte d'Espagnols lui a rendu hommage en saluant et accompagnant son cercueil.

Déjà, parlementaires, chevaliers, nobles, bourgeois de Grenoble sont allés au-devant du cortège funèbre.

Le 24 août 1524, le chevalier Pierre Terrail, seigneur de Bayard, est enseveli en son tombeau, en l'abbaye de la Plaine.

Le roi porte le deuil.

Devant les ambassadeurs, les seigneurs, ses vassaux, les chevaliers, les femmes qu'il continue de « chasser », et de séduire, rien n'y paraît.

Le roi est avenant, sûr de lui. Mais les missives des sénéchaux, du surintendant des finances apportent chaque jour leur gerbe pourrie de mauvaises nouvelles.

La moisson est maigre, la sécheresse mange la bonne terre. Le 15 mai 1524, à Paris, on « descend la châsse de

Mme sainte Geneviève pour subvenir principalement aux biens de la terre ».

Les routes sont devenues des coupe-gorge. Les mendiants errants, les mercenaires débandés pillent, violent, tuent. Ces coupe-jarrets envahissent les villes.

Sont-ils responsables de l'incendie gigantesque qui brûle mille cinq cents maisons, six églises, soit les deux tiers de cette grande ville marchande, Troyes ?

Paris tremble ! Les rumeurs assurent que « quatre cents boutefeux » sont des « espions » chargés de mettre le feu aux villes et d'abord à Paris.

On arrête des vagabonds suspects et étrangers que traquent les patrouilles du guet, et les gibets se garnissent de leurs sinistres fruits.

On interdit même les feux de la Saint-Jean.

Le roi est malade, s'efforçant de donner le change mais miné par cette peste que sont les troubles et les défaites, le désordre, la peur et la faim qui étreint les sujets.

Et il y a les assauts du duc de Bourbon, entré en Provence avec vingt mille hommes qui assiègent Marseille. Le duc de Bourbon imaginait une reddition ou une conquête facile de la ville, mais les bourgeois de Marseille sont déterminés à combattre et quand, le 24 septembre, le duc de Bourbon ordonne l'assaut ses capitaines lui répondent : « Si vous avez envie de souper ce soir au paradis, courez-y ! »

Et le duc de Bourbon, mis en échec, se retire avec ses mercenaires.

À la mi-octobre, toutes les troupes « impériales » ont quitté la Provence, soit par le col de Tende, soit par la route littorale.

Pour François Ier, le temps de la guerre, de la reconquête du Milanais, de la revanche est venu.

Le 24 septembre 1524, les troupes de Bourbon ayant levé le siège de Marseille, les chevaliers, les bourgeois, le peuple des Marseillais de toutes conditions se lancent à la poursuite du duc félon.

Et le roi de France entre à Aix le 1er octobre.
Il est amer.
La ville n'a pas résisté aux assauts des impériaux et le roi veut savoir pourquoi elle a ainsi capitulé. Les consuls de la ville avaient fui, mais le seigneur de Pras a remis les clés de la ville à Bourbon.
Il sera jugé.

Mais l'amertume de François Ier se mue en tristesse.
Il vient de recevoir la nouvelle de la mort de la reine Claude, la mère de ses trois fils, de ses quatre filles.
Brusquement la mélancolie, les souvenirs noient François.
Claude morte, c'est un pan de sa vie, sa jeunesse qui s'effondrent. Il ne peut s'empêcher de pleurer, d'afficher sa douleur. Tout au long de sa vie, il a à la fois respecté et aimé Claude, reine fidèle et aimante.
Mais il ne peut s'épancher, se laisser longuement envahir par le chagrin. Ceux qui l'entourent ont été ses compagnons de débauche ! Ils savent qu'il a délaissé Claude, reine de France. Qui peut croire à son chagrin ? Il faut le masquer.

Alors il annonce qu'il va prendre la tête des armées, engager la poursuite contre le duc félon.
Il veut la guerre, pour son honneur et sa gloire de roi, pour en finir avec Bourbon, traître à son serment, pour honorer Bayard, pour dédier la victoire à la reine morte.

Il sait par les missives que Louise de Savoie lui fait parvenir que Mme la Régente, sa mère, dont il a toujours suivi les conseils, est hostile à l'offensive qu'il veut entreprendre.
Louise de Savoie prêche la prudence, décrit un royaume de France épuisé, troublé.
François Ier ne veut pas l'entendre, la rencontrer.

François Ier, roi de France, Roi-Chevalier

Mais il écoute avec complaisance ses compagnons, et d'abord l'amiral Bonnivet, qui l'incitent à agir.

Bonnivet lui promet une victoire rapide. Les impériaux seraient, à l'entendre, à bout de forces.

Voilà ce que le roi veut entendre.

Il écrit au duc de Montmorency :

« Je vous advise que je pars demain pour aller droit en mon camp que je fis dresser à trois lieues d'Avignon. Et pour autant que je sais si l'on parle de guerre à Blois ou là vous êtes, je veux bien vous avertir qu'il en est ici très grand bruit et me semble que si vous en voulez avoir votre part, vous ferez bien de vous hâter [...] »

33.

Un roi, s'il veut régner et vaincre, doit savoir juger et punir.

Dans ces premiers jours du mois d'octobre de l'an 1524, les proches de François Ier sont divisés.

Faut-il décapiter le seigneur de Pras, qui a fait acte de soumission au duc de Bourbon et n'a pas résisté dans sa ville d'Aix ?

Les uns assurent qu'on ne pouvait la défendre, et que le seigneur de Pras, alors que les consuls de la ville avaient fui, avait eu le courage de demeurer sur place, en préservant la vie des habitants.

D'autres, et à leur tête le connétable de Montmorency, plaident pour que l'on condamne de Pras à mort.

On se succède auprès du roi, on avance ses arguments.
On ne pouvait défendre Aix, répètent les uns.
On ne pouvait se soumettre aux impériaux, martèlent les autres.
« De Pras a trahi son serment », dit lentement François Ier.
Il s'éloigne, annonce son départ pour le Milanais, puis lance :
« Que justice soit rendue. »
Le seigneur de Pras sera décapité.

Le 5 octobre 1524, François Ier quitte Aix alors que sa mère arrive à Avignon, pour tenter de le convaincre de ne point s'engager dans une campagne incertaine. Le roi peut tout perdre en pénétrant dans le Milanais.

Mais François Ier est déjà en route et Louise de Savoie doit revenir sur ses pas, rejoindre Lyon, où l'attend le Conseil de régence qu'elle présidera puisque avant de quitter Aix – de... fuir sa mère !... – François lui a renouvelé la charge de régence.

Elle règnera sur le royaume, aidée par le chancelier de France Duprat.

Le roi a toute confiance en elle. Mais la guerre est affaire d'homme. Et le roi veut être à la tête de l'armée, afin de retrouver cette couronne glorieuse qu'avait été, il y a près de dix ans, la victoire de Marignan.

Il est sûr de lui, de cette armée qui compte douze mille Français, quatorze mille Suisses, et près de cinq mille lansquenets. Qui peut résister à ces trente mille hommes ? Les impériaux ?

Le 26 octobre 1524, sans qu'il y ait eu combat mais seulement le siège par les Français, durant six jours, du vieux château de Milan, la capitale du duché fait reddition et le roi de France peut chevaucher dans les rues de Milan.

Mais François Ier n'écoute pas les capitaines – Montmorency, Saint-Pol, La Tremoille – qui lui rapportent que les armées impériales – commandées par Lannoy et Bourbon – se sont rassemblées entre Lodi et Pavie.

Ils insistent pour qu'on donne l'assaut à Lodi, alors que Bonnivet, et le duc d'Alençon – époux de la sœur du roi – plaident pour qu'on assiège Pavie, ville bien défendue par les hauts remparts, mais ville capitale située au centre du duché.

François Ier choisit d'écouter ces derniers. Pavie tombée, la gloire serait acquise et la coalition constituée par et autour de Charles Quint se briserait.

À l'assaut donc de Pavie, la ville forteresse d'où s'élèvent de nombreuses tours !

Le premier assaut est lancé par les Français les 6 et 10 novembre 1524 sans succès.

On imagine de détourner le fleuve Tessin pour rendre possible l'assaut de la muraille sud. Mais ce sont travaux de longue haleine.

Certains capitaines, ainsi Florange, conseillent au roi de rentrer en France. Sa gloire n'a rien à gagner à macérer devant Pavie, inutilement.

Mais l'amiral Bonnivet le déconseille. Et le roi, convaincu d'une victoire facile, décide de rester au camp, devant Pavie.

Florange n'est plus dupe des intentions de Bonnivet :
« Bonnivet voyait bien que si le roi retournait en France sans rien faire, que lui Bonnivet avait été en partie cause de cette affaire, que les choses iraient mal et qu'il perdrait beaucoup de son crédit. »

Quant au roi, il est persuadé de la victoire. Il écrit à sa mère :

« Je crois que la dernière chose que nos dicts ennemis feront sera de nous combattre, car à dire la vérité notre force est trop grosse pour la leur. »

34.

François Ier ne doute pas de sa victoire.
Et lorsqu'il écrit à sa mère qui, régente de France, lira sa lettre au Conseil qu'elle préside, les hésitations qui parfois l'assaillent disparaissent.

Il expose ses plans à Louise de Savoie et à ses capitaines.
Il agira de façon à les contraindre à diviser leurs forces. Ainsi il ordonne que quelques milliers d'hommes se dirigent vers le royaume de Naples, persuadé que les troupes impériales seront tentées de poursuivre les troupes du roi de France.
Déception.
Les espions rapportent au roi de France que de nouvelles troupes, des lansquenets, passent les Alpes, commandées par Georg von Frundsberg, et c'est le duc de Bourbon, le félon connétable, qui va à leur rencontre.
Lannoy, le lieutenant général et vice-roi de l'empereur, écrit le 17 janvier 1525 à Marguerite d'Autriche :
« Nous avons tenu conseil, avons conclu par ensemble de partir le XXI ou XXII de ce mois au plus tard et nous mettre aux champs pour donner bataille au Roy de France. »

Dans la nuit du 23 au 24 février 1525, les impériaux ouvrent des brèches dans les murs du parc de Mirabello qui entoure Pavie, de façon à y pénétrer et à contourner le camp français.
Les défenseurs de Pavie feront une sortie.

prince de la Renaissance française

Les impériaux de l'avant-garde ont passé sur leurs cuirasses des chemises blanches pour ne pas s'égarer et avancer en colonne.

Les deux armées sont désormais face à face.

Galiot de Genouillac, alerté par les bruits que font les impériaux, donne l'ordre à l'artillerie qu'il commande d'ouvrir le feu.

Mais la nuit et le brouillard empêchent de viser juste.

Les courriers apportent à François Ier des nouvelles de la bataille qui vient de s'engager.

« On ne voit que bras et têtes espagnoles s'envoler » dit l'un des messagers.

Le roi décide alors d'aller « chercher l'ennemi ».

La cavalerie conduite par le roi de France s'ébranle et enfonce les compagnies des impériaux.

François charge, tue. Il abat le chef des chevau-légers espagnols.

À huit heures du matin, ce 24 février 1525, le roi de France est persuadé d'avoir gagné la bataille de Pavie.

Et brusquement tout change.

Les fantassins français sont loin en arrière des cavaliers, et les gentilshommes français, toujours guidés par le roi, font face aux lansquenets, aux Espagnols qui en arrière des chevau-légers, dispersés par la charge, se heurtent aux arquebusiers.

C'est la mêlée, le corps-à-corps, les chevaux abattus, les blessés égorgés.

À ce moment, la garnison de Pavie, commandée par Antonio de Leyva, sort de la ville et attaque les mercenaires suisses qui constituent la réserve française.

Elle cède. Les Suisses ne peuvent porter secours au roi et aux hommes d'armes qui le protègent.

C'est le massacre, l'égorgement.

François est jeté à terre, et il se défend en faisant tournoyer son glaive.

Il est blessé au visage et il sait qu'il peut être tué par ces Espagnols qui veulent lui arracher des pièces de son armure, dont ils connaissent le grand prix.

Et aux côtés des détrousseurs il y a ceux qui veulent s'emparer du roi, afin d'en obtenir une grosse rançon.

C'est Lannoy qui protège le roi, l'aide à s'échapper de cette tourbe de tueurs, car avec cruauté les Espagnols continuent de poignarder.

Le vice-roi Lannoy confie le prisonnier royal à ses Napolitains. Il envoie un courrier à Charles Quint, qui se trouve à Tolède et autorise François Ier à écrire une lettre à sa mère, Louise de Savoie, Régente de France.

La lettre est confiée à M. de Montpezat qui part aussitôt pour Lyon.

« Madame,

« Pour vous avertir comme se porte le ressort de mon infortune, de toutes choses ne m'est demeuré que l'honneur et la vie sauve, et pour ce que mes nouvelles vous seront quelque peu de réconfort, j'ay prié qu'on me laissast vous escrire.

« Ceste grâce m'a esté accordée, vous priant ne vouloir prendre l'extrémité de vos finz en usant de vostre accoustumée prudence ; car j'ay espérance à la fin que Dieu ne m'abandonnera point.

« Vous recommandant voz petits-enfants et les miens, vous suppliant faire donner seur passage pour aller et retourner en Espagne au porteur qui va devers l'empereur pour scavoir comment il veut que je sois traicté. Et sur ce très humblement me recommande en vostre bonne grâce. Très humble et obéissant fils, Françoys. »

35.

Le roi s'agenouille et prie.
Il s'adresse au Seigneur de toutes choses, au grand juge de tout homme, qu'il soit manant ou roi.

Il était le roi de France, et il répète ce qu'il a écrit à Louise de Savoie, sa mère, la Régente :
« De toutes choses ne m'est demeuré que l'honneur et la vie sauve. »

Le roi ne bouge pas quand un officier espagnol, auquel Lannoy a confié la garde du prisonnier, entre dans la pièce.
Le ton de l'Espagnol est déférent, respectueux.
« Sire, vous êtes dans le château de Pizzighettone, la rivière qui coule le long des remparts est l'Adda. Pavie se trouve à l'est à douze lieues. »
Le roi se redresse, incline la tête pour saluer le capitaine espagnol don Fernando de Alarcón, gouverneur des deux Calabres. François Ier murmure qu'il veut faire pénitence, qu'il jeûnera souvent et ne se nourrira que de poisson.

« Je veux, ajoute-t-il d'une voix ferme, que l'on me donne le nom de mes compagnons morts en gloire. Je veux doter et honorer leur lignée. »
Le capitaine espagnol tire de son pourpoint trois feuilles et les tend à François Ier, puis il se retire.

La liste la plus brève est celle des survivants de ce massacre ! Le roi de Navarre, le comte de Saint-Pol, Florange, le connétable Montmorency, le maître de l'artillerie Galiot de Genouillac.

Une ligne est accablante : « Le duc d'Alençon a abandonné le champ de bataille au moment crucial. »

Le roi ferme les yeux.

Je suis le coupable, et je demande à Notre-Seigneur d'accueillir ce compagnon du malheur.

Et puis il faut bien lire les deux feuilles, qui sont comme les dalles funéraires de ce grand cimetière des compagnons du roi. Certains avaient participé aux premières guerres d'Italie, et d'autres avaient été ses compagnons de tournoi et d'aventure.

Bonnivet, amiral de France, a choisi de mourir, provoquant les Espagnols, offrant sa gorge à leurs poignards.

La Palice, La Tremoille, le Bâtard de Savoie – oncle du roi –, tous étaient vieux capitaines. Le roi lit et relit ces listes, et il veut graver la vie de chacun d'eux dans sa mémoire. Il prie.

Ainsi sont les premiers jours de la captivité du roi François Ier au château de Pizzighettone.

Il reçoit une lettre de sa mère et chaque mot est destiné à rassurer ce fils qu'elle a désiré et dont elle a guidé les premiers pas, et auquel elle a promis toutes les réussites, ce fils qu'elle voyait plus glorieux que César.

Elle l'appelait ainsi.

Mais le temps n'était pas encore revenu où elle pourrait revoir son fils en pleine gloire, souverain.

Il était, en ces jours de mars 1525, un roi prisonnier.

Elle lui écrivait :

« Monsieur, je ne puis par meilleur endroit commencer ceste lectre, que de louer Nostre Seigneur de ce qu'il luy a pleu vous avoir gardé l'onneur, la vye et la senté, dont, par l'escripture de vostre main, il vous plaist m'aseurer : qui a esté en nostre trybulacyon tel confort qu'yl ne se peult sufysemment escripre, et aussy de quoy vous estes sy bien trayté. Vous asseurant, Monseigneur, que ayent entendu les chouses dessudictes, et qu'il vous plaist dellyberer de pourter vertueusement toutes les choses quy plest à Dyeu vous envoyer, comme Mompezat m'a aseurée, que ainsy de ma par je soutyendré, celon vostre intencyon et desyr, la fortune de telle sorte, pour le secours de voz petys enfens et afères de vostre roiaume, que je ne vous seray ocasyon de vous adjoindre peyne daventage ; suplyant le Createur, Monseigneur, vous avoir en sa seynte protectyon, comme luy requier de bon cœur

« Vostre très humble, bonne mère et subjecte,
« Loyse.
« Vostre tres humble seur,
« Marguerite. »

Sixième partie

1525-1526

36.

Le roi prisonnier écoute ses visiteurs avec une attention aiguë.

Mais il simule le détachement, presque l'indifférence en même temps qu'il se montre enjoué comme s'il était sûr de son avenir.

Et cependant en lui les bourrasques aigres se succèdent comme des orages de mars, quand l'hiver s'accroche aux branches encore dépouillées.

Souvent le roi prend par le bras le chevalier Florange, qui passera plusieurs jours au château de Pizzighettone.

Le duc de Bourbon l'a accompagné ainsi que les capitaines espagnols impatients de rencontrer le vainqueur de Marignan, le vaincu de Pavie, et toujours le roi de France.

Le roi joue aux boules avec eux.

Une conversation s'engage entre des capitaines et le duc de Bourbon.

François Ier se tient à l'écart et tout à coup, d'une voix de commandement, il déclare : « On doit obéissance au roi. »

Tous se taisent et peu après le duc de Bourbon quitte le château. Quelques jours auparavant il avait à voix basse, d'un ton de conspirateur, proposé au roi de rentrer à son service.

François Ier a transmis la proposition à la régente, mais froidement Louise de Savoie, répond qu'elle « ne saurait avoir plus grand plaisir que de voir le duc de Bourbon faire son devoir envers le roi. »

François Ier, roi de France, Roi-Chevalier

Le roi devine les réticences de sa mère, qui une fois encore lui paraît avoir toutes les qualités d'un... roi.

Elle prend en main le Conseil, exige l'obéissance des conseillers et d'abord de Duprat, le chancelier de France, comme si elle était le souverain.

Elle se rend au Parlement, exige « l'obéissance au roi ». Elle renforce les compagnies du guet, car les soldats débandés pillent les récoltes, se répandent dans les villes qui ferment leurs portes, en vain.

Louise de Savoie exige que les détrousseurs, les vagabonds, les mendiants soient poursuivis, jetés dans les cachots et pendus, exposés démembrés aux portes des villes.

« On doit obéissance au roi. »

Les bourgeois saisis d'effroi après le désastre de Pavie, craignant que ne déferlent les bandes de Charles Quint dans leur cité, retrouvent courage et énergie, affirment leur fidélité au roi.

Et peu à peu en ces mois du printemps de l'an 1525, dans sa « prison » de Pizzighettone, François Ier a le sentiment – presque une certitude – que l'avenir reste ouvert, que le roi de France, peut, doit vaincre l'empereur germanique.

Car que peut-il, ce Charles Quint ?

Vainqueur à Pavie ? Mais il n'a pas assez de pièces d'or pour maintenir ses mercenaires suisses ou allemands sous les armes !

L'empereur se demande même à quoi pourraient servir ces compagnies de lansquenets et de chasseurs des Alpes, puisque les princes allemands, le roi anglais Henri VIII et le pape Clément VII refusent l'alliance que Charles Quint leur propose et qui aurait pour but d'en finir avec la France.

Or, maintenant que le désastre de Pavie a mis le roi de France sur le flanc, pourquoi renforcer encore le plus puissant des souverains d'Europe, Charles Quint ?

prince de la Renaissance française

L'empereur proclame déjà que quatre nations – l'Italie, la France, l'Allemagne, la Slavonie devront lui prêter serment.

Et l'empereur découvre que sa victoire sur François Ier, à Pavie, ne lui apporte pas la puissance universelle qu'il escomptait. Il est d'autant plus déçu et inquiet que sur la frontière orientale de l'Empire germanique s'est déployé l'immense empire turc, dont le souverain, le Grand Turc Soliman le Magnifique, rêve de combattre la chrétienté.

Et Charles Quint songe à refouler ces Turcs, et envisage de participer aux côtés du pape à la croisade qui ferait plier Soliman le Magnifique.

Le Grand Turc ! Soliman le Magnifique ; l'imagination et la raison du roi François s'embrasent lorsqu'il entend pour la première fois évoquer l'empereur des infidèles.

Il interroge les gentilshommes français, auxquels le capitaine espagnol don Fernando de Alarcón donne l'autorisation de rencontrer leur roi prisonnier et de converser longuement et librement avec lui.

Puis François Ier les entraîne sur l'un des chemins de ronde du château où personne ne peut les entendre.

Il faut, dit-il, que Mme la régente adresse en son nom des ambassades à Soliman.

« Voilà notre allié », conclut-il.

L'ennemi de Charles Quint vaut tous les Suisses, tous les lansquenets que l'empereur germanique peut recruter.

« Une ambassade ! »

François perçoit la stupeur, l'incompréhension, le désaveu de tous ces gentilshommes qui l'écoutent et échangent entre eux des regards inquiets.

L'un d'eux ose évoquer la croisade que le pape prépare, avec le concours de tous les princes et souverains chrétiens. Le royaume de France peut-il être l'allié d'un souverain infidèle qui s'apprête à donner l'assaut à Vienne ? Voulons-nous que les Turcs, comme les Barbares d'Attila, abreuvent leurs chevaux avec l'eau du Rhin ?

François Ier, roi de France, Roi-Chevalier

Il faudrait se justifier, convaincre ces gentilshommes à la vue courte.

Ce n'est pas cela, être roi.

François Ier hausse les épaules et dit seulement :

« Obéissance au roi. »

Son esprit tourbillonne.

Charles Quint ne pourra jamais vaincre la coalition du Grand Turc et du Roi Très Chrétien.

Très chrétien : oui ! Car François Ier ne peut imaginer que Notre-Seigneur laisse démanteler le royaume de France et accepte que le Roi Très Chrétien, demeure prisonnier d'un Charles qui est vassal du roi de France !

Obéissance au roi !

On lui rapporte que Mme la régente – Dieu la bénisse et la garde – a écrit à Soliman le Magnifique, envoyé une ambassade, dont les membres ont été assassinés durant leur trajet, sans doute en Bosnie.

Il faut, répond François Ier, envoyer une deuxième ambassade.

Louise de Savoie faisant état des réticences de ses conseillers, François n'écrit qu'une seule phrase : « Obéissance au roi. »

Et quand, après des semaines, Montpezat, qui sert de courrier régulier entre Mme la régente et François Ier, lui transmet la réponse de Soliman, François Ier exulte.

Soliman le Magnifique écrit :

« Lui est l'Élevé, le Riche, le Généreux, le Secourable !

« Moi qui suis, par la grâce de celui dont la puissance est glorifiée, [...] le Sultan et le padichah de la mer Blanche, de la mer Noire. [...]

« Vous qui êtes François, roi du pays de France, vous avez envoyé une lettre à ma Porte, asile des souverains, par votre fidèle agent. Vous lui avez aussi recommandé quelques communications verbales. Vous avez fait savoir que l'ennemi s'est emparé de votre pays et que vous êtes actuellement en prison, et vous avez demandé ici aide et secours pour votre délivrance. Tout ce que vous avez dit ayant été exposé au pied de mon trône, refuge du monde, ma science impériale l'a embrassé en détail et j'en ai pris une connaissance complète.

« Il n'est pas surprenant que des empereurs soient défaits et deviennent prisonniers. Prenez donc courage et ne vous laissez pas abattre. Nos glorieux ancêtres et nos illustres aïeux (qu'Allah illumine leur tombeau !) n'ont jamais cessé de faire la guerre pour repousser l'ennemi et conquérir des pays. Nous aussi nous avons marché sur leurs traces. Nous avons conquis en tout temps des provinces et des citadelles fortes et d'un difficile accès. Nuit et jour notre cheval est sellé et notre sabre est ceint.

« Qu'Allah, le Très-Haut, facilite le bien ! […] Au reste, en interrogeant votre susdit agent sur les affaires et les nouvelles, vous en serez informé. Sachez-le ainsi.

« Écrit au commencement de la lune de rebiul-akhir 932 à la résidence de la capitale de l'Empire, Constantinople le bien-gardé. »

37.

On veut voir François Ier, parce que, en dépit du désastre de Pavie, et de sa détention, il est le roi de France.
Pavie n'est qu'une bataille.
Il peut, il doit gagner les hostilités à venir.
Elles auront lieu parce qu'il est le roi, et que l'empereur Charles Quint veut être le seul maître des États, royaumes, villes ou principautés.
Mais c'est cet empereur germanique qui fait les premiers pas vers le roi de France.

Dans les derniers jours du mois d'avril 1525, les envoyés de Charles Quint sont entrés dans la chambre du roi au château de Pizzighettone.
Il y a Beaurain, seigneur de Rœux, l'un des ambassadeurs de l'empereur.
À ses côtés, Lannoy, vice-roi de Naples, et se tenant un peu en retrait le duc de Bourbon, l'homme qui a trahi, le vassal infidèle que François Ier ne quitte pas des yeux.
Le duc de Bourbon baisse la tête.
Le seigneur de Rœux fait un pas en avant.
L'empereur l'a chargé, dit-il, de présenter au roi de France les conditions de paix que l'empereur a lui-même dictées.

Le seigneur de Rœux parle d'une voix posée, lentement, veillant à ce qu'aucun des mots qu'il emploie ni l'énoncé des énormes exigences de Charles Quint n'humilie le roi de France.

Et François Ier veille à ne laisser rien paraître de ce qu'il ressent.

Mais de temps à autre il ferme les yeux comme s'il voulait reprendre des forces en se recueillant.

Et ce qu'il entend l'enrage.

Le roi devra rendre la Bourgogne !

Le roi devra rendre au Bourbon tous ses domaines !

Le roi devra rendre au roi d'Angleterre ce que François Ier s'est approprié.

Le roi devra faire de même avec les familiers de l'empereur. Le roi fera ratifier le traité par les cours, les États, les villes du royaume. Et il ne sera libéré de sa prison qu'après que le traité aura été approuvé.

Et la sœur de l'empereur, Éléonore d'Autriche, convolera en glorieuses noces avec François Ier.

Et le dauphin François épousera Marie de Portugal, fille d'Éléonore.

Le roi se tait longuement.

Charles Quint, qui est déclaré « chef et capitaine général de la croisade » contre le Grand Turc Soliman dominera tous les autres souverains.

Et le roi de France ne sera qu'un lieutenant général, sous les ordres de Charles Quint.

Quel roi de France pourrait accepter cette humiliation, cette dissolution du royaume de France, fruit des efforts, du courage, du sacrifice des souverains, de leurs lignées, des chevaliers, des gens d'armes ?

François dévisage le duc de Bourbon, le vassal félon qui est allé tenter d'arracher des regrets à Bayard mourant.

Et la colère s'empare du roi de France.

« Que M. de Bourbon quitte la chambre », ordonne-t-il.

Il ajoute, méprisant, qu'on ne parle pas de « la querelle de Bourgogne » en sa présence. Le duc de Bourbon n'est pas du Conseil du roi et donc le roi ne dira rien en présence de celui qui est un vassal félon.

« Le seigneur de Bourbon, peyneux et honteux, saillit hors de la chambre. » Et, face à Lannoy et à M. de Beaurain, seigneur de Rœux, le roi martèle que la Bourgogne est au roi de France et qu'il ne la cèdera jamais.

« Plutôt demeurer toute ma vie prisonnier ! »

Le roi est apaisé et, avec une pointe d'ironie il reprend :

« Je suis marry de quoi l'empereur votre maître vous a donné la peine de venir en poste de si loing pour m'apporter articles si déraisonnables. Vous lui direz de ma part que j'aimerais mieux mourir prisonnier que d'accorder ses demandes, lui faisant entendre que mon royaume est encore en son entier lequel pour ma délivrance je ne vueil endommager. »

François Ier se lève, écarte les bras :

« Et s'il veut venir à traiter, il faut qu'il parle une autre langue. »

38.

Un roi de France ne peut accepter d'être prisonnier.

Un roi de France ne pense qu'à recouvrer sa liberté, et accomplir ainsi les vœux de Dieu qui veille sur le Roi Très Chrétien et son royaume.

Un roi de France ne rend compte qu'à Notre-Seigneur Jésus-Christ.

François Ier, accoudé à la fenêtre de sa chambre-geôle, regarde les tourbillons de la rivière. Ils se forment en heurtant les piles du pont qui enjambe les fossés entourant les remparts du château de Pizzighettone.

Et François Ier imagine son évasion.

Henri d'Albret, roi de Navarre, s'est enfui il y a quelques jours du château de Pavie, en utilisant une échelle de corde attachée à la croisée de sa fenêtre.

Le roi de France doit faire mieux que son vassal d'Albret.

Il a appris que Lannoy, chargé de sa garde, est inquiet, évoque les risques d'invasion, ou même un coup de main des mercenaires qui sont encore rassemblés à Milan et dans la campagne voisine.

En attaquant Pizzighettone, ils s'empareraient du roi de France et ils imaginent la rançon qu'ils pourraient exiger du roi lui-même ou de l'empereur.

Lannoy, vice-roi de Naples, a donc décidé de déplacer François Ier, en le conduisant soit à Naples, soit à Barcelone.

François Ier a eu vent de ces projets...

Le 12 mai, il écrit à sa mère, Mme la régente :

« Madame,

Ce porteur m'a assuré de vous porter cette lettre sûrement et pour ce que j'ai peu de temps je ne vous dirai autre chose, sy n'est que je m'en irai lundy pour m'en aller à Naples et pourtant, s'il est possible, par mer : car nous n'aurons que quatorze galères pour nous mener et houygt sans Espagnols pour les fournir mais ce serons tous leurs aquebeutyers.

« Au tout il n'y a que diligence car si elle est fête, j'ai l'espérance que byentoust pourés revoyer

« Votre très humble et très obéissant fils,

« François. »

Le 28 mai, à Gênes, le roi a embarqué.

Lannoy a conclu un accord avec le connétable Montmorency. Les galères ne se rendront pas à Naples, mais directement à Barcelone.

Le 19 juin, les galères entrent dans le port de Barcelone, et reprendront la mer le 22, pour atteindre Valence le 28 juin.

La foule exaltée, dans chacune de ces villes, a offert au roi de France un accueil triomphal.

Ce roi est faiseur de miracles. On lui présente les plaies qui rongent la chair, il les effleure du bout des doigts.

Lannoy installera François Ier dans une vaste maison située à une dizaine de lieus de Valence, à Venyssolo.

Au bout de quelques jours, l'impatience taraude François Ier.

Il veut rencontrer Charles Quint. Il sollicite cette entrevue, mais l'empereur ne répond pas. Il accepte seulement de donner des sauf-conduits à Marguerite, la sœur de François, et aux ambassadeurs qui veulent négocier le traité.

Et Charles Quint accorde une trêve de trois mois pour négocier la paix.

François Ier rêve à la liberté prochaine !

Charles Quint a accepté de le recevoir. Dans les villes et les villages de Castille, les habitants se pressent autour du roi de France et réclament des miracles !

Mais les illusions se dissipent.

François Ier est logé dans l'une des tours d'enceinte qui défendent Madrid. La chambre n'est pas une « bonne prison » comme l'avait prétendu Charles Quint. Elle est petite et ne dispose que d'une fenêtre grillagée.

François Ier, qui a cru aux propos de Charles Quint qui signait chacune de ses missives « Vostre vrai frère », est saisi par l'angoisse.

La cour est gardée par quatre cents soldats !

Est-ce là le traitement que l'on peut infliger à un roi de France dont on assure que l'on est « le bon frère et le vray ami » ?

Brusquement le désespoir, l'anxiété terrassent François Ier.

Il suffit de quelques jours pour que la fièvre brûle ses joues, ses yeux. Il respire difficilement, ne peut parler.

Ces nouvelles que transmettent les médecins à Charles Quint, qui réside à Tolède, inquiètent l'empereur.

D'une chevauchée, il se rend à la tour de Madrid, et Montmorency l'introduit dans la chambre du roi de France.

Ils sont deux – Montmorency et Lannoy – à observer avec émotion les souverains, à guetter leurs paroles.

François ouvre les bras, en essayant de se redresser dans son lit.

Charles Quint saisit François, et les deux souverains restent longuement serrés l'un contre l'autre.

« Empereur, mon Seigneur, murmure le roi de France, vous voyez ici votre serviteur et votre esclave.

— Non, répond Charles Quint, je ne vois en vous que quelqu'un de libre et mon bon frère et véritable ami. »

François secoue la tête.

« Je ne suis que votre esclave », répète-t-il.

L'empereur le nie avec force.

« Ce qui importe le plus, c'est votre santé, dit-il. Ne pensez à autre chose. Pour le surplus, à la venue de Madame d'Alençon, votre noble sœur, tout s'arrangera comme vous le désirez. »

39.

Le roi de France est sur le rivage de la mort ce 22 septembre 1525.

Il ne parle pas, il ne voit pas, il n'entend pas, il ne reconnaît personne.

Sa sœur, Marguerite duchesse d'Alençon, arrivée le matin même à Madrid, lui a tenu la main toute la nuit dans cette nouvelle chambre, située au château de l'Alcazar, à Madrid.

Marguerite est vêtue entièrement de blanc.

Elle est en grand deuil de son époux, le duc d'Alençon, qui avait quitté le champ de bataille de Pavie, ne participant pas au combat quand il a jugé que la bataille était perdue. Il s'est retiré avec ce qu'il restait de troupes. Mais à Lyon, quand il s'est présenté devant Mme la régente et ses gentilshommes, des murmures méprisants se sont élevés.

Louise de Savoie lui a tourné le dos et a quitté la salle en compagnie des gentilshommes. On accuse Alençon d'avoir abandonné le roi, son beau-frère et on rapporte que son épouse, Marguerite, sœur du roi, a eu des mots sévères en le voyant.

Il meurt le 15 avril. Le blâme l'a tué, dit-on.

Il avait conduit l'arrière-garde :

Et l'« on disait que ladicte arrière-garde ne frappa oncques coups à cause que ladicte déconfiture était jà advenue, dont

Mme la régente lui en dit des choses que ledict duc d'Alençon print à déplaisir. »

Mais c'est de la mort prochaine du roi de France que sa sœur Marguerite porte par avance le deuil et pleure.
Elle ne renonce pourtant pas à le retenir dans la vie, en dépit du coma qui se prolonge.
Elle sait que Dieu seul peut le sauver.

Elle rassemble les gens du roi, les dames de sa suite. Tous communient.
Dans les églises de Madrid, elle fait dire des prières publiques auxquelles le peuple participe, parce que ce roi français est faiseur de miracles.
Puis dernier recours, Marguerite assiste à la messe dans la chambre du roi.
« À l'heure de l'élévation, Monseigneur l'Archevêque d'Embrun exhorta le roi à regarder le saint sacrement.
« Et lors, ledict seigneur, qui avoit esté sans veoir et sans ouïr, regarda le saint sacrement, esleva ses mains, et après la messe Mme la duchesse Marguerite, sœur du roi, luy fit présenter le sainct sacrement pour l'adorer. Et incontinent le roy dit : "C'est mon Dieu qui me guérira l'âme et le corps, je vous prie que je le reçoive."
« Et à ce que l'on luy dict qu'il ne le pourroit avaller, il respondit "que sy feroit". Et lors Mme la duchesse fit departir une partie de la saincte hostie, laquelle il receut avec la plus grande compunction et devotion, qu'il n'y avoit cueur qu'il ne fondit en larmes. Madicte dame la duchesse receut le surplus dudict saint sacrement. Et de ceste heure-là il est toujours allé en amendant. Et la fièvre, qui luy avoit duré XXIII jours sans relascher, le laissa, et en est tout net, grâces à Dieu. Et nature a faict toutes ses opérations naturelles, tant à l'évacuation par haut et par bas que par dormir, boire et manger ; tellement qu'il est hors de danger, qui est œuvre de Dieu miraculeuse, ainsy que les

prince de la Renaissance française

Françoys et Espaignolz qui ont esté allentour de luy ont chascun jugé. »

L'archevêque d'Embrun, François de Tournon, a été choisi par Mme la Régente comme l'un des négociateurs du futur traité de paix avec Charles Quint.
Il en va de même de Jean de Selve, premier président du Parlement de Paris.
C'est lui qui décrit le « miracle » qui a rendu le roi de France à la vie. Il adresse cette missive à Louise de Savoie, mais alors que François Ier s'arrache des griffes de la mort, en France on pleure sa perte.
La « bonne nouvelle » parvient en France portée par un gentilhomme – La Pommeraye – qui arrive à Lyon dans la nuit du 3 au 4 octobre 1525.

Le 10 octobre, la nouvelle atteint Paris. Des doutes subsistent encore, mais les missives arrivées de Madrid, de Tolède, de Lyon les effacent.
Et le Parlement de Paris, pour remercier Dieu, organise une procession de la Sainte Chapelle à Notre-Dame.
Il est toujours l'heure de prier Dieu mais le temps qui commence est celui de la diplomatie.
Marguerite, la sœur du roi, et sa mère, Mme la régente vont y jouer chacune un rôle important.
Mais c'est le roi de France qui tient les rênes, mène le train, et fait les choix décisifs.

Marguerite est blessée par la froideur de Charles Quint.
Le 4 octobre, il la reçoit dans sa chambre, il est plein de morgue et de silences méprisants.
Le lendemain face au Conseil espagnol elle subit les sarcasmes du chancelier Gattinara.
Elle ne veut plus traiter avec eux et murmure que Charles Quint est un fourbe.

François Ier s'emporte lorsqu'il apprend comment l'empereur et le chancelier ont traité sa sœur.

« Mon état ne requiert point de faire icy la court, dit Marguerite au roi de France, ni de pratiquer les serviteurs du maître qui vous a promis qu'avec lui seul je parlerais de vos affaires. »

Le roi veut agir.

Il prépare son évasion, pense à se déguiser en l'un des valets noirs qui le servent.

Le visage couvert de suie, les vêtements du domestique font illusion.

Mais l'entreprise est démasquée !

En novembre, François Ier par lettres scellées, abdique... et transmet ses pouvoirs à son dauphin, François.

Charles Quint ne détiendrait plus un roi en ses prisons mais un simple gentilhomme !

Naturellement une clause prévoit que selon les circonstances, le fils de François Ier lui « cédera et laissera le nom et place de roy ».

Les circonstances ?

François Ier reste souvent, en présence de ses ambassadeurs auprès de Charles Quint, silencieux, le visage grave.

Il s'interroge.

Pourquoi respecterait-il sa parole de roi de France, alors que l'empereur refuse toute concession ?

Pourquoi ne pas signer ce traité injuste afin d'obtenir la liberté, et celle-ci reconquise, entrer en guerre et reprendre ce qu'on a dû céder à Madrid ?

40.

Les promesses extorquées à un roi prisonnier, en usant de contraintes, de violences ou de ruses sont sans valeur.

Cette phrase bat dans la tête de François Ier, comme le sang d'un cœur impatient.

Mais le sang du roi de France est limpide. Il ne charrie aucun regret.

Et ce dimanche 14 janvier 1526, le roi de France réunit les gentilshommes qui ont négocié avec les Espagnols.

Puis le roi demande au premier président du Parlement, de Selve, d'enregistrer le serment des présents et de ne jamais révéler à personne de ce qui va leur être dit, hormis à la régente, sa mère, et à la duchesse d'Alençon, sa sœur, ou à ceux que la régente désignerait.

Chacun prête serment. Un dense silence étouffe la chambre du roi.

Le roi de France commence à parler.
La voix est claire.
Le roi fait l'historique des négociations.
Il rappelle la manière dont sa sœur a été traitée.
Il affirme que la volonté de Charles Quint était de la retenir prisonnière si elle avait séjourné en Espagne au-delà des trois mois accordés par l'empereur.

Il souligne qu'il est contraint de signer un traité qui mutile le royaume de France.

Il est contraint – et sa voix s'enroue – de donner en otages ses fils aînés, le dauphin François et le duc d'Orléans, avec serment de retourner en prison au cas où dans quatre mois il n'ait accompli le traité.

Il s'interrompt puis d'une voix plus forte il ajoute :
« Choses exorbitantes » et qu'il ne peut « tenir avec son honneur. »

Le roi se signe, prie à voix basse.
Puis à nouveau d'un ton résolu il dit :
« Que c'était par force et contrainte, détention et longueur de prison » qu'il avait accepté ce traité, mais « que tout ce qui est convenu dans ce traité sera nul et de nul effet et [est] délibéré garder et poursuivre les droits de la Couronne de France et proteste de nullité de tous actes […] qu'on [lui] fera faire contre son honneur et le bien de [sa] Couronne. »

Dans la chambre, les valets dressent un autel et l'archevêque d'Embrun célèbre la messe.
Lannoy, le vice-roi de Naples, est présent.
Le roi de France se découvre, serre la main droite de Lannoy et, avançant lentement chaque mot, François Ier dit :
« Je, François, roi de France, gentilhomme, donne ma foi à l'empereur Charles, roi catholique, gentilhomme, en la personne de vous, Charles de Lannoy. »

Le traité est implacable.
Le chancelier Gattinara refuse de le sceller, déclarant qu'il ne sera jamais appliqué.
C'est Charles Quint qui, sans prononcer un seul mot, apposera le sceau de l'Empire sur le traité de Madrid, enregistrant ainsi pour l'histoire les conséquences du désastre de Pavie.

41.

Libre d'agir dans l'intérêt du royaume, pour servir Dieu. Être le Roi Très Chrétien, libre de récompenser ou de châtier.

Libre, libre, libre, voilà le mot qui fait battre les tempes de François Ier en ce début de l'an 1526.

Il se sent vif et fort, comme il ne l'a plus été depuis le désastre de Pavie et son emprisonnement dans ces chambres exiguës, sous la surveillance attentive des Espagnols de l'empereur Charles Quint.

Libre : plus rien ne s'oppose à son départ d'Espagne, il a signé le traité, il a répondu aux questions de Charles Quint comme celui-ci le désirait, l'entendait.

Il a récité à la demande de Charles Quint tous « les articles de notre traité ».

« Dites-moi si vous avez l'intention de les accomplir reprend Charles Quint ou si vous y trouvez quelques difficultés. Car dans ce dernier cas nous serions exposés à voir nos inimitiés se renouveler. »

À fourbe, fourbe et demi ! pense le roi de France, et avec le regard candide il réplique :

« J'ai l'intention d'accomplir le tout et je sais que personne n'y mettra obstacle en mon royaume. Si vous voyez que j'agisse autrement je veux et consens que vous me teniez pour méchant et lâche.

— Je veux que vous en disiez autant de moi, dit l'empereur, si je ne vous rends pas la liberté. »

Il fixe longuement François Ier.

« Je vous demande surtout une chose, c'est de ne pas m'abuser en ce qui touche la reine ma sœur, à présent votre femme, car ce serait là une injure que je ressentirais vivement et que je devrais venger. »

Éléonore, la sœur de Charles Quint, est désormais la promise de François.

Les présentations ont été faites, et les engagements souscrits devant Dieu, et dans les traités.

Éléonore, forte femme, qui s'incline devant le roi de France dans l'intention de lui baiser la main :

« Ce n'est pas la main que j'ai à vous donner, répond le roi, mais la bouche. »

Et il effleure de ses lèvres celles de la reine.

Les deux souverains se séparent à un carrefour de routes proche de Madrid.

« Dieu, mon frère, dit Charles Quint, vous ait en sa garde.
— Que Dieu vous garde, mon frère », répond le roi de France.

Chacun dissimule ses arrière-pensées.

Les Espagnols continuent à garder de près François Ier.

Lors d'un incendie qui ravage le château où François Ier réside, le seigneur Alarcón, responsable du roi prisonnier, refuse son transfert.

Et durant toute la chevauchée de Madrid à Saint-Sébastien, l'escorte espagnole est toujours aussi nombreuse, comme si l'on craignait une évasion du roi de France !

À Saint-Sébastien, où l'échange doit avoir lieu, les deux otages que sont les fils aînés du roi traverseront la rivière et croiseront, allant dans l'autre sens – d'Espagne en France –, l'embarcation transportant le roi.

Le pays a été vidé de tous les gens de guerre.
Le 17 mars 1526, les rivages de la Bidassoa sont déserts. Deux embarcations comptant chacune dix rameurs sont amarrées l'une en face de l'autre.

L'échange a lieu sur un ponton, situé au milieu de la rivière. La voix étranglée par l'émotion, le roi de France délivre quelques conseils à ses fils et leur assure que bientôt, « il les manderait quérir ».

À Saint-Jean-de-Luz, François prend son premier dîner en terre française. C'est temps de Carême et on lui présente toutes sortes de poissons qu'il dévore.

Et cependant ses yeux sont remplis de larmes.

Ses fils, otages, paient sa rançon.

Sur le chemin qui mène à Bayonne, François Ier voit s'avancer une foule de gentilshommes à la tête desquels se trouve le chancelier Duprat et l'ambassadeur d'Angleterre.

Tout à coup l'émotion oppresse le roi de France.

Il vient de voir Louise de Savoie, sa mère, Mme la régente. Il se souvient qu'elle l'avait accueilli, il y a dix ans, à son retour glorieux de Marignan.

La mère et le fils s'embrassent et s'enlacent.

Et ils mêlent leurs larmes en pensant à ces deux enfants, livrés à la rigueur espagnole.

Dans la dernière lettre adressée à Charles Quint, François Ier a évoqué la condition de ses jeunes fils et les a recommandés au souverain impérial.

Charles Quint n'a pas répondu.

Le dimanche 11 mars 1526 à Séville, il célébrait son mariage public avec l'Infante Isabelle.

Sur l'un des sept arcs de triomphe, il avait pu lire :

« Charles très grand règne maintenant sur l'univers et à bon droit lui est soumise toute la machine du Monde. »

Septième partie

1526-1530

42.

Qu'est ce qu'un roi de France sans descendance ?

Un souverain à la merci de toutes les conjurations, un royaume divisé par les ambitions dynastiques des prétendants. Et ces ambitieux se liguent pour chasser du trône le roi légitime mais, là est sa faiblesse, sans que son sang soit riche d'avenir !

Ses pensées sombres, l'amertume, la tristesse viennent, par longues vagues noires, obscurcir la joie de François Ier, ce samedi 17 mars 1526, alors qu'il assiste à la messe, et que les gentilshommes et le peuple crient leur joie.

Ces « Vive le roi ! » sont doux au cœur de François Ier, mais à qui pourrait-il confier que d'avoir dû livrer ses deux fils aînés à Charles Quint est une torture et un remords ?

D'autant plus que l'ambassadeur de l'empereur Charles Quint, Louis de Praët, au nom de son maître harcèle le roi et son Conseil afin que, conformément aux engagements qu'il a pris, François Ier ratifie le traité de Madrid.

Mais le roi de France se dérobe et le chancelier de France, Duprat, conteste les pouvoirs de l'ambassadeur.

Et l'inquiétude de l'ambassadeur réjouit fort le roi.

Les vagues noires se retirent. Le ciel est d'un bleu intense, la joie du peuple, spontanée, est pleine de vigueur.

Et il y a ces jeunes femmes qui ne demandent qu'à être cueillies. Et il semble au roi reconnaître parmi elles Anne d'Heilly, fille d'un seigneur Picard, Guillaume de Pisseleu.

François Ier se souvient, fend l'essaim des jeunes femmes, s'incline devant Anne, dont chaque trait tout à coup lui redevient familier – sans doute l'a-t-il rencontrée et aimée à Amboise.

Il lui baise la main, et ils marchent côte à côte dans les regards jaloux des autres jeunes beautés.

Mais elle est si belle, la jeune Anne, que l'admiration efface la jalousie. Sa blondeur éblouit, son sourire désarme. Et la faveur du roi la couronne.

Mais l'une de ces femmes, Françoise de Foix, comtesse de Châteaubriant, est plus qu'une maîtresse ou une favorite. Elle a été l'une des passions du roi, et quand il l'aperçoit, brune et juvénile, il succombe à nouveau même si la jalousie de Françoise de Châteaubriant l'étouffe quelquefois.

Mais le désir l'emporte.
Il va d'Anne à Françoise, de la blonde à la brune.
Il veut jouir de tout, après ce long emprisonnement, ce rivage de la mort qu'il a côtoyé.
Alors il se jette dans ses plaisirs.

Il chasse dès que l'occasion lui est offerte.
Il lui semble, aiguillonnant son cheval, qu'il est encore ce jeune gentilhomme qui courait le sanglier et le cerf.
La chasse telle qu'il la conduit n'est pas sans risque.
Le samedi 9 juin 1526, il tombe de cheval alors qu'il s'apprête à abattre un cerf.
« En courant le cerf, écrit-il à Charles Quint, je tombay, mon cheval sur moy, de sorte que je me desnouay ung os du bras vers la joincture de la main senestre et m'en froissay ung autre au même endroit. »

prince de la Renaissance française

Il juge à la pâleur de sa mère qu'elle est bouleversée, et il découvre le lendemain, alors qu'il a le bras en écharpe, qu'elle a fait retirer et déplacer tous les chevaux du roi.
Il accepte la mesure et chassera monté sur une mule.

Il pense à ses fils, aux périls qui, peut-être, les menacent. Et il tente une démarche auprès de l'empereur pour obtenir qu'il les libère. Il s'agit d'enfants !
Mais il sait bien que Charles Quint refusera, même contre rançon, de les renvoyer.

Les ambassadeurs de l'empereur dans les différents États ont décrit les démarches de François Ier pour que se constitue une « confédération ». Son but est d'isoler Charles Quint. Le prétexte est de mettre fin aux guerres qui déchirent la chrétienté.

L'empereur Charles Quint ne pourrait y adhérer que s'il consentait à abandonner le duché de Milan, et libérait les enfants du roi de France. Et naturellement, selon François Ier, en renonçant à revendiquer la Bourgogne.
En fait Charles Quint est dépouillé des espérances qu'avait fait naître pour lui le traité de Madrid.
Seul article du traité respecté : sa sœur Éléonore est bien devenue la femme de François Ier.

Pour le reste, le roi de France est déterminé à ne rien céder.
« Par le droit de la guerre, dit-il, et usance en tel cas gardée, telles promesses n'obligent aucunement, sy celui qui les fait n'est mis entièrement en sa liberté [...]
« La session de la Bourgogne est impossible, précise le roi de France. Ce qu'il y a de convenable à faire c'est de convenir d'une rançon telle et si grande que le cas le requiert. »

Charles Quint, recevant l'ambassadeur du roi de France, ne dissimule pas sa colère et sa détermination :

« Le roi de France m'a trompé, dit-il. Je ne lui rendrai pas ses enfants pour de l'argent.

« S'il compte les avoir par la force, je l'assure qu'il n'y parviendra pas tant qu'il restera pierre sur pierre dans un de mes royaumes, fussé-je forcé de reculer jusqu'à Grenade.

« Il n'a point agi en vrai chevalier ni en vrai gentilhomme mais méchamment et faussement !...

« Je vous demande, comme à son ambassadeur, qu'il me garde la foi qu'il m'a donnée de redevenir mon prisonnier s'il ne satisfaisait pas à ses promesses.

« Plût à Dieu que ce différend eût à se débattre entre nous deux, de sa personne à la mienne, sans exposer tant de chrétiens à la mort.

« Je crois que Dieu montrerait sa justice ! »

FRANÇOIS IER

Sur ce portrait de François Ier, peint par **JEAN CLOUET** vers 1530, le roi de France n'arbore aucun des attributs de sa fonction – ni couronne ni sceptre –, il porte simplement le collier de l'ordre de Saint-Michel, ordre de chevalerie. Jean Clouet fut peintre à la cour du roi, dont il s'attira la reconnaissance puisque François Ier le qualifia d'« expert » dans la maîtrise de son art. On considère traditionnellement que le fils de Jean Clouet, prénommé François, collabora à ce tableau.

FRANÇOIS DE FRANCE
(1518-1536)
Duc de Bretagne, fils aîné du roi, il meurt prématurément sans jamais avoir régné.
(Gravure, école française, XIXᵉ siècle.)

HENRI DE FRANCE
(1519-1559)
Deuxième fils de François Iᵉʳ, Henri devient roi à la mort de son père, en 1547. Il régnera pendant douze ans sous le nom d'Henri II, avec à ses côtés la femme que lui a choisie son père : Catherine de Médicis.
(Portrait de François Clouet, 1547.)

CHARLES DE FRANCE
(1522–1545)
Duc d'Orléans, troisième fils du roi et de Claude de France, il meurt à l'âge de vingt-trois ans.
(Portrait de Corneille de Lyon, XVIᵉ siècle.)

La famille royale

À Fontainebleau, François Ier reçoit le tableau de la Sainte Famille que Raphaël a peint pour lui en 1518. Le roi est tourné vers son ami Léonard de Vinci. À gauche de François Ier, de dos : Marguerite de Navarre. Claude de France est assise face à son mari. Derrière elle, Louise de Savoie est vêtue de noir. Diane de Poitiers est représentée de profil. *(Peinture de Gabriel Lemonnier, 1814.)*

Claude de France
(1499-1524)
Première épouse du roi, elle est aussi la fille de Louis XII, auquel François Ier a succédé. Elle donne au roi ses seuls héritiers.
(Portrait de Corneille de Lyon, XVIe siècle.)

Éléonore de Habsbourg
(1498-1558)
Seconde épouse du roi, elle est la sœur de Charles Quint. Son mariage est une clause d'un traité conclu par l'empereur et le roi et aurait dû assurer la paix.
(Portrait par Joos Van Cleve, vers 1530.)

LOUISE DE SAVOIE
(1476-1531)
Mère du roi, veuve à dix-neuf ans, elle élève son fils persuadée que le destin l'amènera à régner. Toute sa vie, elle veillera sur lui et sur le royaume, exerçant la régence à deux reprises durant les campagnes d'Italie.

Allégorie de la régence
Louise de Savoie est représentée tenant un gouvernail et portant des ailes d'ange. L'auteur du manuscrit est allongé à ses pieds.
(Miniature tirée des *Gestes de Blanche de Castille*, d'Étienne Le Blanc, XVIe siècle.)

ANTOINE DUPRAT
(1463-1535)
Cardinal et chancelier de France, serviteur zélé et maître négociateur, il assure notamment la régence auprès de Louise de Savoie qui a toute confiance en lui.
(Peinture, école française, XVIIe siècle.)

MARGUERITE DE NAVARRE
(1492-1549)
Sœur du roi (aussi appelée Marguerite d'Angoulême ou Marguerite d'Alençon), elle voue un amour proche de la dévotion à son frère.
(Portrait par Jean Clouet, 1530.)

LES FAVORITES

FRANÇOISE DE FOIX (1495-1537)
Comtesse de Châteaubriant. François Ier lui voue une passion qui durera jusqu'à sa mort.
(Gravure, école française, XIXe siècle.)

ANNE DE PISSELEU D'HEILLY (1508-1580)
Duchesse d'Étampes, grande rivale de Françoise de Foix, elle était l'une des filles d'honneur de Louise de Savoie avant de s'attirer les faveurs du roi.
(Tableau de Richard Parkes Bonington, XIXe siècle.)

DIANE DE POITIERS (1499-1566)
Grande sénéchale de Normandie, elle est ici représentée implorant la grâce pour son père, Jean de Poitiers, seigneur de Saint-Vallier, soupçonné d'être complice du félon connétable Charles de Bourbon. Elle deviendra une figure du règne d'Henri II, dont elle sera la plus célèbre favorite.
(Tableau de Bitter, 1828.)

Le 8 août, PIERRE TERRAIL *(à gauche)*, seigneur de Bayard (1476-1524), meilleur chevalier du royaume, s'empare du capitaine PROSPERO COLONNA (1452-1523) *(à droite)*, qui commande l'armée milanaise et pontificale.
(Portrait de Pierre Terrail de Bayard, lithographie, école française, 1788 ; portrait de Prospero Colonna, gravure anonyme.)

FRANÇOIS IER à l'âge de vingt ans.
(Portrait de Jean Clouet, XVIe siècle.)

MATHIAS SCHINER (1465-1522) *(au centre)*, cardinal de Sion et commandant des quinze mille mercenaires suisses au service de Maximilien Sforza.
(Portrait, école française, XVIe siècle.)

MARIGNAN 1515

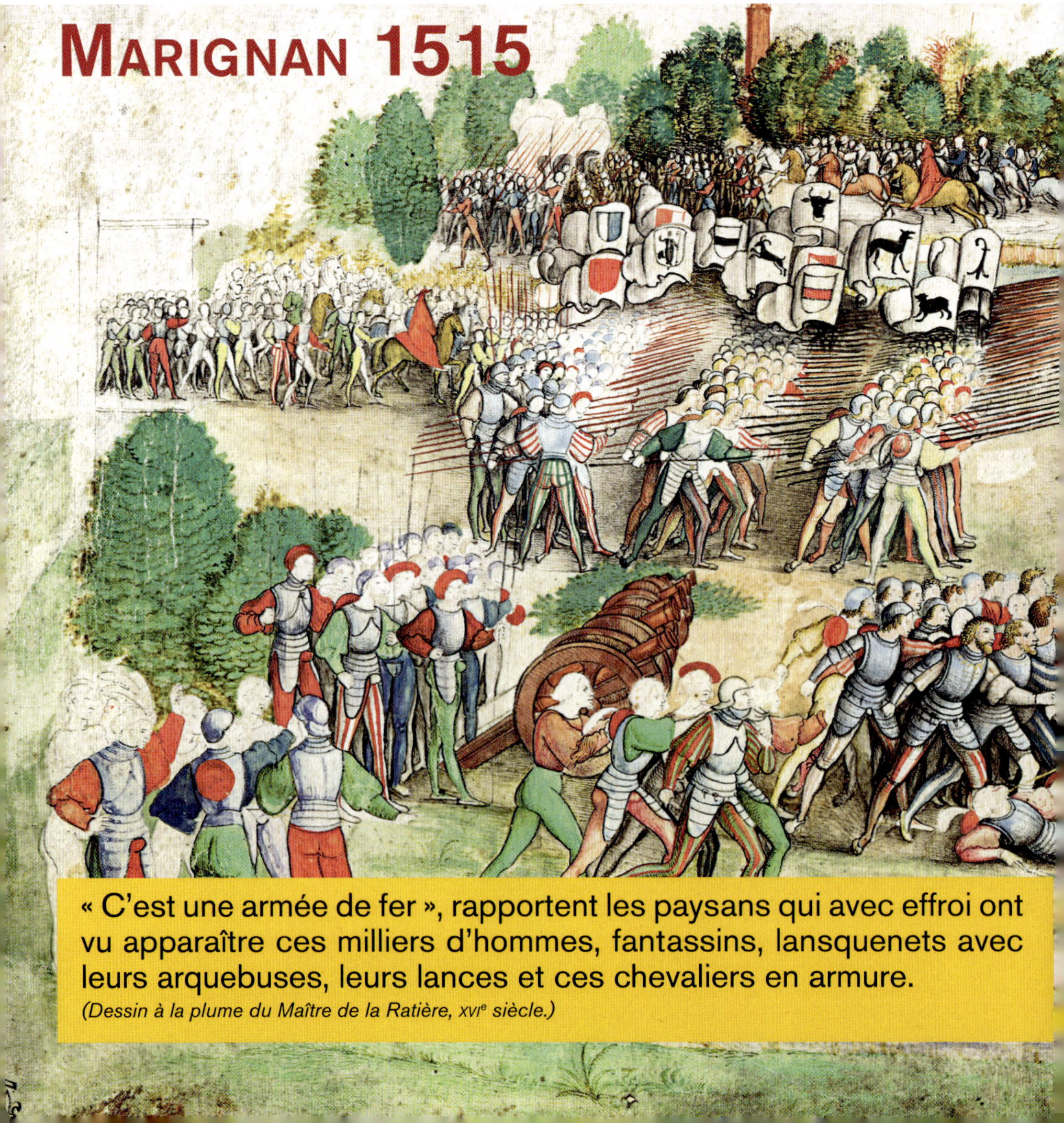

> « C'est une armée de fer », rapportent les paysans qui avec effroi ont vu apparaître ces milliers d'hommes, fantassins, lansquenets avec leurs arquebuses, leurs lances et ces chevaliers en armure.
> *(Dessin à la plume du Maître de la Ratière, XVIe siècle.)*

Le seigneur de Bayard fait chevalier François Ier après Marignan, le 14 septembre.
(Peinture de Jean-Louis Ducis, 1817.)

Les souverains étrangers

Henri VIII
(1491-1547)
Roi d'Angleterre et d'Irlande, avec qui François Ier nouera des alliances versatiles. Tantôt « bon frère et ami », tantôt menteur et traître lorsqu'il se range du côté de Charles Quint.
(Portrait anonyme, 1520.)

Le camp du Drap d'or

Ces deux camps du Drap d'or, celui du roi de France et celui du roi d'Angleterre, sont séparés par une colline au sommet de laquelle Français et Anglais ont aménagé les lieux de tournois, les lices, entourés de tentes, de pavillons et de galeries où les princes et chevaliers qui se seront affrontés en tournoi pourront se désaltérer. Ainsi, tout est en place pour que les rois puissent enfin se rencontrer.
(Tableau de Friedrich August Bouterwek, XIXe siècle.)

CHARLES QUINT (1500-1558)

Roi d'Espagne, de Sicile et de Naples, archiduc d'Autriche, empereur du Saint-Empire romain germanique. En devenant l'empereur Charles Quint, celui qui n'était alors que Charles Ier d'Espagne, vassal de François Ier, s'arroge une suprématie en Europe qui déplaît au roi de France. Tout au long de leur règne, les deux souverains catholiques rivaliseront de puissance, enchaînant guerres et trêves, conquêtes et défaites.

Portrait du jeune Charles de Habsbourg. *(Peint par Bernard Van Orley, XVIe siècle.)*

François Ier et Charles Quint visitent les tombeaux de Saint-Denis en janvier 1540. *(Tableau d'Antoine Gros, 1812.)*

François Ier, Charles Quint et le cardinal Farnèse à Paris en 1540. *(Fresque de Taddeo Zuccaro, XVIe siècle.)*

La bataille de Pavie

Dans la nuit du 23 au 24 février 1525, les impériaux ouvrent des brèches dans les murs du parc de Mirabello qui entoure Pavie, de façon à y pénétrer et à contourner le camp français. Les défenseurs de Pavie feront une sortie. Les impériaux de l'avant-garde ont passé sur leurs cuirasses des chemises blanches pour ne pas s'égarer et avancer en colonne. Les deux armées sont désormais face à face.
(Peinture de l'école de Joachim Patinir, XVIe siècle.)

Les deux rivaux de la bataille de Pavie : à gauche, le connétable félon **Charles III de Bourbon** (1490-1527), qui se rallie aux troupes espagnoles, et celui qui lui est préféré, **Guillaume Gouffier**, seigneur de Bonnivet (vers 1488-1525), amiral de France. *(Portrait de Charles III de Bourbon, par Bernard Gaillot, XIXe siècle ; portrait de Guillaume Gouffier, gravure anonyme, XIXe siècle.)*

La paix des Dames

Elle est entérinée par le traité de Cambrai et met fin à la guerre entre François Ier et Charles Quint, le 5 août 1529. C'est ce traité, négocié par Louise de Savoie, mère du roi de France, et Marguerite d'Autriche, gouvernante des Pays-Bas et tante de Charles Quint, qui permettra la libération des fils de François Ier, François et Henri, retenus en otages par l'empereur germanique.
(Traité conservé au Centre historique des Archives nationales, à Paris.)

FRANÇOIS IER, ROI TRÈS CHRÉTIEN

Jules de Médicis, le pape Clément VII (1478-1534) mariant sa cousine Catherine de Médicis au fils cadet du roi, le futur Henri II, à Marseille en 1533.
(Tableau de Jacopo Chimenti, 1600.)

L'alliance impie avec **Soliman I**^{er} (1494-1566), dit Soliman le Magnifique. Le Roi très chrétien s'allie avec le Grand Turc pour combattre et affaiblir le Très Catholique empereur germanique. *(Portraits de Tiziano Vecellio, dit Titien : François Ier, 1539 ; Soliman le Magnifique, 1530.)*

Khayr al-Din, dit Barberousse
Chef des pirates du Levant. L'amiral de Soliman Ier, son capoudan-pacha comme l'appelle le Sultan, met sa flotte au service du roi François afin d'honorer l'alliance franco-ottomane. *(Portrait, école italienne, XVIe siècle.)*

FRANÇOIS Ier, ROI BÂTISSEUR

CHÂTEAU DE CHAMBORD. Le château royal voulu par François Ier et qui arrachera à un Charles Quint ébahi ce compliment : « Je vois un abrégé de l'industrie humaine. » *(Tableau de Pierre Denis Martin, 1772.)*

CHÂTEAU DE BLOIS
Le château de la reine Claude. C'est à sa demande que François Ier ordonne des travaux d'embellissement, notamment l'édification de l'escalier qui, contenu, comme une vis, dans une tour, émerveille tous ceux qui le découvrent.
(Gravure, XIXe siècle.)

CHÂTEAU D'AMBOISE
Le château des jeunes années. C'est à Amboise que grandit François, entouré de l'amour de sa mère, Louise, et de sa sœur, Marguerite – ils partagent tous trois la même chambre.
(Gravure, XIXe siècle.)

Le 2 mai 1519, **LÉONARD DE VINCI** (né en 1452), celui que le roi appelait « mon père », meurt dans les bras de François Ier, au Clos-Lucé, près d'Amboise. *(Tableau de Cesare Mussini, 1828.)*

L'architecte **Pierre Lescot** présente ses plans pour le Louvre à François Ier. C'est en 1546 que son projet sera finalement adopté. Le plan consiste en une cour quadrangulaire épousant les contours de l'enceinte médiévale – le quart sud-ouest de l'actuelle cour carrée. *(Fresque de Charles-Raphaël Maréchal, musée du Louvre, XIXe siècle.)*

Le Louvre

Les travaux d'agrandissement du Louvre se poursuivent bien après la mort de François Ier. L'aile imaginée par Pierre Lescot reste en construction jusqu'en 1556. *(Gravure, école allemande, XVIe siècle.)*

PORTRAIT DE LA MAISON ROYALE DE FONTAINE BELLEAU.

FONTAINEBLEAU
PALAIS DE LA CHASSE ET DES ARTS

Vue du château de Fontainebleau, résidence royale.
Fontainebleau, dont la noblesse, la majesté, laissent Charles Quint sans voix : « Le roi a faict en son Fontaine Bleau pour l'empereur feu merveilleux en l'eau. »
(Gravure tirée de Civitates orbis terrarum *de Georg Braun et Franz Hogenberg, XVIe siècle.)*

Restauration de la galerie François Ier. Située au premier étage d'une aile bâtie en 1528, la galerie est décorée, de 1533 à 1539, de quatorze fresques encadrées de stucs de la plus grande variété. Les douze fresques rectangulaires sont l'œuvre du peintre florentin Rosso.
(Dessin à la plume, aquarelle et lavis de Dubreuil, 1848.)

Le roi est mort, vive le roi !

Au matin du vendredi 1er avril de l'an 1547, les chirurgiens et les médecins ouvrent la poitrine et le ventre du roi défunt. Ils en retirent le cœur et les entrailles et les placent dans deux coffrets de bois, aujourd'hui entreposés dans cette urne à la basilique Saint-Denis.

Le 10 février 1544, François Ier fait chevalier son petit-fils, le futur François II, fils d'Henri II et de Catherine de Médicis, lors de son baptême.
(Peinture de Pierre-Henri Révoil, 1824.)

Jeanne III d'Albret (1528-1572)
Reine de Navarre. Fille de Marguerite de Navarre, nièce de François Ier, son premier mariage avec Guillaume de La Marck, duc de Clèves, est annulé. Elle épouse ensuite Antoine de Bourbon et donne naissance à un fils, Henri de Bourbon, le 13 décembre 1553, futur Henri IV.
(Portrait anonyme, école française, XVIe siècle.)

43.

La justice de Dieu, invoquée par Charles Quint ?
Un roi de France, Roi Très Chrétien, ne la craint pas !
Et cependant, François Ier souvent s'interroge.
Un Roi Très Chrétien, peut-il s'allier avec Soliman le Magnifique, maître de l'empire des infidèles, Grand Turc, alors même que la chrétienté prépare une croisade contre ce même Soliman ?

François et sa mère, Mme la régente, avaient envoyé une ambassade auprès du Grand Turc.
Elle comptait douze cavaliers. L'ambassadeur devait remettre au sultan des pierreries et un rubis, présents du roi de France.
Cette ambassade a été massacrée et dépouillée par le pacha de Bosnie.

Louise de Savoie et le roi de France n'avaient pas renoncé, au lendemain du désastre de Pavie, à leur projet : que l'armée du sultan attaque et envahisse l'empire de Charles Quint.
Et le gentilhomme Frangipani avait été choisi pour tenter ce qui paraissait difficile et même improbable, atteindre Constantinople, être reçu par le sultan, lui remettre les lettres du roi de France et le pousser contre l'empire de Charles Quint.
Frangipani avait disparu dans la profondeur continentale, mais il avait rencontré le sultan en décembre 1525,

et il était de retour décrivant Constantinople, la cour de Soliman.

Quant à la lettre de Soliman au roi de France, elle assurait que l'armée du Grand Turc allait entrer en campagne.

Frangipani est chargé par François Ier de retourner à Constantinople, de raconter sa libération, et la paix qui règne dans le royaume de France.

Le Roi Très Chrétien a donc choisi la prudence, la retenue. Peur de faire alliance avec le Grand Turc, sultan des infidèles ?

Il faut savoir attendre, a répété le roi de France.

Mais Soliman le Magnifique est déjà en campagne, contre le roi de Hongrie, Louis II.

Que chacun sache en tout cas qu'un roi de France n'est justiciable que devant Dieu, qu'il est maître de ses choix de roi.

Et qu'on n'oublie pas, ni à Tolède, ni à Madrid, à la cour de Charles Quint et aussi qu'on n'ignore pas, à Constantinople, à la cour de Soliman, qu'un roi de France ne plie pas.

Et François moque ceux qui dans l'empire germanique affirment que « Charles très grand règne maintenant sur l'univers et à bon droit lui est soumise toute la machine du monde ».

Mais le temps n'est pas venu de commencer une nouvelle guerre.

Le roi de France a envie de vivre, d'user de cette liberté qu'il a réussi à reconquérir.

Il veut aussi retrouver son peuple.

Il va de ville en village, de Dax à Montfort-en-Chalosse, de Mont-de-Marsan à Langon, situé sur la rive de la Garonne.

Partout le peuple l'acclame, les malades s'agenouillent, supplient que le roi touche leurs plaies.

On traverse ainsi lentement cette partie du royaume, au sud des lieux où le roi est né – Cognac –, où il a vécu avec sa mère et sa sœur – Angoulême.

Mais avant de s'y rendre, le roi descend la Garonne, son embarcation entourée de centaines de barques.
Toute une population l'accueille à Bordeaux.
La ville est parée pour le recevoir : arcs de triomphe, tapisseries pendues aux façades des immeubles.
Le roi est ému quand arrive sa sœur Marguerite, qui pleure de joie, se souvenant de la mort qui attendait sa proie à Madrid.
Et jusqu'à son départ de Bordeaux, le 23 avril 1526, ce ne sont que messes, fêtes, danses, réceptions des gentilshommes, des représentants des « ordres ».

Mais, brusquement, l'impatience saisit le roi. Il veut au plus vite gagner sa ville, Cognac.
Et là le rejoignent les deux ambassadeurs de Charles Quint venus évoquer l'application du traité de Madrid.
Traité ?
Le roi de France élude...
Il connaît trop bien les envoyés de l'empereur.
Le vice-roi de Naples, Lannoy, rappelle à François le désastre de Pavie.
Quant au second, Alarcón, il a été le geôlier du château de Pizzighettone, la première « prison » du roi de France.

Il veut oublier le désastre et l'enfermement, alors il quitte Cognac, Angoulême. Les ambassadeurs – Italiens, espagnols, Anglais – s'inquiètent de sa disparition, mais il est à Amboise, il chasse, participe à toutes les fêtes qui se succèdent jour après jour.
Il séjourne dans l'un des petits châteaux qui constellent le val de Loire. Il passe plusieurs jours à Chenonceau, puis va suivre les travaux de son grand projet : le château de Chambord.

Et comme si ce val de Loire, ces châteaux lui rappelaient sa jeunesse, son mariage avec Claude de France – décédée en 1524, avant le désastre de Pavie –, il décide d'organiser les obsèques de la reine défunte et de la conduire du château de Blois – où elle repose – jusqu'à l'abbaye de Saint-Denis.

Sur le chariot qui transporte le cercueil de la reine, François Ier a fait placer le cercueil de la petite Louise, l'une des filles de Claude et de François, morte à six ans.
Et le roi de France pense à ses deux fils toujours retenus par Charles Quint.

Mais qu'attendre de cet empereur dont les alliés et mercenaires ont fait le sac du Vatican ?
Le pape Clément VII s'est réfugié au Castel Sant-Angelo, et a signé une trêve avec Charles Quint !
Mais un roi de France ne plie pas !
François envoie un gentilhomme, Guillaume du Bellay, assurer au souverain pontife qu'on lui apportera toute l'aide nécessaire.
Et déjà les troupes de la ligue de Cognac ont pris Crémone aux impériaux.

Rien n'est joué.
De l'empereur Charles Quint « qui veut soumettre toute la machine du monde » à sa volonté, ou du roi de France François Ier, qui l'emportera ?
L'un et l'autre sont résolus.
L'empereur, taciturne mais capable de passion et d'élan.
Le roi, ouvert à tous les divertissements mais sensible, trouvant auprès de sa mère et de sa sœur un havre d'amour et de confiance.
Et tous deux, encore portés par l'énergie de leur jeunesse.
Rivaux et adversaires, ils sont fascinés l'un par l'autre.
Et tous deux, sacrés par l'Église, s'en remettent à Dieu qui les a choisis pour régner et guider le peuple.

44.

Un roi de France ne peut accepter le désordre dans son royaume.

Et François Ier, libre, veut savoir si, durant sa captivité, certains de ses sujets ont oublié qu'ils avaient un roi, auquel ils devaient obéissance.

Peu à peu, ses proches lui révèlent que, alors que la maladie l'emprisonnait dans sa prison de Madrid, des cortèges parcouraient les rues de Paris, affirmant « le roi est mort ».

On le cache, mais « les fols le savent ».

On avait vu une femme à cheval, traînée par des diables sortis du cloître Notre-Dame. Ils étaient suivis par des docteurs en théologie brandissant des textes de Luther.

Au Parlement, profitant de son absence, on avait refusé d'enregistrer le concordat conclu à Bologne entre le pape et le roi de France.

Tout cela l'inquiète. Il doit sévir.

Des luthériens sont brûlés vifs, en place de Grève. Et lui qui protège Lefèvre d'Étaples, proche de Marguerite d'Alençon, laisse supplicier des condamnés du Parlement.

Mais il ne craint pas que l'hérésie s'étende dans le royaume, quelques exécutions doivent suffire à rétablir partout la juste

Foi. Et le roi de France, bienveillant le plus souvent, a la main ferme qui ne tremble pas.

Et il veut être impitoyable avec les financiers, qui récoltent les impôts, prêtent au roi et à Mme la régente. Le plus puissant est ce surintendant général des finances, Jacques de Beaune, seigneur de Semblançay, que le chancelier de France, Duprat, dénonce comme un rapace, un concussionnaire. Et Mme la régente est aussi sévère que Duprat.

Le fils de Semblançay, Martin de Beaune, est archevêque de Tours. Il essaie d'émouvoir le roi, en vain.

La mère du roi, Mme la régente, est impitoyable. Elle réclame le paiement des créances, le remboursement des dettes.

Au terme de son procès, Semblançay est condamné à la pendaison. Sa richesse l'accusait.

« Les clers voyants s'esbahirent où il avait pu prendre tant d'or et d'art en vus les grands acquêts, édifices et choses somptueuses qu'il avait faites. »

L'un de ses commis l'avait en outre trahi, livrant à la justice des documents qui accablaient le financier.

Pendu haut et court au gibet de Montfaucon.

Cette exécution frappe le peuple. Marot écrit :

« Lorsque Maillart, juge d'enfer, menait
À Montfaucon Semblançay l'âme rendre
À votre avis lequel des deux tenoit
Meilleur maintien ? Pour le vous faire entendre
Maillart semblait homme que mort va prendre
Et Semblançay fut si ferme vieillard
Que l'on cuidoit, pour vrai, qu'il menast pendre
À Montfaucon le lieutenant Maillart. »

Les financiers, pour échapper à la corde et au gibet, s'enfuient hors du royaume.

L'un se réfugie à Metz, l'autre à Cologne, un autre encore à Valenciennes. Certains se font pardonner en prêtant de l'argent au roi.

prince de la Renaissance française

Le roi crée, en 1527, une nouvelle commission (dite de la Tour carrée) qui achève de réduire la puissance des financiers. Mais la « traque » a commencé.

Cette année-là, malgré ces corps qui pendent au gibet de Montfaucon ou brûlent sur les bûchers de la place de Grève, est une année durant laquelle François Ier est moins que jamais l'homme fait de toute une pièce.
Il châtie, fustige le Parlement, refuse de gracier Semblançay, puis tout à coup, comme si les affaires du pouvoir l'excédaient, il chasse, dans les forêts de l'Île-de-France.
Les jours passent et le roi est absent.
Les ambassadeurs des États de la ligue de Cognac, cette Confédération, s'inquiètent.
Sera-ce la guerre contre Charles Quint, ou bien la paix, et l'oubli de ce traité de Madrid, que le roi de France se refuse à appliquer bien que les envoyés de l'empereur Charles Quint lui rappellent qu'il l'a accepté ?

Quand il ne chasse pas, François Ier se divertit.
Les femmes passent entre ses bras puis à l'exception de Françoise de Châteaubriant, d'Anne d'Heilly... et de quelques autres, ainsi Diane de Poitiers, elles n'attirent plus le roi de France.
Il est pris par d'autres et par les fêtes.
Le 30 janvier 1527, on célèbre les noces de Marguerite et d'Henri d'Albret, roi de Navarre.
À cette occasion, durant huit jours, le vin coule des fontaines, les défilés et les bals se succèdent, et la foule acclame les chevaliers qui s'affrontent lors de joutes et de tournois.

Quelques mois plus tard – le dimanche 14 avril –, le roi fait sa deuxième entrée dans Paris. Mais même si la ville se pare pour recevoir son roi, la fête ne se prolonge pas.
L'humeur du roi est fantasque. Il va chasser dans le bois de Vincennes, revient et devant son Conseil annonce qu'il a conclu un nouveau traité avec le roi Henri VIII d'Angleterre.

Et Henri VIII s'est engagé à soutenir le roi de France si la guerre éclatait entre François Ier et Charles Quint.

Le roi de France confie, en quelques mots, que la situation en Italie est difficile. Les impériaux et leurs mercenaires menacent le pape Clément VII.

Il suffit de quelques jours pour que parvienne à Paris la nouvelle que Rome est prise, la ville mise à sac, le pape prisonnier et le duc de Bourbon tué durant l'assaut.

Lautrec est nommé lieutenant général du roi en Italie, pour prendre la tête d'une armée de soixante mille hommes, qui a pour mission de vaincre les impériaux, leurs mercenaires et de libérer le pape.

Il faut agir vite. Les nouvelles qui parviennent à Paris sont effrayantes.
Durant huit jours, la ville a été pillée.
Les impériaux criaient en donnant l'assaut : « *Amazza ! Amazza !* »
Ils tuaient en effet les hommes, violaient et éventraient les femmes. Ils égorgeaient les enfants et les vieillards.
Les actes sacrilèges se succédaient et se mêlaient aux orgies.
Les églises devenaient des écuries.

Le roi de France ne pense qu'à entrer dans cette guerre – qui n'a jamais été déclarée. Les gentilshommes, les chevaliers, les seigneurs veulent s'enrôler, partir avec Lautrec.
L'horreur du massacre qui a été accompli à Rome révolte qui s'enrôle et rêve de combattre pour l'honneur et la gloire.
Personne n'ignore le destin du chevalier Bayard sans peur et sans reproche.
Il y a aussi tous les morts glorieux du désastre de Pavie à venger.
Et il faudra punir les massacreurs, les bourreaux, ces impériaux ivres de cruauté.

On rapporte que les impériaux ont pendu les hommes au plafond par les testicules afin qu'ils révèlent la cachette où ils avaient entassé leur argent.

À ceux qui ne parlent pas, on tranche les testicules.

« Et furent vus en ung palais cinquante ou soixante testicules pendus et les pauvres estendus en la place, les aulcuns morts, les autres crians et hurlans. »

45.

Un roi de France doit toujours être prêt à entrer en guerre car les autres souverains – et d'abord l'empereur Charles Quint – craignent et jalousent le royaume de France.

Ainsi François Ier sait qu'il ne doit pas rechercher la guerre, mais être sur le qui-vive.

Il a suffi à Lautrec, lieutenant général du roi en Italie, de moins de deux semaines pour lever une puissante armée, qui n'a pas son équivalent.

Elle correspond aux vœux de François Ier, qui avait déclaré :

« Je ne retournerai en Italie qu'avec soixante mille hommes. »

Ils sont à Lyon, Grenoble. Ils s'apprêtent à fondre sur la Lombardie.

Mais le roi de France veut d'abord s'assurer que l'ordre règne en son royaume.

Il s'adresse aux parlementaires :

« Le roy vous défend que vous ne vous entremettiez en quelque façon que ce soit de l'estat, ni d'autre chose que de la justice et que vous preniez un chacun aux lettres de votre pouvoir et délégation. »

Pour achever de maîtriser ce Parlement toujours tenté d'intervenir dans les affaires du royaume, François Ier préside le jugement posthume du vassal félon, le duc de Bourbon.

Non content d'avoir trahi le roi de France, le duc de Bourbon avait conduit l'assaut des impériaux contre Rome, et chacun sait comment s'étaient conduits ses mercenaires.

Que le duc de Bourbon soit aussi condamné pour cela, et soit damné pour avoir mis Rome à sac, et emprisonné le souverain pontife.

Pour s'engager dans la guerre, il faut avoir des alliés.

Un nouveau traité est conclu entre le roi de France et Henri VIII. François Ier souhaite, espère qu'Henri VIII – et les États de la ligue de Cognac – l'aideront à obtenir la libération de ses fils.

Quant à Henri VIII, il veut épouser Anne Boleyn, et il compte que l'influence du roi de France sur le pape Clément VII permettra que son précédent mariage avec Catherine d'Aragon soit cassé.

Mais quelle sera l'attitude de Charles Quint ?

L'empereur a renoncé à la Bourgogne, mais il compense cet abandon douloureux en exigeant des garanties sur les autres clauses du traité de Madrid.

Il précise ainsi qu'il ne rendra les enfants de France à leur père que si celui-ci retire ses troupes d'Italie.

Mais entre les deux souverains c'est le soupçon.

« L'autre » tiendra-t-il ses engagements ?

Rendra-t-il les deux fils de François Ier ? Est-il prudent pour le roi de France de rappeler ses troupes sans avoir ses enfants auprès de lui ? Et autour de Charles Quint, on doute de la sincérité de ce roi de France qui s'est parjuré à propos du traité de Madrid !

Le roi de France, tendu, hésitant, quitte Paris, s'installe à Compiègne et chasse.

Ces courses quotidiennes le revigorent, alors que le séjour à Paris l'épuise, et que la maladie se saisit de lui.

François Ier, roi de France, Roi-Chevalier

Il séjourne dans le château de Montmorency. Le connétable est en Angleterre, et son capitaine demeuré au château écrit à son « seigneur » :

« Le roi trouve tant de cerfs en vos forests qu'il s'en contente et pareillement de sangliers [...] Il a dit qu'il y a cent cerfs courables en ses forêts de céans et de Loge et qu'il en a eu le rapport. »

Ce mois de chasse a rendu au roi de France toute son énergie.

Il rentre à Paris en décembre de l'an 1527, et tient le lundi 16 de ce mois une grande assemblée décisive.

Il veut annoncer aux représentants de la noblesse et du clergé, aux parlementaires, aux échevins, qui régentent les villes, qu'il a besoin d'hommes et d'or, pour la guerre qui vient.

Car jusqu'alors, la guerre est suspendue, on va de trêve en trêve, et peut-être les deux souverains se contenteraient-ils d'un simulacre, de discours agressifs, prenant bien garde de ne pas ouvrir les hostilités. Et de les fermer rapidement afin que les palabres des ambassadeurs, des envoyés, puissent reprendre !

Le roi de France prend donc la parole devant cette assemblée extraordinaire :

« Je suis votre roi, dit-il, votre prince, votre maître et Seigneur et en ma personne gît tout l'honneur du royaume. »

François Ier s'interrompt puis reprend d'une voix solennelle :

« Je veux vous déclarer la vérité des choses passées, leur communiquer de ses principaux affaires, et avoir leurs advis et délibérations [...]. J'offre de porter seul la peine, étant content de demeurer toute ma vie prisonnier et user mes jours en captivité pour la salvation de mon peuple [...]. Je ferai ce que l'on voudra mais faut que l'on m'aide à retirer mes enfants. Pourquoi je vous prie et exhorte derechef d'y bien penser et de me conseiller ; non comme d'une affaire qui ne me touche seulement et mes enfants, mais concerne entièrement l'universelle monarchie du royaume, la liberté et conservation du roi, des princes et des sujets, et de la chose publique d'une telle seigneurie qu'est le royaume de France : car je suis délibéré de suivre votre conseil. »

Certains de ceux qui l'ont entendu pleurent. Ce roi humble les bouleverse. On l'invite à refuser de se rendre en Espagne à nouveau prisonnier.
Le prévôt des marchands et les quatre échevins de Paris le supplient de renoncer à ce projet.
« Car les enfants ne sont pas seulement à lui mais à la ville de Paris. »

« Advisez entre vous et que je peux faire comme roi pour le bien et l'unité du royaume et de mes sujets et m'en avertissez. Car je ne peux pas le tout savoir.
« Je prendrai vos avertissements de bonne part et les écouterai bénignement. Ce qu'il se trouvera de raison, je le ferai. Ce que je dis je ne le dis pas par feinte, mais je le dis privément afin que vous n'ayez crainte de vous retirer en général et en particulier devers moi et je vous remercie de votre bon vouloir et conseil. »

46.

Guerre ou paix ?
Une fois encore François Ier hésite.

Quand il se trouve au milieu de ses gentilshommes, de ses proches, il se laisse entraîner. Comme ces nobles chevaliers qui rêvent à Bayard. Et le roi de France a lui aussi soif de victoire et de gloire.

La situation est favorable.
Le pape Clément VII s'est enfui, échappant aux impériaux.
L'armée du roi, commandée par le lieutenant général Lautrec, remporte des succès en Lombardie.
Lautrec, pour effacer les souvenirs de Pavie, a laissé ses gens d'armes piller la ville qui a donné son nom au désastre subi par le roi de France.
Il faut que les habitants de Pavie paient de leur sang l'emprisonnement du roi.
Maintenant le voici libre, et Clément VII aussi.

La guerre donc !

Le 21 janvier 1528, les ambassadeurs de France, d'Angleterre, de Venise, de Florence, ceux des États réunis dans la ligue de Cognac, se présentent à Charles Quint et lui demandent congé, puisque la paix n'est qu'une espérance vaine.

prince de la Renaissance française

Charles Quint les écoute, le visage méprisant l'ennemi.

« Cela me pèse, dit-il, que les rois et les républiques dont vous êtes les ambassadeurs cherchent aussi mal à regarder ce qui convient au bien et à la paix de la chrétienté. Mais puisque vous le demandez, allez et soyez satisfaits. »

Mais il exige que ses propres ambassadeurs « soient arrivés en lieu convenable pour vous échanger les uns contre les autres ».

C'est donc bien la guerre !

Et le roi de France s'en va chasser, exigeant que ses gentilshommes se tiennent à distance.

Il veut penser seul, sans que les voix et les espoirs de ses chevaliers viennent l'influencer.

Mais comme un coup de dague, il imagine ses fils, otages, qui peuvent subir la violence d'un empereur vaincu et vindicatif.

La vengeance habite les rois quand ils subissent un destin contraire à leurs vœux !

La paix donc ?

François Ier éperonne son cheval, et s'élance derrière des sangliers qu'il a involontairement débusqués.

Et la guerre est ainsi. On croit la conduire, et c'est elle qui vous terrasse.

Mais lorsque François Ier retrouve les gentilshommes et les seigneurs qui piétinent d'impatience, le désir de guerre s'impose à nouveau à lui.

Le 28 mars 1528, il fait parvenir à Charles Quint une « lettre de combat ».

Il conteste les arguments avancés par l'empereur, notamment l'affirmation selon laquelle « le roi lui fait la guerre depuis six ou sept ans sans l'avoir défié »...

« Faux, propos d'un fourbe », clame le roi de France.

François Ier prend ses proches à témoin :
« Quant à mes enfants je sçais très bien qu'ils sont entre ses mains, de quoi il me déplait très fort... »

« Mes enfants », voilà la blessure du roi de France.

Celle de sa mère aussi, qui pleure ses petits-fils, otages de l'empereur. Elle répète qu'entre les deux souverains il n'y a que des malentendus.

Pourquoi se battraient-ils ?

Elle interpelle l'ambassadeur espagnol – Granvelle –, elle le presse de rencontrer la reine Éléonore, de protéger ses « petits-fils ».

Et dès qu'elle se trouve seule avec François Ier, elle l'invite à négocier la paix.

Elle est la Régente, sa voix compte et le roi de France a toujours écouté – et le plus souvent suivi – les conseils de sa mère.

La paix donc ?

Le roi de France quitte Paris, pour fuir toutes les pressions contradictoires qui s'exercent sur lui.

Il passe le mois d'avril 1528 à Anet, auprès du sénéchal de Normandie et de son épouse, Diane, dont la beauté rayonne et dont le roi, jadis, a mesuré tout le charme et tous les talents.

Le souvenir de cet amour, l'attirance que Diane exerce sur le roi le font s'éloigner de ces « affaires », guerre ou paix.

Il rentre à Paris sans avoir choisi, mais il a redécouvert les plaisirs, les désirs, à même de combler un roi qui choisit la paix.

Pour la première fois de sa vie de roi, il s'attarde à Paris. Il loge au gré de sa fantaisie, de sa curiosité, au Louvre, au palais des Tournelles, ou au palais de la Cité.

Il n'habite pas dans ce dernier mais plutôt au palais des Tournelles.

prince de la Renaissance française

Il entreprend dans chacun d'eux des travaux – ainsi la démolition de la grande tour qui dominait le Louvre – et il va souvent visiter les chantiers.

Il demeure durant de longues périodes, à Saint-Germain, à Fontainebleau. Ces deux châteaux, entourés de forêts, servent de point de départ aux chasses dont il ne se lasse pas.

Mais les « affaires » le poursuivent.

Un roi doit à chaque instant choisir la réponse qu'il faut apporter à tel ou tel événement.

Alors qu'il demeure à Fontainebleau, menant ses plaisirs comme on conduit une chasse, un courrier l'avertit que des hérétiques ont poignardé une vierge de pierre située derrière l'église Saint-Antoine. Ils ont décapité la Vierge et l'Enfant !

François Ier rentre à Paris, pleure avec les milliers de Parisiens qui prient devant la statue mutilée.

François Ier ordonne qu'on en fasse une copie, et participe aux processions et prières qui, durant dix jours demandent à Dieu le châtiment des hérétiques, et la protection de Paris.

Le roi de France tête nue, tenant un cierge à la main, part le 11 juin de son palais des Tournelles pour se rendre sur les lieux du sacrilège.

Il assiste au « feu de la Saint-Jean » le 23 juin, et il est fasciné, comme tous les spectateurs, par les bonds que font les chats qu'on a enfermés dans un sac jeté au cœur du brasier.

Il n'aime pas cette vaine cruauté.

Il quitte Paris, s'installe à Fontainebleau, visitant chaque jour les travaux, interrogeant les tailleurs de pierre, les sculpteurs, les architectes.

Puis il chasse. Et le soir, dans la nuit printanière, promenade avec une femme dans les bosquets, et embrasement des corps cependant que le ciel est illuminé par les feux d'artifice.

209

Mais entre deux chasses et deux femmes, il faut bien écouter les ambassadeurs, les messagers qui annoncent la mort du lieutenant général du roi en Italie, Lautrec.

Cette mort scelle la défaite de l'armée du roi, qui se désagrège devant Naples, qu'elle assiégeait depuis le 30 avril 1528.

Les jeux sont faits.
Des alliés du roi de France font défection.
L'amiral Filippino Doria, dont les galères bloquaient le port de Naples, rallie l'empereur Charles Quint.
Les mercenaires réclament leur solde !
L'armée gangrenée par le choléra se dissout, et des bandes de pillards saccagent demeures, villes et villages, en regagnant le nord de l'Italie.

La grande armée du roi de France n'est plus.
Le 12 septembre, les vingt-quatre crieurs de la ville de Paris annoncent aux carrefours la mort de Lautrec.
Avec la même vigueur, ils saluent la naissance, à Saint-Germain, de Jeanne d'Albret, fille de Marguerite, sœur du roi, épouse d'Henri d'Albret, roi de Navarre.
Si Jeanne d'Albret a, un jour, un fils, il se prénommera Henri IV.

47.

Le roi de France, quand il a vu Jeanne, la première-née de Marguerite d'Albret, sa sœur, n'a pu dissimuler ses larmes.

Il ne peut oublier ses fils prisonniers de l'empereur, enfermés dans une étroite chambre du château de Pedrazza, au cœur de l'Espagne. Le souvenir de ses fils le hante à tout instant.

Et ce n'est pas le vent d'une chevauchée qui fait, à ces moments-là, couler les larmes de François Ier.

Il a presque chaque jour ressassé ce qu'il sait de leur captivité.

En 1526, à leur arrivée avec une suite de soixante-dix personnes, ils ont été bien accueillis. Ils avaient sept et huit ans.

Puis l'empereur s'est vengé sur ces enfants de ses déconvenues diplomatiques.

Puisque François Ier refusait de céder la Bourgogne à Charles Quint, et de parapher le texte du traité de Madrid, on a séparé les enfants de leurs serviteurs, emprisonnés dans différentes forteresses.

Le soleil n'éclairait jamais la chambre où l'on avait enfermé les enfants. Épaisses murailles, fenêtres garnies par-dehors et par-dedans de gros barreaux de fer.

Ils étaient pauvrement, tristement vêtus de noir du bonnet aux chaussures à l'exception des « chausses » blanches. Ils avaient pour se distraire chacun un petit chien.

« Voilà tout le plaisir des princes » avait rapporté un Espagnol qui les avait vus dans le château de Pedrazza.

François s'était refusé à confier à sa mère ce qu'il savait des conditions de leur détention.
Mais Louise de Savoie imaginait et pleurait, comme la grande mère aimante qu'elle était.
Elle avait sollicité Marguerite d'Autriche – qui avait élevé Charles, son neveu.
Marguerite d'Autriche détestait les Français, ces rivaux de Charles Quint, mais elle avait été émue par les lettres que lui adressait Mme la régente de France. Louise de Savoie avait cinquante-trois ans, mais, en dépit de la maladie qui s'était abattue sur elle, elle déployait toute son énergie pour faire libérer ses petits-fils.

Peu à peu les deux femmes, Louise de Savoie et Marguerite d'Autriche, l'une régente de France, l'autre gouvernante de la Flandre et des Pays-Bas, se rapprochèrent.
Il y a les deux fils de François Ier qu'il faut libérer, mais il y a aussi – et d'abord – le choix de la paix, donc la rédaction d'un nouveau traité remplaçant celui de Madrid.

Les obstacles sont nombreux.
Ni Charles Quint ni François Ier ne veulent céder, négocier un nouveau traité. Et de missive en missive, de propos d'ambassadeurs en confidences des conseillers le langage se durcit, on s'accuse de fourberie. On se suspecte. Les représentants des nations rassemblées dans la Confédération n'ont plus guère confiance dans le roi de France.
François Ier a beau écrire :
« Je proteste que je sacrifierai ma vie et celle de mes enfants plutôt que d'abandonner les confédérés. »
Qui peut le croire ?
Le roi de France et ses plus proches compagnons se sont installés à Coucy. François y mène une vie légère, chassant

le cerf et tirant les chevreuils à l'arbalète... On doute qu'il pense beaucoup à ses fils !

Pendant ce temps, les dames, la régente de France, et la gouvernante des Pays-Bas, ont décidé d'ouvrir une conférence pour l'élaboration d'un nouveau traité : ce sera, dit-on, la paix des Dames.

Leur cortège entre à Cambrai le 5 juillet 1529. Les habitants sont ébahis. Jamais on ne vit en Picardie une centaine de dames, suivies, entourées de six cents gentilshommes, quatre cents pages, quatre cents chariots et six cents mulets. Toutes ces dames et tous ces gentilshommes sont vêtus de noir, car l'heure n'est pas au divertissement mais à réussir à établir la paix dans la chrétienté.

On se réunit.
Mme la régente et Mme la gouvernante – la mère du roi de France et la tante de l'empereur germanique –, après plusieurs jours de négociations, parviennent à s'entendre, donnant ainsi naissance au traité de Cambrai le 3 août 1529.
La paix des Dames est proclamée.
Le roi de France et Marguerite d'Autriche font jeter des pièces d'or et d'argent à la foule qui les acclame.

48.

Les actes d'un roi de France, c'est Dieu qui les juge.
Et François Ier ne craint pas le verdict de Notre-Seigneur.

Il relit, presque distraitement, les articles du traité de Cambrai, de cette paix des Dames, et il sait ce qu'il doit à Mme la régente, sa mère.

Ses fils vont être libérés ! Ainsi sera réalisé son vœu le plus cher, et ce tourment qui le harcelait va enfin disparaître.
Mais jusqu'à ce que ses fils aient traversé le fleuve frontalier, jusqu'à ce qu'ils marchent sur la terre de France, il faut être prudent, car Charles Quint est un fourbe qui doit se sentir mutilé.
Il est amputé de « sa » Bourgogne. « Sa » terre de naissance reste au royaume de France.
Et la propre sœur de l'empereur, la reine Éléonore, va coucher dans le lit de François Ier, puisqu'elle sera son épouse royale. Le traité de Madrid le mentionnait déjà. Le roi de France s'en délecte.
Prudence encore, car il n'est pour l'heure que fiancé à Éléonore, il n'a qu'effleuré ses lèvres.
Il veut enlacer ce corps charnu, écraser de son poids d'homme et de roi cette belle prise !

Le reste ?

Des rançons, mais le royaume de France est riche. Il n'y a dans cette paix des Dames qu'une seule réalité qui le blesse, mais qu'il chasse de son esprit, pensant à ses fils, à la Bourgogne, à Éléonore, mais il faut bien qu'il saigne un peu : et ce sang est celui des alliés italiens de la France.

Il les abandonne tous, et de fait, les livre, en promettant de ne pas les défendre, à Charles Quint.

Son visage se crispe lorsqu'il pense à toutes les promesses qu'il a faites aux Vénitiens, aux Milanais, aux Génois et qu'il ne tient pas !

Mais qui peut décider de l'avenir des armes ?

Le fléau de la balance peut se redresser ou s'abaisser. Mais aujourd'hui en cet été 1529, ce qui compte ce sont ses fils, et ils vont traverser le fleuve et retrouver le royaume de France.

J'en rends grâce à Dieu !

Et, il mesure la joie des peuples d'apprendre qu'enfin la guerre si longue s'achève, que les Dames ont réussi à imposer la paix.

Mais il faut payer à l'empereur Charles Quint – l'ennemi – une considérable rançon en pièces d'or, toutes d'un même poids et d'un même titre.

Et il faut aussi dédommager le roi d'Angleterre Henri VIII, l'allié !

Et cela représente des dizaines de coffres lourds à porter mais surtout difficiles à remplir.

Le clergé – dans la main du roi – s'acquitte de ce qu'il doit verser. La noblesse est réticente.

Ce sont donc les bourgeois, le peuple des villes, qui doivent payer. L'impôt du peuple s'élèvera à trois millions six cent mille livres !

À l'importance de la rançon versée par le roi, on mesure l'ampleur de la défaite, le poids écrasant du désastre de Pavie.

François Ier, roi de France, Roi-Chevalier

Le grand maître Montmorency, en montrant à l'ambassadeur espagnol – Louis de Praët – les coffres remplis lui dit :
« Vous voyez comme le roy se met en son devoir pour faire paiement à l'empereur... Et vault beaucoup mieux employer ces escus en ceste affaire que de faire la guerre et causer la perdition de sang humain. »

49.

Ce 7 juin 1530, le roi de France et sa mère viennent d'arriver à Bordeaux.

François Ier voudrait se rendre aussitôt à Bayonne, là où le roi doit retrouver ses fils, mais le grand-maître de Montmorency, l'en dissuade.
Les Espagnols sont soupçonneux, ils cherchent un prétexte pour reporter encore la libération des deux fils du roi de France. Et ils retardent aussi la reine Éléonore qui doit épouser – elle ! la sœur de Charles Quint – François Ier.

Le roi de France arpente exaspéré les pièces de ce petit palais bordelais où le roi et sa mère, la régente, doivent résider en attendant la délivrance des enfants et l'arrivée de la reine Éléonore. Ce serait le 27 juin !

Montmorency a rencontré le connétable de Castille qui s'en tient coûte que coûte à cette date. Et au moindre incident, il repoussera encore le jour de la libération !

Le roi de France n'a jamais éprouvé une telle impatience, mêlée d'anxiété, de colère, d'accablement.
Il veut quitter ce palais inconfortable. Il veut chevaucher le long de la Garonne. Il veut agir. Mais quoi ? Compromettre ainsi le traité de Cambrai, cette paix des Dames ?

Sa mère, Mme la régente, tente de l'apaiser, prêche la patience. N'est-on pas au bout du chemin ?

Le roi ne l'écoute pas, et il ordonne à Montmorency de passer outre les manœuvres du connétable de Castille.
« Donnez-lui son or, et qu'il me rende mes fils sans attendre. »
Puis François Ier sombre dans le silence. Il est impuissant.
Cet empereur fourbe sait bien que le roi de France est paralysé par l'amour qu'il porte à ses fils !
François Ier a un geste las et d'une voix sourde répète à Montmorency :
« Faites pour le mieux, nous prierons pour vous. Je veux mes fils. »
Il veut aussi Éléonore, mais il s'interrompt.
« Mes fils », redit-il plusieurs fois.
Il sait Montmorency dévoué et résolu. Mais cela suffira-t-il ?
« C'est le sort du royaume, et ma vie que vous avez entre vos mains ! » ajoute le roi.
Il donne l'accolade à Montmorency.

C'est le 30 juin 1530 que le grand-maître Montmorency et le connétable de Castille ont finalement choisi pour date de l'échange. De l'or, contre deux fils de roi, et une reine – sœur d'empereur –, Éléonore, pour épouser un roi.
Mais le connétable de Castille rebrousse chemin au prétexte qu'un Espagnol a été arrêté en France.
Montmorency force l'obstacle !
Il fait charger les trente et un mulets qui portent chacun quarante mille écus, remplissant plusieurs coffres par mulet.
Et l'on se met en route, quatre hommes de pied français et deux espagnols entourant chaque mulet.
Des cavaliers et des hommes à pied ouvrent le convoi, et quarante gentilshommes, avec à leur tête Montmorency, le ferment.

L'échange a lieu dans la nuit du 1ᵉʳ juillet. Les gentilshommes français sont sur la rive de la Bidassoa, le fleuve frontalier.

On embarque sur des galères qui s'amarrent à un ponton ancré au milieu du fleuve.

Et les embarcations chargées de leurs « trésors » filent, les unes vers la rive française et les autres vers la rive espagnole.

Le 2 juillet 1530, après avoir dîné à Saint-Jean-de-Luz, la reine Éléonore et les deux fils de François Iᵉʳ prennent la route pour Bayonne.

Tout au long du trajet, les paysans, les habitants des villages s'agglutinent de chaque côté de la route, acclamant ce cortège qui semble ne jamais devoir s'arrêter.

Éléonore est accompagnée d'une suite d'une centaine de personnes dont treize aumôniers et chapelains, et des chariots contenant meubles, vaisselle, parures.

Les acclamations redoublent à l'entrée dans Bayonne.

Toute la population de la ville et des alentours est dans les rues, s'agglomérant au cortège, avec un enthousiasme qui exprime la joie de ces sujets du roi.

Ils croient que la paix est enfin établie entre le roi de France et l'empereur.

La présence de la sœur de Charles Quint serait le gage de cette entente entre les deux souverains.

Le roi, à Bordeaux, a connaissance de la délivrance de ses fils, au soir du 2 juillet !

C'est Montpezat qui avait apporté à Louise de Savoie à Lyon la nouvelle du désastre de Pavie et de la capture de François Iᵉʳ. Montpezat saute de cheval, et annonce que les enfants sont libres, et chevauchent sur la terre de leur royaume de France.

François Iᵉʳ sanglote, tombe à genoux, remercie Notre-Seigneur : « Dieu éternel !... Que pourrais-je te rendre du bien et joye que de toi je reçois ? »

Les proches du roi l'entourent, s'embrassent, pleurent.

Les cloches se mettent à sonner.

François Ier, roi de France, Roi-Chevalier

On dresse sur les places des tables garnies de vin, de fruits, de gâteaux.

Des cortèges parcourent la ville, à la lumière des flambeaux.

On crie « Vive le roi !... France !!! France ! »

50.

La rencontre du roi de France, de ses fils et de sa future épouse, Éléonore, a lieu le 6 juillet dans l'abbaye de Saint-Laurent-de-Beyrie, située non loin de Villeneuve-de-Marsan.

C'est le grand-maître Montmorency qui a choisi l'abbaye des Clarisses, se pliant aux vœux du roi.

« Je vous prie ne faillir de faire logier ma femme en quelque logis que vous adviseriez entre le Mont-de-Marsan et Roquefort, demain au soir » a ordonné le roi au grand-maître Montmorency.

Alors que la nuit tombe, les deux fils du roi et Éléonore arrivent à l'abbaye.

Quelques heures plus tard – vers minuit – le roi et ses proches les rejoignent.

Le roi se précipite dans la chambre où dorment ses fils. Voilà des années qu'on n'a pas vu le roi déborder ainsi de joie, d'amour, de force aussi.

Il arrache ses fils au sommeil, il les couvre de baisers, il les serre contre lui.

Le roi n'en finit pas de rire, de pleurer aussi, de remercier Dieu.

On le conduit à la chambre de la reine Éléonore.

Elle va au-devant de lui, parée de bijoux scintillants, fait une révérence.

Ils s'assoient côte à côte, sur un lit de camp. Le roi décide que le mariage aura lieu le lendemain.

Le cardinal de Tournon, qui devait célébrer la messe, est en retard. Mais l'impatience ordonne de ne point l'attendre.
« Voici l'heure, de faire ce qui se doit pour le mariage » dit le grand aumônier du roi.
Et il célèbre une « petite messe ».
Le roi et la reine bavardent.

Ils se retirent dans leur chambre.

Un courrier, quelques jours plus tard, précisera à Charles Quint que le mariage a été consommé.
La paix des Dames est accomplie.

Comme une farandole joyeuse, les courriers entraînent tout le royaume.
Dans chaque ville ou village où sonnent les cloches à l'annonce de la nouvelle, l'on danse, festoie, prie pour que cette paix enfin venue enlace d'abord les grands souverains, le roi de France et l'empereur Charles Quint, puis tous les princes et tous les royaumes.

Mais si l'événement transporte de joie les sujets du roi et de l'empereur, les conseillers de François Ier et d'abord le chancelier Duprat et le grand-maître Montmorency, s'inquiètent de la puissance de l'empereur.
Montmorency ne veut pas que renaisse la guerre mais il faut contenir celui qui domine les Pays-Bas et l'Italie, l'Espagne et l'Autriche, la Méditerranée et les mers froides du Nord, et les grands fleuves d'Europe.
Et le pouvoir de Charles Quint s'étend aussi sur les océans qui semblent sans limite.

prince de la Renaissance française

Le 22 février 1530, en l'église San Petronio de Bologne, le pape Clément VII a posé sur le front de ce jeune empereur la couronne de fer des rois lombards.

Charles Quint a même reçu la couronne que portaient les empereurs romains d'Occident.

Comment résister à cet empereur, qui apparaît comme l'héritier de Charlemagne ?

Qui d'autre que François Ier, alors même que le roi de France aspire à la paix, peut relever ce défi ?

Qui d'autre pourra protéger de son glaive et de ses canons, s'opposer aux ambitions universelles de Charles Quint ?

Charles Quint est la puissance.

François Ier, roi de France, est l'espoir de tous ceux que cette puissance inquiète.

Huitième partie

1530-1534

51.

C'est l'été plantureux de 1530. Et le roi de France est heureux.

Souvent, il interrompt sa chevauchée, saisi par la beauté d'un paysage ou le corps d'une jeune femme qui, rougissante, esquisse une révérence maladroite.

Connaître le bonheur, quand on est roi, c'est être aimé par ses sujets et être victorieux.
Il s'étonne de la plénitude qui l'envahit.

Le souvenir douloureux du désastre de Pavie, la souffrance de savoir ses enfants emprisonnés en Espagne, otages de l'empereur, ce désespoir, ce chagrin, cette humiliation se sont dissous. Sa vie lui paraît en ordre, apaisée, joyeuse. Et il en remercie Dieu.

Le roi voit ses enfants plusieurs fois par jour.
Il couche chaque nuit au côté de sa reine, Éléonore.
Les coffres du royaume sont plein d'écus d'or, et la rançon versée à Charles Quint n'a pas appauvri le royaume de France.
Les habitants des petites villes des bords de la Garonne l'acclament. Il rejoint Bordeaux, en naviguant au milieu d'une centaine d'embarcations pavoisées, à bord desquelles il reconnaît ses gentilshommes.

D'une fenêtre, dans un palais situé au centre de Bordeaux, il assiste à l'entrée dans la cité de sa reine, Eléonore, et de ses deux fils.

Et aux côtés du roi, la foule n'a d'yeux que pour deux jeunes femmes dont la beauté éblouit, Diane de Poitiers, la grande sénéchale de Normandie, et Anne d'Heilly, l'une des suivantes de Mme la régente.

Il n'y aurait que ce bonheur resplendissant, si sa mère, régente, n'était malade, comme si elle était épuisée, exsangue, à cause des efforts qu'elle avait dû tirer du fond d'elle-même pour gouverner le royaume, alors que son « César » était vaincu, prisonnier.

Ces souvenirs, ces réminiscences voilent quelques instants le regard de François Ier.

Il sait ce qu'il doit à sa mère, et les souffrances qu'il lui a imposées. Alors il tourne bride, suivi par quelques gentilshommes, et gagne Thouars, où sa mère demeure alitée, malade, et ce mot tourmente le roi de France.

Il flatte ou fustige sa monture, afin de voir sa mère, de la réconforter, et de partir aussitôt pour gagner Bordeaux – il imagine l'accueil de la ville – retrouver Diane de Poitiers et Anne d'Heilly.

Et de penser aux instants qu'il passerait avec elles – l'une puis l'autre au gré des circonstances – il en sourit.

Et il se ragaillardit à la pensée des nuits à venir, avec la reine Éléonore, dans le petit château où il est né, et dont il sait qu'elle sera émue, aimante.

Puis il la conduira à Amboise. Il chassera, jouera avec ses enfants, accueillera Marguerite de Navarre, sa sœur, qui vient d'accoucher d'un fils.

Il se sent renforcé, épanoui par ces femmes qu'il côtoie, qu'il aime.

Et il ne se lasse pas d'entendre les cris de ses fils et de leurs compagnons de jeux. Il veut vivre ainsi.

prince de la Renaissance française

Il ne pense pas à la revanche qu'il pourrait prendre pour faire oublier le désastre de Pavie.

Dieu, son souffle éternel, fera gonfler les voiles de la vie, comme il l'entend.

Et, moi, Roi Très Chrétien, je me plierai à la volonté de Notre-Seigneur.

52.

C'est au mois de janvier de l'an 1531, alors qu'il passait l'hiver à Paris et à Saint-Germain, que François Ier comprit qu'il ne pourrait pas échapper à une nouvelle guerre.

Un courrier venait de lui apporter la nouvelle que Ferdinand Ier de Habsbourg, archiduc d'Autriche, le frère de Charles Quint, venait d'être élu roi des Romains.
Ce titre que jusqu'alors Charles Quint conservait, favorisait celui qui le possédait pour l'accession au titre impérial.
Ainsi, le jour où Charles Quint s'effacerait – en abandonnant la fonction impériale – son frère Ferdinand lui succéderait. Les Habsbourg tentaient de cette manière de rendre héréditaire dans leur famille le trône impérial.
Et un roi de France ne pouvait accepter sans réagir ce renforcement de la puissance des Habsbourg.

Une série de missives, d'entretiens avec les ambassadeurs montrent à François Ier que, sans même qu'il ait à se prononcer, les princes allemands se tournent vers lui et l'élisent comme leur protecteur.
François Ier, durant quelques jours, ne répond pas aux princes germaniques.
Mais il charge Montmorency de suivre de très près la constitution, par les princes et les délégués des villes, de la ligue de Smalkalde, la ville où ils se sont rassemblés.

prince de la Renaissance française

La ligue est ouvertement hostile à Charles Quint.

Elle se donne pour but d'agir « pour la conservation et défense de tous les droits, privilèges et libertés de l'Empire ».

L'électeur Jean de Saxe qui préside la ligue, demande à François Ier et à Henri VIII de les rejoindre.

Que faire ?

Ces princes, ces délégués sont luthériens ! Le roi de France est catholique. Faut-il, en Allemagne, s'allier avec les luthériens et les combattre à Paris ?

Faut-il provoquer un conflit avec l'empereur ?

Le roi de France, hésitant entre chaque mot, dicte des instructions à l'ambassadeur qu'il envoie aux ligueurs de Smalkalde.

« Entretenez ice princes en mon amitié sans toutefois faire ou promettre aucune chose qui peut contrevenir aux traités que le roi de France a avec l'empereur. »

Prudence donc, mais en même temps, on prépare une alliance matrimoniale entre une cousine du pape Clément VII – Catherine de Médicis – et l'un des fils de François Ier, Henri, duc d'Orléans.

Manière de reprendre pied en Italie, et d'y avoir le pape pour allié. François Ier donne aussi son appui à Henri VIII, amoureux fou d'Anne Boleyn, mais qui ne pourra l'épouser que si l'Église déclare annulé le mariage du roi d'Angleterre avec Catherine d'Aragon.

Ces dispositions prises rassurent le roi de France. Apaisé, conforté, il revient aux parades, aux cortèges, aux feux de joie, à l'amour et à la chasse !

Le samedi 11 février 1531 il est arrivé à Paris en compagnie de la reine Éléonore. On salue le couple par des salves d'artillerie et le 16 février un tournoi est organisé en honneur de la reine.

Éléonore est couronnée le 5 mars à Saint-Denis.

Foule innombrable, acclamations, puis une sorte de silence sacré quand la reine Éléonore s'avance et que le peuple découvre les colliers et les parures, les bracelets et la bague, les rubis et les diamants qui éblouissent.

« La valeur et le prix étaient estimés à plus d'un million d'or. »

Le 16 mars, la reine couronnée, épouse légitime du roi de France, fait son entrée dans Paris.

Éléonore est entourée par les douze dames d'honneur espagnoles, richement parées.

Placée à la droite d'Éléonore, cette dame vêtue de noir, c'est Mme la régente, mère de François Ier.

Cette « parade » dans Paris où se dressent estrades et arcs de triomphe se termine à Notre-Dame, où le cardinal et le chancelier Duprat reçoivent la reine.

Durant plusieurs jours encore, festivités, danses, tournois se succèdent.

La ville, quand elle reçoit Éléonore et Mme la régente, offre de somptueux cadeaux ; de grands chandeliers « d'argent vermeil, doré d'or et ducats » pour la reine.

Un tabernacle d'argent doré, et enrichi de pierreries pour la régente.

Le roi de France a assisté d'une fenêtre à ces festivités.

On l'a vu, pendant plus de deux heures, faire des confidences à la jeune femme qui se tenait assise à ses côtés.

On murmurait le nom de cette favorite, la si belle et hardie Anne d'Heilly.

53.

Festivités ? Plaisirs ? Tournois ?

Le roi de France doit savoir, d'expérience, qu'au temps des danses, des cortèges, de la joie succède toujours la saison des épreuves.

Comment François Ier pouvait-il oublier qu'au triomphe de Marignan avait succédé le désastre de Pavie ?

Qu'il serait, lui, le Roi-Chevalier, prisonnier de Charles Quint, contraint de livrer ses fils aux Espagnols !

Il pressent, quand il chevauche dans la forêt de Fontainebleau, que les épreuves s'avancent comme les nuages bas des temps de tourmente.

L'averse le surprend souvent et il rentre en grelottant au château de Fontainebleau où demeure Mme la régente, malade, ne quittant que rarement le lit, cherchant pour quelques pas le secours d'une suivante, à laquelle elle accroche son bras.

Était-ce possible ? On l'a vue si forte, si résolue, vouée corps et âme au salut et au bonheur de son fils.

Elle a souffert chaque jour de l'emprisonnement de François Ier d'abord, puis – et pour plusieurs années, de l'éloignement de ses deux petits-fils.

Et maintenant elle est lasse, hésitante comme la flamme d'une bougie.

Et voici que s'ajoutent, en cette année 1531, l'usure de son corps et de sa volonté, la peste, la famine qui ravagent le pays.

Les morts s'entassent dans les provinces du centre et de l'est du royaume.

La peste se répand en Dauphiné, et elle avance d'un même pas que la famine.

Ces longues files de paysans affamés, de malades qu'on accuse d'être porteurs de peste se dirigent vers Lyon, la ville riche.

Ces paysans qui fuient la faim et l'épidémie forment « une innumérable multitude de pauvres gens en grandes troupes et à pleins bateaux tant défaits et maigres qu'il semblent plus larves et anatomies vives que autres créatures. De ces troupes si misérables ne s'entend autre voix nuit et jour que "je meurs de faim, je meurs de faim", et de fait en mouraient à toutes heures grandes multitudes par les estables, par les rues et sur les fumiers […]. »

François Ier les voit, ces corps décharnés. Il quitte souvent Fontainebleau, se réfugie en forêt, chasse avec frénésie, comme si c'était manière d'oublier l'agonie de sa mère, et les malheurs de ses sujets.

Mais il doit s'arrêter. Des paysans suppliants l'entourent. N'est-il pas faiseur de miracles ? Ces êtres faméliques s'agenouillent, et il prie avec eux.

Il peut enfin s'éloigner, mais des gentilshommes le rejoignent, lui racontent.

Certains de ces affamés, disent-ils, meurent d'avoir trop mangé quand on leur fait aumône de pain et de viande. Et ils enfournent ces nourritures, s'en remplissant la bouche, y enfonçant leurs doigts, pour avaler plus vite.

Et tout à coup ils battent des bras, ils suffoquent, ils étouffent. Ils meurent.

Et une fois encore, le roi de France s'éloigne.

Il s'est installé dans le château de Chantilly, qui appartient à Montmorency. Le roi est recroquevillé dans une attitude qui ne lui a jamais été familière. Il a de larges épaules, le cou long et musclé, la tête altière. C'est le roi, à n'en pas douter.

Et le voici, silencieux, rabougri.

Il sait. Il ne veut pas savoir. Il attend la mort de sa mère, Mme la régente, Louise de Savoie, celle qui lui a tout donné.

Le 23 septembre de l'an 1531, un courrier lui apporte la nouvelle : sa mère est morte, la veille.

Marguerite de Navarre, constatant l'avancée de la peste, l'aggravation de l'état de leur mère, avait décidé de quitter Fontainebleau et de gagner Romorantin.

Mais Mme la régente ne peut plus avancer et l'on s'arrête au manoir de Grez-sur-Loing.

La régente tente de tenir la mort à distance. Elle supplie Dieu qu'il lui accorde le temps qu'il faudra à son fils pour revenir près d'elle.

Elle veut voir son César, son François, son roi.

Mais il est trop tard.

François pleure puis se rend à l'abbaye de Saint-Maur-des-Fossés où l'on a placé le corps de Mme la régente.

Elle est embaumée.

Et c'est devant ce visage et ces mains de cire que François Ier s'évanouit.

On se précipite et l'emporte hors de l'église.

Il reprend conscience, mais il semble que ce soit un autre homme qui se redresse, qui écarte ceux qui veulent l'aider à faire ses premiers pas.

Le roi décide que les funérailles de sa mère seront celles d'une reine de France.

Et n'est-ce pas ce qu'elle a été, alors que le désastre de Pavie ensevelissait le royaume ?

N'a-t-elle pas préservé, accrû même le pouvoir royal, et conclu avec Marguerite d'Autriche le traité de Cambrai, la paix des Dames ?

C'est une reine de France qui gagne le Ciel !

François Ier, roi de France, Roi-Chevalier

François Ier veille à ce que tous ceux qui vivaient des bontés de Louise de Savoie – gentilshommes ou artistes, serviteurs ou dames de la Maison de Mme la régente –, soient accueillis dans les autres « Maisons », celle de la reine Éléonore, celle des enfants et celle du roi de France.

François Ier découvre que sa mère avait train de reine et sa fortune laisse stupéfaits les plus grands seigneurs de la cour. Et d'abord le roi.
« Après son décès, on lui a bien trouvé quatorze ou quinze cent mille écus, tant en or, meubles que d'autres choses. »
Le Trésor royal avait versé pour rançon à Charles Quint douze cent mille écus d'or.

Elle était aussi riche qu'un souverain !
Et les terres et bâtiments qu'elle possédait furent réunis et firent partie du domaine royal.
C'était bien la reine.
Et François Ier se sentit plus encore roi de France.
Sa mère, en le voyant des Cieux, devait en éprouver grande joie.

54.

Ma mère, celle qui toute sa vie a veillé sur mon destin, ma mère, Madame la régente qui n'a jamais plié dans l'adversité, ma mère est morte.
Si je veux échapper au désespoir qui par hautes vagues noires me recouvre, il me faut quitter Paris, Amboise, Saint-Germain, et chevaucher par tout le royaume.

Au-delà de ce deuil qui le ronge, un roi de France doit connaître et avoir foulé chaque arpent de terre de son royaume et avoir croisé le regard de chacun des sujets qu'il a rencontrés.

Ainsi François Ier, après qu'on eut enseveli à Notre-Dame le cœur et les entrailles de sa mère, décide-t-il en ce mois de novembre 1531 de parcourir les provinces de son royaume.

Ainsi le long cortège, à la tête duquel chevauche le roi de France gagne-t-il la Picardie, la Normandie, la Bretagne.
Les villes, Amiens, Abbeville, Dieppe accueillent les souverains dont elles ont préparé l'entrée dans la cité : arcs de triomphe, tentures, tapisseries recouvrant les façades.
Rouen, où le roi arrive le 1er février 1532, affiche sa richesse.
Le roi, ses fils, la reine Éléonore reçoivent de somptueux cadeaux.

Et la ville est si belle, si vivante que les souverains y séjournent durant tout le mois de février 1532.

La foule, les habitants veulent connaître la reine, le dauphin, et Caen a le même désir, et la même ferveur. La ville offre au roi un éléphant d'or, et au dauphin un cerf d'or.

Festins, bals se succèdent et le roi, sans plaisir, reçoit à Caen l'ambassadeur de Venise, qui veut l'entretenir d'affaires graves : Soliman le Magnifique se préparerait à envahir l'Italie.

Les princes italiens supplient le Roi Très Chrétien de venir défendre avec eux la chrétienté contre le Grand Turc.

François Ier a un mouvement d'irritation :

« Je n'ai que faire en Italie, dit-il, je n'y ai pas d'États, j'en ai été chassé et fait prisonnier. L'empereur est seigneur là-bas... »

Il s'éloigne puis revient vers l'ambassadeur, à qui il s'adresse d'une voix forte, le visage fermé :

« J'ai versé naguère deux millions à l'empereur qui lui devraient suffire. Je ne suis ni marchand, ni banquier, je suis prince chrétien et veux avoir ma part du danger, honneur ou perte. Ma gendarmerie je ne peux la donner, c'est la force de mon royaume. Mais puisque l'Italie est en danger, j'offre d'aller la garder avec cinquante mille combattants. Mes galères, je ne les peux donner non plus car il me faut protéger les côtes de la Méditerranée contre les pirates. »

On repart. On monte jusqu'à l'abbaye du Mont-Saint-Michel qui porte le nom même de l'Ordre du roi.

Beau, grand royaume ! s'exclame souvent François Ier.

À chaque jour son enchantement.

À Châteaubriant, il retrouve Françoise, épouse du comte, mais jadis la grande passion du roi.

Elle a réuni toutes les belles et jeunes femmes du voisinage.

Et durant les mois du printemps, mai et juin, le roi va s'attarder.

L'ambassadeur de Venise écrit :

« Châteaubriant est un endroit très petit, où il y a un château avec beaucoup de dames. Sa Majesté y va faire de grandes fêtes... loin de toute affaire, à l'extrémité de son royaume, et montre ne se soucier d'aucun intérêt pour la chrétienté. »

Il ne renonce à aucun divertissement et sent revivre en lui cette passion, qui n'était qu'enfouie, pour Françoise de Châteaubriant, femme altière qui cherche non à redevenir la favorite du roi, mais à l'entourer de jeunes femmes rêvant de susciter la curiosité du monarque.

Il ne se lasse pas de ces nuits printanières où le bal fait naître le désir.

Parfois il danse jusqu'à l'aube et entraîne les gentilshommes pour une chasse dans le brouillard.

Puis ce sont promenades dans la douceur précoce des après-midis ou les longues visites des chantiers, car l'on construit dans toute la région des châteaux.

Et une réunion des « grands ouvriers de toute la France » est présidée par le roi.

Passionné, il questionne, invite certains de ces « maîtres maçons » à se rendre à Fontainebleau, à Chambord pour achever des travaux que depuis plusieurs années le roi conduit.

Et il a entrepris d'agrandir, d'embellir, à Paris même, le Louvre, les Tournelles, et à quelques lieues Vincennes, Saint-Germain-en-Laye, Villers-Cotterêts, Boulogne, devenu – sans que le roi le désirât – le château de Madrid, comme si, en dépit du silence que maintient François Ier sur le désastre de Pavie et son emprisonnement, la plaie de cette humiliation restait vive.

Et l'on murmure que courant après les sangliers et les cerfs, et faisant la cour aux jolies femmes, il songe aussi à renforcer son royaume.

Ce voyage de plusieurs mois allant d'un bout à l'autre du domaine royal est manière de se faire reconnaître, et de placer auprès de lui son fils, le dauphin François, son successeur.

Et précisément, le dauphin François, en cette année 1532, atteint sa majorité.

Si les Bretons acceptent de le couronner duc de Bretagne, il le sera effectivement en devenant roi de France.

Mais les Bretons sont réticents. Ils tiennent à leur singularité. Ils défendent leurs prérogatives. Ils se souviennent d'Anne de Bretagne. Ils préféreraient Henri, frère cadet du dauphin François.

Pression du roi, de ses partisans : et les états de Bretagne se soumettent. Le 12 août 1532 le dauphin arrive à Rennes, sa capitale désormais. Et le lendemain, le futur duc de Bretagne et roi de France reçoit les honneurs de ses troupes et de Rennes.

François Ier, avec habileté, finesse et détermination, a agrandi son domaine et renforcé son État.

Il séjourne à Nantes, à Honfleur, loge dans l'un ou l'autre des châteaux du val de Loire. Et leur magnificence ravit le roi, qui examine les plans, félicite les maçons et les artistes. Et il est heureux d'offrir à la reine Éléonore, cette richesse, ces créations, que la reine, par ses courriers, décrit à l'empereur Charles Quint, son frère.

Pour le roi de France, ces années-là, d'après la paix des Dames, ne sont pas que distraction, divertissement, construction d'orgueilleuses demeures, mais affirmation de la grandeur de la royauté française.

Les châteaux sont richesse, puissance et gloire.

Les autres souverains d'Europe – et d'abord celui qui veut être le plus grand, Charles Quint – doivent le savoir. Et le jalouser.

prince de la Renaissance française

Henri VIII, roi d'Angleterre, ne doute pas de la force du roi de France. Il compte sur lui, sur l'influence qu'il exerce sur le souverain pontife, Clément VII.

Henri VIII veut aboutir à l'annulation par l'Église de son mariage avec Catherine d'Aragon. Et le Très Chrétien roi de France doit obtenir ce résultat. Mais il faut le convaincre et Henri VIII propose une rencontre à Boulogne – la française – et à Calais – l'anglaise.

Le roi de France accepte. Il veut renforcer l'alliance avec le roi d'Angleterre, utile si un conflit éclatait avec Charles Quint.

Mais Henri VIII souhaite que la rencontre n'évoque en rien par son luxe le camp du Drap d'or.

« Suffira, écrit son ambassadeur, que les dits rois mesnent chacun de sa part leur trayn ordinaire et gens de leur maison seulement [...] sans précieux appareitz d'or, ne broderie, ne autre manière de bobance [...] »

« Pour rien Henri VIII ne voudrait que la reine Éléonore vînt. Il hait cet habillement à l'espagnole tant qu'il lui semble voir un diable [...] »

Mais comment deux rois pourraient-ils, alors qu'ils vont se trouver côte à côte sous les regards de leurs gentilshommes, se passer du luxe ? On refait les habillements, pour François Ier (sept vêtements) et ses fils. Mais aussi les Suisses, les archers, les gardes, les serviteurs voient leurs uniformes renouvelés !

Et l'on restaure à Boulogne l'abbaye Notre-Dame.

Et à Calais les Anglais font de même.

Henri VIII et François Ier veillent à leurs provisions de bouche.

Les rois et leurs suites sont forts mangeurs... Mille bœufs, trois cents moutons, cent vingt veaux, dix-huit porcs, trois cent trente-cinq biches, deux cent cinquante-six cygnes, cinq cent soixante-seize oies... gibiers en tous genres et vins de toutes origines...

François Ier, roi de France, Roi-Chevalier

La magnificence des deux rois s'impose et masque les intentions politiques des souverains.

Le lundi 21 octobre 1532, ils s'élancent au galop l'un vers l'autre et s'embrassent plusieurs fois. Ne sont-ils pas « amis et frères » puisque ce sont les mots qu'ils avaient employés au camp du Drap d'or ?

Henri VIII voit seul – selon le vœu de leur père – les trois fils du roi de France, qui remercient le souverain anglais de l'aide qu'il leur a apportée durant la détention des deux aînés.

Les jeux et les festins, les tirs de l'artillerie, les parties de paume avec les enfants, tout cela fait oublier les rencontres discrètes, les propos secrets. Le roi de France évoque les ambitions de Soliman le Magnifique. Henri VIII sollicite une fois de plus l'aide de François Ier auprès de Clément VII, et Anne Boleyn, qui loge à plusieurs lieues de Calais, est invitée par le roi de France à Boulogne.

C'est le dimanche 27 octobre, jour de festins et de jeux. Henri VIII offre un combat de dogues contre des ours et des taureaux !

Officiellement, les deux rois – le Français, Roi Très Chrétien, l'Anglais, défenseur de la foi – se sont rencontrés, pour affirmer leur volonté de lutter ensemble contre le Grand Turc, ce Soliman ennemi de la chrétienté.

Le mardi, 29 octobre 1532, les rois se séparent après s'être longuement embrassés.

55.

C'est le mois de février de l'an 1533.

Le roi a retrouvé Paris et il lui semble qu'il découvre pour la première fois l'opulence, la beauté, la diversité, de ce que souvent il appelle « Paris, mes joyaux ! »

Il en parcourt les rues, les places.

Il entre dans les églises pour prier longuement, pensant à sa mère, et il ressent sa présence, apaisée.

Elle est heureuse qu'il prie dans Notre-Dame, agenouillé devant l'autel.

Puis, plein de force et d'allant, il va, accompagné de quelques-uns de ses proches, arpentant les rues étroites des bords de Seine, cette rive gauche où il aime à se faire servir du vin, nectar né du raisin récolté et pressé ici, sur la colline Sainte-Geneviève.

Il se mêle à la foule les jours de mi-carême et de carnaval, et les gens d'armes du guet lui ouvrent le passage.

Les façades sont décorées de tapisseries, aux fils d'argent, d'or et de soie.

Il s'arrête devant les tables d'un banquet.

Il aime côtoyer ce peuple, et souvent, dans ces ruelles où l'on reconnaît des étudiants des collèges voisins, des clercs du Parlement, on l'interpelle.

Mais il est le roi, et les gens d'armes écartent rudement cette basoche paillarde, si raide au Parlement et si délurée dans les estaminets !

Puis le roi se rend au Louvre où il offre un banquet somptueux.

Et le lendemain c'est le prévôt de Paris qui reçoit, avant que commencent les joutes et les tournois.

Et le roi est fier de son fils le dauphin, si téméraire avec sa lance brandie, comme s'il était un chevalier aguerri.

Une pensée noirâtre envahit le roi.

Son fils est destiné à mourir, comme chaque créature de Dieu, et c'est le Seigneur qui choisit le moment du jugement dernier.

Je suis, comme mon dauphin, destiné à mourir.

Cette pensée qui s'accroche, il veut s'en dépouiller, conduire ses fils et la reine Éléonore à Reims, la ville du sacre, qu'ils ne connaissent pas.

Il est ému de retrouver les souvenirs de l'abbaye de Corbény, là où pour la première fois il a touché les écrouelles.

Dieu m'a distingué !

Et le roi de France s'approche de ces pauvres gens à la chair boursouflée, sur laquelle il passe ses doigts.

C'est le retour, la chevauchée vers Meaux, et ces nouvelles qui lui parviennent de Paris.

Sa sœur, Marguerite, a choisi pour prêcher le carême au Louvre son aumônier Gérard Roussel, que l'on dit lecteur des écrits luthériens.

On le dénonce.

On met en cause Marguerite, et même le roi !

François I*er* s'emporte, décide de faire arrêter le prédicateur et ceux qui l'ont condamné, ce doyen Bédier, maître de théologie en Sorbonne, qui promet les flammes à ceux qu'il juge hérétiques.

Querelles de prédicateurs qu'il faut faire taire !

« Allez-vous-en paître, roussins d'Arcadie », s'écrie-t-il avant de les faire jeter dans un cul de basse-fosse.

La prison guérira.

prince de la Renaissance française

Il n'en est rien.

Alors qu'il chemine vers Lyon et Marseille où le pape doit célébrer le mariage du dauphin Henri, duc d'Orléans, et de Catherine de Médicis, le roi apprend que les « évangéliques » continuent de prêcher.

Le curé de Saint-Eustache a dit dans l'un de ses prêches en élevant l'eucharistie :

« Il y a là du pain, il y a là du vin, mais Jésus-Christ est dans le Ciel : c'est en croyant Jésus-Christ que nous mangeons sa chair. »

Lyon la magnifique, la fortunée, fait un accueil grandiose aux souverains. Et la reine Éléonore ne se lasse pas des joutes, des tournois, des banquets, de l'élégance des gentilshommes et des dames.

Le roi, lui, chasse en Dauphiné, en Auvergne puis prend la tête du long cortège royal qui de ville en ville – de Clermont au Puy – se dirige vers Marseille.

Le 19 juillet 1533, au Puy, il a vu s'avancer l'ambassadeur de Barberousse, chef des pirates du Levant et lieutenant de Soliman le Magnifique.

Et derrière l'ambassadeur, à demi nus, des esclaves enchaînés, des chrétiens que, sur ordre du Grand Turc, on s'apprête à « offrir » à François Ier.

Le roi de France détourne la tête, il ne jette pas un regard à l'ambassadeur, craignant de céder à la tentation de trancher le cou de cet infidèle.

Et cependant, il ose le penser, il compte sur ces Turcs pour harceler Charles Quint, l'empereur qui proteste avec véhémence contre l'annulation par le pape du mariage de Catherine d'Aragon et d'Henri VIII et du mariage de ce roi d'Angleterre avec Anne Boleyn !

Heureusement on quitte le Puy, on traverse Rodez, on atteint Toulouse, Nîmes, dont la grandeur antique fascine le roi. Puis dans la chaleur intense de ce mois d'août, on atteint Avignon et enfin Marseille.

Les dix-huit galères du pape entrent dans le port le samedi 11 octobre 1533.

Douze jours plus tard, Catherine de Médicis, qui va épouser le duc d'Orléans, arrive enfin après avoir séjourné à Nice.

Échange de cadeaux, bénédiction du pape.

Après la cérémonie nuptiale, le roi de France avance à pas lents entre les files des malades agenouillés.

Il les touche.

Il a hâte de rentrer à Paris, où les querelles entre gens de Sorbonne, prédicateurs de la Sainte Église et évangélistes ont repris de plus belle.

Et le roi en est fort courroucé.

Il chevauche vers Paris.

À Bar-le-Duc, il reçoit les princes luthériens d'Allemagne, alliés efficaces contre Charles Quint.

Mais à Paris il veut oublier Bar-le-Duc, le traité qu'il a signé avec Christophe de Wurtemberg. Et il ordonnera de poursuivre les luthériens du royaume de France.

Un roi a pour seul juge Notre-Seigneur Jésus-Christ.

Quand, le 9 février de l'an 1534, François Ier rentre à Paris, cela fait deux ans qu'il parcourt la France.

Neuvième partie

1534-1536

56.

François Ier, en ce mois de février de l'an 1534, ne veut pas se laisser étouffer par cette bruine glacée qui stagne sur Paris et les grandes forêts voisines.

Il a appris tout au long de son règne qu'un roi fait face et tient serrées et tendues ses humeurs.

Mais elles sont grises comme le ciel bas.

Il pense à sa mère. Il a la nostalgie de ces sentiments si forts qui les unissaient, sa mère, lui et sa sœur Marguerite.

Il a de l'estime et de l'affection pour la reine Éléonore, mais elle est la sœur de Charles Quint.

Certes, le roi de France ne craint pas la trahison de son épouse : Éléonore est fidèle, aimante, mais comment pourrait-elle oublier Charles Quint et Ferdinand, ses frères, sa famille de Habsbourg ?

Or François Ier sent que les tensions s'exacerbent entre l'empereur Charles Quint et le reste de l'Europe.

Le pape Clément VII, sous la pression de l'empereur, a finalement condamné le mariage d'Henri VIII et d'Anne Boleyn. Et il s'apprête à excommunier le roi d'Angleterre ! Ce sera fait le 23 mars 1534. C'est l'échec de toutes les tentatives de médiation de François Ier.

De même François a-t-il voulu réconcilier luthériens et catholiques français.

Pour les luthériens allemands, qu'ils continuent de s'opposer à Charles Quint et ce sera une aubaine pour le roi de France.

Mais la chrétienté s'en trouvera blessée, et elle risque de se briser entre les fidèles du pape et les luthériens !

Et François est le Roi Très Chrétien !

Faudra-t-il qu'une guerre contre Charles Quint affaiblisse la chrétienté tout entière et favorise les ambitions de Soliman le Magnifique ?

François Ier a envoyé l'un de ses représentants – l'Espagnol Antonio de Rincón – chargé de nouer une alliance avec... Soliman le Magnifique. Le Roi Très Chrétien allié avec le Grand Turc pour combattre, et affaiblir le Très Catholique empereur germanique !

Pour maîtriser ses tensions, ses hésitations, ses contradictions, François Ier chasse et au retour de ses chevauchées il décide que, quelle que soit la situation, le royaume de France aura besoin d'une armée dévouée, et non de mercenaires.

Le 24 juillet 1534 le roi promulgue une ordonnance créant une armée nouvelle, royale, composée de sept légions comptant chacune six mille hommes et divisée en six régiments de mille hommes, chacun commandé par un capitaine.

L'armée comportera donc quarante-deux mille hommes dont douze mille arquebusiers, le reste se divisant en piquiers et hallebardiers.

Chacun de ces « légionnaires » doit prêter serment au roi :

« Je viens loyalement servir le roy envers et contre tous sans nul excepter en tous lieux et endroits où il plaira au dit Seigneur » et le légionnaire doit aussi s'engager à « advertir iceluy seigneur de toutes choses qui viendront à leurs connaissances... »

Être roi, c'est commander à des hommes qui sont prêts à mourir pour soi.

François Ier le sait.

Il les passe en revue. Il éprouve à les voir avancer en sections parfaitement alignées une bouffée d'orgueil. Avec cette armée royale-là, il ne connaîtra plus un désastre comme celui de Pavie.

Il veut, chaque fois qu'il parcourt une province, que la légion lui soit présentée.

Il imagine cette guerre qu'il sent grossir, se rapprocher. Ceux des légionnaires qui ne respecteront pas les ordres donnés, ceux qui déserteront seront punis de mort.

Ceux qui auront une conduite héroïque recevront un anneau d'or, qu'ils porteront à leur doigt.

Ils seront promus jusqu'au grade de lieutenant. Et s'ils sont roturiers ils seront anoblis.

Moi, François Ier, je suis maître des légions comme le furent les empereurs romains.

57.

C'est la nuit du 17 au 18 octobre de l'an 1534.

À Paris, à Orléans, des silhouettes courbées affichent, en quelques gestes rapides, des placards sur les façades, et à Amboise, dans les couloirs du château, contre les portes des chambres dont celle du roi de France.
Ces placards sont intitulés :
« Articles véritables sur les horribles, grands et insupportables abus de la messe papale inventée directement contre la Sainte Cène de Notre-Seigneur. »

La rumeur rapporte ces faits.
Paris est en émoi comme Orléans.
Le roi est enragé. Il s'efforçait depuis plusieurs semaines de réconcilier luthériens et catholiques, évangélistes et papistes, et voici que des luthériens choisissent l'affrontement.
Crime de lèse-majesté ! crient les gentilshommes et le roi lui-même. Ce placard, sur la porte de la chambre du roi, est une provocation.
Il apparaît qu'une organisation secrète peut agir dans plusieurs villes de France, dans le château du roi – et pourquoi pas pénétrer dans sa chambre et l'égorger.
Il faut sévir, exige François Ier.
Le Parlement annonce qu'il offre cent écus de récompense à qui dénoncera les auteurs des placards, leur receleur, qui seront brûlés vifs.

prince de la Renaissance française

Le 13 novembre 1534 a lieu la première exécution.
À Amboise, on découvre que l'un des coupables est l'un des chantres de la chapelle royale !

La colère du roi ne s'éteint pas.
On le défie. Il veut écraser ces hérétiques. Il s'installe à Saint-Germain, il réunit souvent ses conseillers.
Il faut d'abord éradiquer l'hérésie, brûler les luthériens, interdire, par l'édit du 13 janvier 1535, que des livres nouveaux soient imprimés dans le royaume.
Mais rien n'y fait : des pamphlets contre le saint-sacrement sont répandus dans Paris.
Le roi blessé, rageur, impitoyable, décide qu'une grande procession sera organisée le 21 janvier 1535, et l'on brûlera à grands fagots six hérétiques.

Le jour n'est pas encore levé, ce 21 janvier 1535, à six heures, quand les religieux – moines de tous les ordres – se mettent en marche.
Les prêtres des paroisses entourent leurs reliques.
Les châsses des saints protecteurs de Paris – saint Marcel et sainte Geneviève – sont portées par des bourgeois et des religieux, pieds nus. Puis viennent l'évêque de Paris et le roi tête nue, les grands officiers de la Maison du roi, les prévôts, les échevins, et enfin les quatre cents archers du roi.
Au passage du roi, on crie :
« Sire, sire, faites bonne justice... »

Le roi répond :
« Je ne vous parle plus comme roy et maître, mais comme sujet et serviteur moi-même à sujets et serviteurs, comme moi, d'un commun roy, roy des roys et maistre des maistres, qui est le Dieu tout-puissant.
[...] La France est la seule puissance qui n'a jamais nourri de monstres et voici qu'il est survenu de si méchantes et malheurées personnes que de vouloir maculer ce beau nom, y semant damnables et exécrables opinions... »

Le roi s'interrompt.

« Je me réjouis de la dévotion, bon zèle et affection qu'on lit en vos visages... »

Il appelle à dénoncer tous ceux qu'on connaîtrait coupables.

« Vous, messieurs de l'Université, prenez garde à vos collègues... »

Deux édits précisent que les dénonciateurs auront le quart de la confiscation des biens saisis des luthériens.

Les jugements crépitent comme les flammes. Et les feux des bûchers répandent au-dessus de Paris une fumée noire, une odeur âcre de chair brûlée.

58.

Ces fumées noires, ce lourd nuage au-dessus de Paris, le roi de France voudrait les ignorer.

François Ier détourne la tête, chevauche jusqu'à Saint-Germain où il demeure au début de l'an 1535.
Il chasse, parcourant la grande forêt, heureux de n'être accompagné que de quelques gentilshommes.
Et, tout à coup, au centre d'une clairière qui trace un cercle au cœur de la forêt, François Ier aperçoit cette roue plantée au centre de l'espace déboisé.
Un homme geint, attaché à la roue, les membres brisés.

Au pas de son cheval qu'il retient, François Ier fait le tour de la roue.
L'édit instituant ce supplice a été enregistré au Parlement le 11 janvier 1535.
Trop de déserteurs devenus bandits, détrousseurs, voleurs hantent les chemins.
Et François Ier a décidé de les supplicier. Il a approuvé le texte de l'édit, contribué à son écriture.
Les voleurs de grand chemin, les pillards, les écorcheurs, les violeurs seront punis sans pitié :
« C'est à savoir les bras leur seront brisés et rompus en deux endroits tant haut que bas, avec les reins, jambes, et cuisses et mis sur une roue haute, plantée et enlevée, le visage contre le ciel, et ils demeureront vivants pour y

faire pénitence tant et si longuement qu'il plaira à Notre-Seigneur de les y laisser, – et morts jusques à ce qu'il en soit ordonné par justice, afin de donner crainte, terreur et exemple à tous autres de ne choir, ne tomber en tels inconvénients et ne souffrir, n'endurer telles et semblables peines et tourments pour leurs crimes, délits et maléfices... »

François Ier tourne autour de la roue.
Puis il prend le galop.
Punir, supplicier sont obligations de roi.
Et faire la guerre en est une autre.
Mais que pense Notre-Seigneur de ce que le roi ordonne ?

Les luthériens, les hérétiques, lui, roi de France, les a pourchassés, et les fumées noires au-dessus de Paris sont celles des bûchers où ces mal-pensants de la foi ont brûlé vifs !
Mais le maître de la mer, le pirate Barberousse, est arrivé à Marseille, escorté de onze trirèmes. Il est l'ambassadeur de Soliman le Magnifique, prince des infidèles.
Un Roi Très Chrétien peut-il s'allier avec le Grand Turc ? Peut-il s'entendre avec les luthériens d'Allemagne ?
Comment Dieu jugera-t-il de la conduite de son Roi Très Chrétien ?

François Ier hésite, mais n'est-il pas déjà trop tard pour changer de route ?
Les navires de Barberousse ont attaqué Naples, dont le vice-roi n'est autre que le conseiller de Charles Quint. Et c'est ce Lannoy qui a sauvé et fait prisonnier François Ier, lors du désastre de Pavie.
Et le roi de France, emprisonné, a appelé Soliman en aide. Et lorsque les ambassadeurs de Barberousse et de Soliman arrivent à Paris, François Ier a décidé : il suivra le « grand chemin » de l'alliance avec Soliman le Magnifique.
Et Notre-Seigneur jugera.

prince de la Renaissance française

François reçoit longuement l'un de ses secrétaires, Jean de La Forest, et lui expose ses missions. Voir Barberousse et Soliman le Magnifique. Leur faire part des intentions du roi de France.

François Ier veut conquérir la Savoie, et Gênes.

Le roi de France sollicite l'aide de Barberousse et lui-même mettra à la disposition de l'Infidèle sa flotte royale qui compte « cinquante voiles ».

Les navires et les troupes de Soliman et Barberousse attaqueront l'Italie du Sud. Les princes allemands assiègeront les possessions de Charles Quint au nord de l'Europe.

Et le but caché de ce plan, c'est de permettre aux légions du roi de France de reconquérir le Milanais !

Vieux rêve de François Ier !

Jean de La Forest est chargé en outre de conclure un traité de paix et de commerce entre le royaume de France et l'Empire turc.

Ibrahim Pacha, premier vizir de Soliman, appose sa signature à côté de celle de Jean de La Forest en février 1536.

La France est chargée de représenter auprès de Soliman les puissances qui veulent traiter avec les Turcs mais n'ont pas de relations avec l'empire des infidèles.

La France peut être leur sauf-conduit, leur bannière.

« Sous le nom et bannière de France et protection de sa dite Majesté sont défendues et conservées en vertu du privilège donné par les dits Grands Seigneurs à la dicte bannière. »

Liberté de religion, liberté de personnes : le roi de France est chargé de protéger les lieux saints ainsi que tous les chrétiens qui demeurent dans les pays du grand seigneur Soliman.

François Ier est apaisé.
Il est plus que jamais le Roi Très Chrétien.

François Ier, roi de France, Roi-Chevalier

Il est dit que « si les navires particuliers des subjetcs des dits Seigneurs se rencontreront l'un l'autre, chacun doit hausser la bannière de son seigneur et se saluer d'un coup d'artillerie ».
C'est le traité des *Capitulations*.

François Ier, Roi Très Chrétien, a parcouru pas à pas ce grand chemin : au bout il y a l'alliance avec Soliman le Magnifique et la guerre contre Charles Quint.

59.

En ce mois de février 1535, le roi de France se prépare à la guerre.

Autour de lui, Montmorency, la reine Éléonore, d'autres encore en qui il a confiance, dont il connaît le jugement sûr et le dévouement essaient de le retenir sur le bord de ce fleuve sanglant, la guerre.
Il les écoute. Il ne cherche pas à les convaincre. Il est le roi de France, ils lui doivent fidélité et obéissance.
Souvent, après les avoir entendus, le doute, comme une fissure dans une roche, se creuse en lui.

Mais cela ne dure pas.
Il tourne le dos à ses interlocuteurs. Il s'en va chasser dans la forêt de Saint-Germain.
Il s'emporte, excitant son cheval, criant, seul dans cette pénombre glacée.

Comment la reine Éléonore, Montmorency, ne voient-ils pas que l'empereur Charles Quint, avec ses possessions, du Milanais aux Pays-Bas, de l'Espagne à l'Italie, emprisonne le royaume de France ?
Veut-on laisser l'empereur mettre le royaume de France en servitude ?
Après l'emprisonnement du roi de France et ses fils, comment ne voient-ils pas qu'il faut effacer de la mémoire l'humiliation subie ?

Un roi ne doit pas accepter l'humiliation !

Et vouloir la paix sans avoir vengé le désastre de Pavie, c'est choisir de vivre à genoux !

Pour ses fils, ses sujets, pour les rois qui ont bâti le royaume de France, il ne peut l'accepter.

Il sait qu'Éléonore, la reine de France, va rencontrer à Cambrai, Marie, reine de Hongrie, sœur elle aussi de Charles Quint.

Elles espèrent réconcilier les deux souverains, le roi et l'empereur.

Comme si c'était possible !

Le roi veut reconquérir le Milanais et enfouir l'humiliation subie à Pavie et dans les prisons d'Espagne.

Et l'empereur veut conserver à tout prix le même Milanais et soumettre le roi de France.

La guerre donc s'avance.

Mais il faut de l'argent et, le 12 février 1535, François I*er* ordonne de saisir le tiers du « trésor temporel » des communautés religieuses, et la moitié du temporel des archevêques et des évêques.

Jamais un roi de France n'a levé de telles sommes sur l'Église de France !

Mais c'est la guerre !

Le roi parcourt les provinces frontières.

En Normandie, en Picardie, au Havre, à Rouen, il fait défiler les légions de chaque province.

L'émotion, la fierté, la joie le bouleversent.

La foule acclame ces milliers d'hommes qui encadrent d'un pas martial leurs enseignes. Ils portent tous le même uniforme et les mêmes armes.

Le 9 août 1535, le chancelier de France Duprat, rongé par la gangrène, meurt.

C'est l'amiral de Brion qui succède à Duprat.

Quant à Montmorency, même s'il est grand-maître, il est favorable, comme la reine Éléonore, à une entente avec Charles Quint.

Brion, au contraire, prône l'alliance avec Henri VIII, roi d'Angleterre, les princes allemands et le Grand Turc !

Et François Ier, qui passe le mois de décembre 1535 chez Brion, au château de Pagny, ne se lasse pas d'entendre son compagnon d'adolescence vouloir, lui aussi, la guerre !

Le 1er janvier 1536, le roi de France prend la route pour Lyon, où il arrive le 14 février.

Ses espions l'avertissent que Charles Quint mobilise ses troupes.

Tout à coup, alors que la foule rassemblée sur son passage l'acclame, François Ier se souvient de ce « roué », membres brisés, qui geignait dans la forêt, appelant la mort à son secours.

Combien d'hommes vont mourir dans la guerre qui vient ?

La guerre sera aussi cruelle que ce supplice de la roue pour beaucoup d'entre eux.

Le roi de France se signe et prie.

Il dévisage ceux qui s'agenouillent, l'implorent, montrent leurs écrouelles.

Chaque homme porte en soi la souffrance du Christ.

Dixième partie

1536-1538

60.

Les conseillers du roi de France sont assis en cercle autour de lui, qui semble somnoler, les yeux clos, la tête penchée en avant, le menton appuyé sur ses poings fermés.

Le roi écoute le président du Parlement, Guillaume Poyet, rendre compte de sa mission auprès du duc de Savoie, Charles II.
Le président a été chargé de réclamer au duc la part d'héritage qui, après la mort de Louise de Savoie, revient à François Ier.
« Il refuse, il ne cède rien », répète Guillaume Poyet.

Tout en se redressant, François Ier se tourne vers Montmorency et Brion. Il veut, dit-il, qu'on dresse, ici et maintenant, l'état de nos forces.
Les deux hommes rappellent les vingt-deux mille légionnaires, les six mille lansquenets, les cinq mille piétons français et italiens...
Le roi de France les interrompt.
« Quarante mille », dit-il.
Il se lève, croise les bras, campé droit comme une statue.
« Savoie, Piémont, c'est pour l'amiral Brion ; la Bresse, le Bugey, le Valromey, ce sera pour le comte de Saint-Pol. »
Tous les conseillers se sont levés et entourent François Ier.
« Oui, c'est la guerre », dit-il.

Il sort de la pièce d'un pas lent.

Décider, agir, contraindre Charles Quint à se battre où à abandonner la Savoie, le Piémont, et Charles II, qui est son allié : c'est comme si un coup de vent, vivifiant, balayait toutes les hésitations.

Il se retourne. Ses conseillers sont figés.

« Oui, la guerre », dit-il.

Quelques jours plus tard, le Piémont et la Savoie sont occupés par les troupes françaises.

François Ier reçoit l'un de ses envoyés auprès du pape Paul III.

Le jeune abbé raconte ce qu'il a appris.

Charles Quint s'est rendu au Vatican, et a prononcé un réquisitoire contre le roi de France devant les dignitaires de l'Église.

« Le roi de France est si déraisonnable, dit l'empereur, le duc de Savoie ne l'a point offensé. Il en use avec son propre oncle, qu'il devrait honorer et respecter comme son père, avec une cruauté qu'aucun roi, pour barbare qu'il ait été, n'a usée... »

Brusquement, rapporte l'envoyé de François Ier, Charles Quint s'est abandonné à sa colère.

Il s'est mis à gesticuler, hurlant presque !

« Je me confie en Dieu qui jusqu'ici m'a été favorable, m'a donné la victoire contre mes ennemis ! Il me la donnera encore et m'aidera dans une si juste cause... »

Le pape s'est levé, répétant :

« Mon fils, mon fils arrêtez ! »

Il a embrassé l'empereur :

« Je désire que vous soyez tous deux raisonnables, a-t-il ajouté avant de conclure :

— Je ne puis user de l'autorité de l'Église que contre qui fera contre la raison. »

Et si l'on pouvait éviter la guerre ? Si Charles Quint acceptait un compromis, cédait le Milanais ?

Ces questions, maintenant que la Savoie et le Piémont ont été conquis, harcèlent François Ier.

Vaincre sans guerre, c'est aussi effacer l'humiliation et éviter que la roue des batailles brise le corps de milliers d'hommes.

François Ier dépêche le cardinal de Lorraine sonder les intentions de Charles Quint.

Et le cardinal de Lorraine, après sa rencontre avec l'empereur, écrit :

« Charles Quint veut la guerre, il veut reconquérir le Piémont, ne pas céder le Milanais. »

Le cardinal a eu une dernière entrevue avec l'empereur.

« Empereur très Auguste, a-t-il dit à Charles Quint, je puis vous assurer que si vous ne prenez le premier les armes, certainement le roi ne rentrera pas en guerre avecques vous [...]

« J'espère pour conclusion, Sire, que vous aymerez mieux vous souffrir icy déconseillé de votre entreprise que d'aller en France à l'apparent hasard d'y recevoir honte et dommage. »

L'empereur Charles Quint a paru ne pas avoir entendu cet appel à la raison et s'en est allé, sûr de lui et souriant.

61.

Le roi de France ne veut pas être dupe des propos que l'ambassadeur de Charles Quint, Liedekerke, rentré de Rome, lui tient.

Dans sa bouche, le discours de Charles Quint au pape a été modéré. L'empereur refuse la guerre et recherche un accord avec le roi de France.
François Ier écoute, et après avoir raccompagné l'ambassadeur, reçoit le jeune abbé qu'il avait envoyé à Rome pour recueillir les intentions de l'empereur.
Et puis voici le cardinal de Lorraine qui assure que Charles Quint veut la guerre, au Piémont, en Lombardie, en Picardie, en Champagne.
Soit.

François Ier s'est levé, marche dans la grande salle où il a réuni ses conseillers.
« Reste maintenant à délibérer qui nous sera plus à propos, dit-il, ou de passer les monts au-devant de lui ou d'attendre à le combattre dans notre pays. Sur ce que vous autres m'en ouvrirez l'esprit, prenant des opinions des uns et des autres, je concluray... »
Il écoute Montmorency, Brion, les autres gentilshommes.
« Il faut faire la guerre en pays de conqueste », dit Brion.
En Piémont et Savoie donc.

prince de la Renaissance française

Le roi de France reprend sa place, au centre du cercle que forment les conseillers.

« Mon intention est de lui laisser consommer, gens, temps, munitions, vivres, argent à sièges et batteries de villes... »

François Ier parle lentement, pesant chaque mot, comme s'il lisait un plan établi de longue date.

Il décrit l'ennemi qui se sera engagé au Piémont, puis pénétrera le royaume de France, harcelé par nos sujets, paysans et seigneurs.

« Nous, au contraire, aurons notre passe-temps, si nous voulons voir l'ennemi se défaire de luy-même et nous promenant à nos aises en un beau camp et bien fortifié. Non que toutefois je veuille y demeurer toujours oisif et sans rien faire, mais je veux dire que quand nous aurions à faire entreprise, la raison et l'opportunité nous y conduiront. »

L'autorité du roi s'impose, tous l'approuvent même s'ils souffrent d'imaginer le royaume pillé par les armées de l'empereur.

Ses troupes sont déjà en Piémont, assiégeant Turin. Puis l'empereur se dirige vers la Provence. La trahison du marquis de Saluces en ouvre les portes – la frontière du Var.

C'est une guerre de saccage qui commence.

Les ordres du roi de France sont de détruire les moulins, les fours, les maisons, les greniers et les récoltes afin que les troupes de Charles Quint ne rencontrent dans les territoires où elles avancent que ruines, récoltes brûlées, animaux égorgés.

Le 25 juillet 1536, Charles Quint franchit le Var. Il avance à la tête de ses compagnies, maudissant le roi de France, « violateur de foy, infracteur d'alliances et de traitez, défenseur des infidèles, ennemi du repos des chrétiens ».

Longeant la côte – Fréjus – Charles Quint assure à ses cinquante mille hommes une victoire totale, rapide.

« Tout ce qui est contenu entre le Rhin et le mont Pyrénées sera vostre par une seule bataille ; ou pour mieux dire par une seule monstre et contenance de bataille. »

La guerre sera-t-elle perdue ?
Le roi de France s'interroge et les souvenirs du désastre de Pavie viennent le hanter.
On lui rapporte que le peuple, appelé à détruire ses granges, ses puits, ses troupeaux, tout ce qu'il ne peut emporter, est saisi par une grande peur.
À Paris même, quand on apprend qu'une bataille se déroule sur la Somme, l'épouvante empoigne les habitants, dont certains fuient la ville, ou appellent Notre-Seigneur à leur secours.
Des processions parcourent la Cité. Les églises – et d'abord Notre-Dame – sont remplies d'une foule anxieuse.

François Ier s'efforce de rester impassible mais le 10 août 1536, il ne peut empêcher les sanglots de secouer tout son corps. Il crie de douleur.
François, son fils aîné, le dauphin, vient de mourir.
Et François Ier hurle, sanglote, se lamente, en appelle à Notre-Seigneur.
« Mon Dieu déjà tu m'as affligé par diminution de Seigneurie et réputation de mes forces ; tu m'as ajusté maintenant cette perte de mon fils ! Que me reste-t-il à présent, sinon que tu m'effaces de tout ? Et quand ton plaisir serait ainsi de le faire, enseigne-moi ta volonté afin que je n'y résiste... »

Qui a tué mon fils ?
François Ier interroge les médecins qui ont fait « acte de visitation et ouverture du corps de Monseigneur le dauphin ».
Point de poison.
Mais il été pris de fièvre après avoir disputé une partie de paume avec son secrétaire le comte de Montecucculi, qui lui a servi une cruche d'eau glacée.

Rien n'accuse Montecucculi, sinon le besoin d'une explication, d'un coupable.

On l'emprisonne. On le torture et au milieu des cris de douleur Montecucculi avoue.

Le 27 octobre 1536, il est condamné à mort.

Il est écartelé devant la foule réunie place Grenette qui hurle de haine.

Le cadavre reste exposé durant deux jours.

La foule le mutile, coupe le nez, brise à coups de pierres les mâchoires, les dents.

« Y en eut qui lui coupèrent le membre [...] Après furent ses quatre quartiers mis aux quatre portes de Lyon et sa tête au bout d'une lance levée sur le pont du Rhône... »

Le dauphin est mort, mais la guerre continue, et le roi de France la conduit avec passion, comme s'il recherchait au milieu de ces ruines, de ces champs couverts de morts à venger le dauphin. Et l'écartèlement de Montecucculi ne lui suffit pas.

L'évolution de la guerre le calme.

Charles Quint n'a pu conquérir ni Marseille, ni Arles, ni Tarascon. Sous les implacables chaleurs d'août, son armée assoiffée se défait. Elle se nourrit de fruits et la dysenterie la ronge.

Le 4 septembre 1536, Charles Quint ordonne la retraite. Les paysans se vengent, harcèlent l'armée impériale.

À perte de vue, dans les champs, les mourants sont couchés pêle-mêle parmi les morts.

Vingt mille soldats de Charles Quint sont tombés en Provence, où le soleil puis les averses d'automne effacent leur souvenir.

Et François Ier peut désormais regarder en face le désastre de Pavie.

Son humiliation s'est ensevelie en Provence sous les morts impériaux.

62.

Ces morts impériaux, François Ier les retrouve tout au long de sa chevauchée qui le conduit jusqu'à Marseille, puis Lyon.

Les cadavres jonchent les abords d'Arles, d'Avignon. Ils s'amoncellent autour du camp impérial.
Ils sont les preuves de la défaite de Charles Quint, les bornes de sa défaite.
Souvent le roi s'arrête, s'approche des paysans dont les maisons ne sont plus que des pierres noires éclatées et des poutres consumées.
Sur une geste du roi, quelques compagnons distribuent des pièces à ces survivants qui montrent les croix neuves plantées dans le cimetière.
Dans les villes dévastées, le roi donne l'ordre de reconstruire les remparts.
Mais il ne veut pas se rendre à Aix, « pour ne voir à l'œil que la désolation qui avait été faicte ».

Peu à peu, la tristesse s'empare de lui, au souvenir de la mort du dauphin, de Louise de Savoie, de tous ces visages et de ces silhouettes qui paraissent l'entourer comme s'il chevauchait parmi eux.

Cette mélancolie ne le quitte que des semaines plus tard, lorsqu'il prend la décision d'accorder la main de sa fille Madeleine au roi Jacques V d'Écosse.

prince de la Renaissance française

Le mariage sera célébré à Notre-Dame de Paris, le 1ᵉʳ janvier 1537.
Le souvenir même de la mélancolie du roi s'efface.

Il est joyeux de conduire sa fille jusqu'à l'autel.
Les dames de la cour – la reine Éléonore, la dauphine Catherine de Médicis, Marguerite de Navarre – empruntent en un cortège majestueux une longue passerelle qui surplombe le parvis de la cathédrale.
Les gentilshommes entourent le couple des jeunes souverains dont le mariage confirme l'alliance de l'Écosse et de la France. Cela fait plus de huit cents ans en effet de liens entre les deux royaumes.

Mais pourquoi faut-il que six mois plus tard Madeleine meure ce 7 juillet 1537 ?
On tarde à annoncer cette sinistre nouvelle qui emporte une jeune reine de seize ans.
On craint que le roi ne succombe, désespéré, victime d'une fièvre maligne, le visage et le cou comme épaissis.
Et la mort de sa fille l'affaiblit si durement que l'annonce de sa mort se répand. Et d'autant plus que d'autres décès l'affectent.

La passion de sa jeunesse, Françoise de Foix, comtesse de Châteaubriant, meurt. Ainsi que le compagnon de jeu de son enfance – Florange l'Adventureux – disparu lui aussi.
La vie semble hésiter à abandonner le roi, et la mort à le prendre.
Un matin, on le retrouve errant dans les couloirs de Fontainebleau, résolu à regagner Lyon, afin d'y retrouver son armée.

Il chevauche vite, perdant cet embonpoint qui avait paru l'étouffer chaque jour davantage.

Maintenant il renaît, il veut féliciter Anne de Montmorency qui a remporté victoire sur victoire et lui décerner l'épée de connétable de France.

Ce sera fait le 10 février 1538, à Moulins. Et pour cette cérémonie, le roi de France a demandé à toute la noblesse, de se retrouver autour de lui, leur seigneur et roi.
Un « duel » est organisé pour savoir qui des deux gentilshommes a déshonoré l'autre.
Le roi donne son accord.
Accompagnés de fifres et de tambourins les combattants entrent dans le champ clos, s'affrontent. Et l'un d'eux, le comte de Veniers, succombera plus tard à ses blessures. Le roi proclame qu'il n'y a ni vainqueur ni vaincu et remet à chacun cinq cents écus.

Duel qui rappelle les hautes traditions seigneuriales.
Mais la guerre a remplacé le duel.
Reste la trêve qui peut préparer entre l'empereur Charles Quint et le roi François I*er* une aube de paix, pour toute la chrétienté.

63.

Entre la guerre, la trêve et la paix, François Ier hésite encore.

Il ne se passe de semaine – et parfois de jour seulement – que le pape Paul III ne lui envoie missives et messagers.

Le souverain pontife précise à chaque fois qu'il écrit de la même plume à Charles Quint.

Le temps de la guerre est fini, dit-il. Il rappelle qu'Anne de Montmorency, le nouveau connétable de France, a remporté des succès en Piémont en forçant le Pas de Suse, en prenant les châteaux tenus par les impériaux.

Et le pape souligne que Montmorency, illustre chevalier, a fait égorger ou pendre, c'est selon, les quarante défenseurs du château d'Avigliana, tous bons chrétiens.

Et pendant ce temps, les Turcs menacent d'avancer jusqu'à Vienne. Comment accepter cette déraison ?

Déjà dans les Pays-Bas une trêve a été signée entre la « gouvernante » Marie, sœur de Charles Quint et de la reine Éléonore, et le roi de France.

Il faut faire un autre pas.

Il faut que l'année 1538 qui commence soit celle de la réconciliation entre les deux souverains, l'un et l'autre chrétiens !

Et dans les premiers jours de l'an – 1538 –, Paul III peut annoncer que l'empereur Charles Quint rencontrera le roi François Ier à Nice, et que le pape les y attendra.

François Ier, toujours hésitant, se met cependant en route pour Nice au printemps de l'an 1538, sans se hâter, visitant les châteaux, séjournant trois semaines dans celui de la Côte-Saint-André et n'arrivant à Fréjus et à Villeneuve – cités voisines – que le 27 puis le 31 mai 1538. Le pape attend depuis dix jours, et l'empereur attend le roi de France depuis trois semaines !

Le climat n'est pas à la confiance.
Le pape est installé au couvent des Cordeliers.
Charles Quint demeure à bord de sa galère, en rade de Villefranche. Trente autres galères – remplies de lansquenets et de gens d'armes espagnols assurent la garde de l'empereur.
François Ier est protégé par sa garde, deux cents gentilshommes, mille légionnaires provençaux et six mille lansquenets.
Installé dans le château de Villeneuve, le roi de France passe régulièrement ses troupes en revue.
Trêve ? Reprise de la guerre ? Paix ?
Tout lui semble possible.

Les ambassades de l'un et l'autre souverain se rencontrent, se croisent, se retrouvent autour du pape et des évêques.
Entourée de sa suite – la reine Marguerite de Navarre, la dauphine Catherine de Médicis, les duchesses... –, la reine Éléonore vient s'incliner devant le souverain pontife, et tous deux entendent les vêpres.
Puis elle verra son frère Charles Quint !

Il en va ainsi chaque jour.
On se reçoit, on échange cadeaux et arguments.
Une passerelle qui permettait d'accéder à la galère impériale s'effondre, et toutes ces dames sont précipitées à la mer, et il en va de même pour l'empereur et une bonne part de ses gentilshommes.
Ainsi se nouent des relations plus libres.

prince de la Renaissance française

Et la trêve est conclue le mardi 18 juin : trêve de dix ans – et non un traité de paix –, chaque souverain gardant ce qu'il a gagné.

À cette date le seul vainqueur est le roi de France.

Qui se souvient des humiliations subies par François Ier, du désastre de Pavie et de la prison espagnole, des enfants du roi pris en otage ?

Le dauphin est mort. Et la mère du roi est morte.

Le temps n'est plus à la guerre avec Charles Quint, qui n'est après tout que le vassal du roi de France !

64.

Le roi de France a l'impression que sa poitrine se fend, que sa gorge se déchire.

Où est-il ?

Il se dresse sur ses étriers comme s'il traquait un grand cerf ou un sanglier, et qu'il s'apprêtait à bondir pour leur enfoncer sa dague dans le cou.

Il étouffe.

Puis il entend les rires de ses gentilshommes.

Il n'est pas dans la forêt en train de chasser mais parmi quelques-uns de ses plus proches conseillers et compagnons.

Et il vient d'apprendre que Charles Quint accepte la trêve.

Il s'efforce de garder son calme.

Il lit dans les yeux des gentilshommes l'étonnement.

On s'attendait à le voir parader, et ils sont surpris par les premiers mots qu'il répète :

« Je ne veux point humilier l'empereur. Le souverain pontife, représentant de Notre-Seigneur, l'a sacré. Il est roi et empereur. »

Il ajoute à voix basse qu'il s'inquiète des réactions d'Henri VIII, le roi d'Angleterre, et des autres princes d'Europe, qui peuvent craindre que le roi de France ne veuille établir son règne sur toutes les terres que possédait autrefois l'empereur Charlemagne.

Il prend l'un de ses conseillers par le bras, l'attire loin des gentilshommes. Il veut qu'un courrier parte aussitôt pour l'Angleterre.

« Vous écrivez en mon nom. »

Il dicte, répète :

« Comme vous savez, il n'y a roy, si grand soit-il, quand un autre prince aussy puissant que lui le veut aller visiter par amitié en son royaume, qui ne soit et doive estre très aise de lui faire honneur et bonne chère. »

L'empereur Charles Quint et le roi de France, persuadés l'un et l'autre de leur puissante grandeur, décident donc – et le pape, le voulait – de se rencontrer.

Et l'on choisit Aigues-Mortes, cité qui semble hors du temps, comme une île abandonnée, un port sans vagues, sans mer et sans rivage.

Le dimanche 14 juillet 1538, au début de l'après-midi, apparaît la flotte impériale. Elle compte cinquante-trois galères !

Lorsque la frégate royale s'amarre à la frégate impériale, les tambours saluent la montée de François Ier à bord du navire de Charles Quint.

L'empereur tend la main pour aider le roi à grimper l'échelle.

Ils enlèvent leurs toques. Ils s'embrassent et François dit :

« Mon frère, je suis derechef votre prisonnier. »

Charles Quint et François se donnent l'accolade.

L'empereur rendra visite, à Cerre, à François Ier, dès le lendemain matin.

La reine Éléonore, radieuse, les embrasse tous deux ensemble et dit :

« Voicy le trésor et la chose de ce monde que j'estime le plus. » Charles Quint s'agenouille devant les fils du roi de France.

« Nous devons bien rendre grâce à Dieu de ce qu'il luy a plu nous joindre par amitié ensemble en ce lieu », dit-il.

La chaleur est accablante, l'empereur en souffre, il va se retirer dans la demeure qui lui est destinée.

Il hésite, le visage empourpré par l'accablante sécheresse.

« Ce fut un grand malheur pour nous et nos sujets, dit-il, que plus tost ne nous soyons connus car la guerre n'eût pas tant duré. »

Le roi lui offre une bague, ornée d'un diamant éblouissant.

Charles Quint lit les mots gravés sur l'anneau « *Dilectionis testis et exemplum* ».

Charles Quint, tout en déclarant « je n'ai rien en ce moment pour me revancher si ce n'est ceci », retire le collier de la Toison d'or et le passe au cou du roi.

François Ier agit de même avec son collier de l'ordre de Saint-Michel.

Le lendemain les deux souverains entendent ensemble la messe.

Avant de se séparer, ils s'embrassent à nouveau.

François Ier murmure :

« Désormais les affaires de l'empereur et les miennes ne sont plus qu'une même chose. »

Un témoin écrit, après avoir assisté à ces événements :

« Et nous fait Dieu connaître qu'il mène les cœurs des hommes comme il lui plaist. »

Onzième partie

1538-1540

65.

François Ier, les yeux mi-clos comme s'il s'assoupissait, sourit.

Il se laisse porter par ce flot de souvenirs où se mêlent l'enfance et la gloire de Marignan.

Il n'a jamais été aussi heureux, depuis ce triomphe, cette première victoire. C'était en 1515, il y a vingt-trois ans.

Dieu a besogné pour le Roi Très Chrétien de France.
Et lui, François, premier du nom, a servi Dieu.
Quoi qu'il advienne il restera celui qui a vaincu l'empereur Charles Quint.

Cette trêve durera-t-elle comme il est prévu ?
François Ier imagine l'amertume de Charles Quint. L'empereur a perdu des territoires, le roi de France lui a échappé, il est le vainqueur.

L'empereur avait dû croire pouvoir étrangler le royaume de France, puisque les possessions impériales serraient la gorge de la France !

Garrote vil !

Peut-être – sûrement ? – Charles Quint pense-t-il à sa revanche. Mais l'empereur doit savoir qu'il ne pourra jamais régner en maître sur ce royaume de France, qui lui a, à jamais, échappé.

François Ier ouvre les yeux.

Ce 6 septembre 1538 il est à Étampes.

Il a quitté Aigues-Mortes le 17 juillet et, au fur et à mesure qu'il chevauchait vers ces châteaux qu'il a construits dans le val de Loire, ou au cœur des forêts qui entourent Paris, sa joie, qu'il avait réfrénée, se déployait.

Il a revu Nîmes, le pont du Gard, Lyon : il était l'héritier de cette richesse antique, et il en était fier.

Il a, à la mi-août, retrouvé « ses » châteaux : Romorantin, Chenonceau, Amboise, Blois.

Et maintenant, à Étampes, il contemple cet hôtel armorié dont la distinction est rehaussée par les sculptures qui ornent portes et façade.

Il sourit.

Il aimerait danser. Cet hôtel, c'est sa favorite Anne d'Heilly qui l'a voulu, et il le lui a offert. Il l'a remerciée de son amour, des joies qu'elle lui avait données en faisant d'elle la duchesse d'Étampes. Et il va loger, pour quelques nuits, dans l'hôtel de « sa » duchesse.

Puis il regagnera Saint-Germain.

Et il chassera la joie au cœur dans les forêts voisines, giboyeuses.

Il se rendra dans le nord du royaume, accueillir Marie de Hongrie, sœur de Charles Quint et de la reine Éléonore, et gouvernante des Pays-Bas.

Peut-être la guerre n'ensanglantera-t-elle plus la chrétienté.

Peut-être.

Il quitte début octobre 1538 Saint-Germain en un majestueux cortège, et se dirige vers la Picardie.

66.

Sur les routes de Picardie qu'emprunte le cortège royal, les chariots chargés de meubles, de tapisseries, de coffres remplis de vaisselle, de cintres où les vêtements princiers sont protégés du vent humide et des averses dépassent les litières, où bavardent les dames de la cour, et le grand train du roi de France, qui caracole d'une voiture à l'autre.

Le roi de France s'en va à la rencontre de Marie de Hongrie. On a présenté au roi un portrait de cette femme de trente-trois ans, gouvernante des Pays-Bas, pour le service de son frère, l'empereur Charles Quint.
Elle a le menton des Habsbourg et la ressemblance avec son frère, l'empereur, est frappante.
Marie est toute dévouée à ce frère dont elle pense qu'il est le plus grand souverain de la chrétienté.

Elle est veuve depuis 1526, son mari Louis II ayant été tué par les Turcs lors de la bataille de Mohács.
À la veille de son départ pour Compiègne où elle doit rencontrer François Ier, ses conseillers lui ont appris que le roi de France avait conclu des « capitulations » avec le Grand Turc, Soliman le Magnifique, celui-là même qui avait envahi le royaume de Louis II.
Marie de Hongrie a eu la tentation de ne pas se rendre à Compiègne, rencontrer le responsable, a-t-elle pensé, de la mort de Louis II.

Mais Charles Quint l'a dissuadée d'agir ainsi.

Il fallait que les accords conclus avec le roi de France deviennent la charte de la paix, comme il y avait eu – cela faisait dix ans – la paix des Dames.

Marie avait donc accepté d'accueillir François Ier.

Le 7 octobre 1538, le roi de France est à Saint-Quentin, et Marie de Hongrie à Cambrai.

Le lendemain, 8 octobre, ils se rencontrent à Crèvecœur-sur-l'Escaut.

François Ier est séduit par cette femme à la silhouette masculine – « mâle-femelle Princesse » dit-on – qui parle de la chasse avec passion. Et entre la « chasseresse » et le roi grand chasseur, l'accord est immédiat.

On se voit à Cambrai, situé dans les États de la « gouvernante ». On se retrouve à Saint-Quentin, ville française.

On festoie dans les grandes salles du château de Compiègne, et l'on évoque l'entente qui règne entre l'empereur et le roi.

Puis on chasse et Marie de Hongrie en remontre au roi de France.

La reine Éléonore ne quitte plus sa sœur Marie.

C'est elle qui rappelle qu'à Cambrai a été conclue cette « paix des Dames » qui n'était qu'une trêve et qu'il serait bon de transformer en Paix et de faire de même avec la trêve conclue à Aigues-Mortes.

On forme des projets de mariage entre la nièce de l'empereur et Charles, le fils du roi.

Des conventions sont signées : le roi promet de ne pas venir en aide aux sujets qui se dresseraient contre leur empereur.

On évoque les Milanais, les Gantois, d'autres rebelles.

Comme on l'avait dit à Aigues-Mortes, on répète que les affaires de l'empereur sont aussi celles du roi, et vice versa !

Le connétable Anne de Montmorency, qui a depuis toujours été favorable à un accord entre les deux souverains, exulte. Les projets de mariage sont confirmés.

L'entente semble parfaite.
Le 24 octobre 1538, après un somptueux banquet, le roi de France et Marie de Hongrie se séparent et les cortèges s'enfoncent dans le brouillard épais de l'automne.

67.

Le roi de France, en ce mois de janvier de l'an 1539, a retrouvé Paris.

Durant tout cet hiver, il a joui d'un ciel limpide, éblouissant. Oubliés les brouillards en Picardie !
Alors le roi s'échappe pour courir le cerf, lors de l'une de ses chasses qui sont des moments intenses de sa vie de souverain.
Il rentre au Louvre, le corps comme épuré, les manteaux et les pourpoints imprégnés de sueur.

Lorsqu'il ne chasse pas, il chevauche jusqu'à Fontainebleau, où s'affairent maîtres maçons, peintres, sculpteurs, ébénistes.
Il y réunit toute la cour pour célébrer les promesses de mariage qui tissent la toile de la noblesse, de ses liens avec le roi.
C'est le temps du divertissement, des banquets, des danses et des jeux.

Mais il est le roi, qui n'oublie pas les affaires de la cour et du royaume.
Il veut tout connaître de la vie des uns et des autres.
Il voit bien que le connétable Anne de Montmorency veut chasser l'amiral de France, Brion.
Maintenant que la trêve est établie pour dix ans...
– François Ier en doute parfois –, Montmorency, qui avait

depuis des années tenté de convaincre le roi de la nécessité d'une alliance entre les deux plus grands souverains de la chrétienté, veut écarter Brion partisan d'une politique prudente à l'égard de Charles Quint.

Brion a le soutien de la duchesse d'Étampes, favorite du roi, et Brion est aussi riche que Montmorency.

Le 12 février 1539, Montmorency apprend – et remercie Notre-Seigneur de cette nouvelle – que l'empereur Charles Quint, qui veut se rendre à Gand pour y mater ses sujets rebelles, désire traverser la France. Et il en fait avertir Montmorency.

C'est l'évêque de Tarbes, ambassadeur du roi de France à Tolède, qui écrit : « M. de Granvelle – conseiller de l'empereur – m'a dit présentement que je vous assure de sa part que l'empereur lui a dit, il y a bien quatre ou cinq jours, que si ses affaires lui permettent d'aller en Flandres, qu'il est déterminé de passer à bien petite compagnie par la France, pour être en compagnie du roy, à prendre le temps de la chasse et faire une bonne et longue chère avec lui et la reine sa sœur... »

Le roi ne cherche pas à cacher sa joie.

Il imagine déjà les fêtes, les pèlerinages, les banquets, qui vont éblouir l'empereur et lui montrer la richesse et la puissance du royaume de France.

Montmorency, s'approchant du roi, lui murmure qu'il a donné mission à quelques enquêteurs de « s'informer sur les activités de l'amiral Brion qu'on ne voit plus à la cour ».

Le visage du roi se ferme et ce 16 février 1539 il exige qu'on instruise le procès criminel de Brion, qui fut l'un de ses premiers compagnons.

Un roi ne peut tolérer que, parmi ses proches, on se fasse l'avocat d'une autre politique que la sienne.

Ordre est donc donné à un messager de se rendre à Tolède, et d'inviter l'empereur Charles Quint à traverser la France, pour la plus grande satisfaction de François Ier.

Mais Charles Quint ne fait pas diligence. Et François Ier n'est pas homme à solliciter fût-ce un empereur.
Le 12 mars, il quitte Fontainebleau pour aller faire ses Pâques à l'abbaye de Vauluisant.

Là, saint Bernard aimait à se recueillir. C'est lui qui avait décidé de faire naître en ce lieu cette abbaye.
Et François Ier est sensible à la lumière qui traverse le chœur et rejaillit sur les fières colonnes, soutiens de la voûte.
Le roi y demeure trois semaines, enchanté par le jeu des grandes orgues.
Il n'oublie pas Charles Quint, mais d'être ainsi en cette abbaye, d'écouter les prêches, cela lui donne la certitude d'être ce grand souverain, Roi Très Chrétien que l'on admire et que l'on craint.

Mais il est pacifique.
Il voudrait que les trêves conclues se marient, deviennent la longue et profonde paix de la chrétienté.
Il rassure ainsi Henri VIII et célèbre, le 23 avril 1539, la fête du patron de l'Angleterre, saint Georges.

Mais de plus en plus souvent la maladie l'attaque, la fièvre le terrasse, un abcès purulent lui ronge les chairs.
Il fait face. Il prie Notre-Seigneur !
Et ainsi il pense à la mort. Et dès qu'elle s'éloigne, il quitte le château où il demeure, pour se rendre dans un autre.
Manière de vivre et peut-être de fuir une inquiétude qu'il ne peut éloigner que par le divertissement, la chasse, les chevauchées.
Et la prière à Notre-Seigneur.
Et la cour.

« Cette cour n'est pas comme les autres, rapporte l'évêque de Saluces à Cosme Ier, souverain de Florence. Ici nous sommes à l'écart entièrement des affaires. Et si cependant il y en a jamais quelqu'une ? Il n'y a pour la traiter ni heure, ni jour, ni mois certain. Ici l'on ne pense qu'aux chasses, aux dames, aux banquets, à changer de gîte, et à chercher quelque maison isolée, avec peu de chambres pour loger le roi et les dames ; et quant aux autres, tout un chacun est en quête à trois, quatre et six mille de là.

« Et quand on tombe sur l'un de ces gîtes, on y reste tant que durent les hérons qui sont dans le pays et les milans, lesquels si nombreux qu'ils soient, durent peu, parce que entre les rois et les grands de la cour il y a plus de cinq cents faucons.

« Ensuite on court le cerf deux fois le jour, quelques fois plus, on chasse une fois avec les toiles, et puis on change de gîte. »

Ainsi François Ier a quitté Romilly pour Fleurigny, non loin de Sens, où il est accueilli avec enthousiasme.

Il passe sous l'arc de triomphe dressé à la porte de Notre-Dame.

Une légion de six mille hommes parade en son honneur.

On offre au roi de France une fontaine d'argent où sont gravés des épisodes de la guerre des Gaules, et des résistances apposées par les habitants de Sens aux légions de César...

Devant la cathédrale, en présence des princes, des gentilshommes et des dames de la cour, un capitaine suisse est décapité.

La tête du mercenaire a roulé jusqu'aux pieds du roi.

N'a-t-il pas tué, violé, trahi ? Était-il devenu un chef de bande ?

Le roi de France a jugé.

68.

Le roi de France est juge de tout.
De la beauté des jeunes femmes à la cour.
Le roi lors de ses chevauchées les a distinguées, « goûtées » puis invitées à rejoindre le cortège royal.
Nombre d'entre elles disparaîtront, titrées, dotées par le souverain.
Mais François Ier a d'autres « préoccupations ».

Ainsi au printemps de l'an 1539, après avoir chassé dès l'aube le grand cerf dans la forêt proche, il parcourt le chantier de la chapelle du château de Villers-Cotterêts.
Il s'attarde à interroger le maître maçon, il ordonne aux tailleurs de pierre et aux sculpteurs de veiller selon ses choix à la disposition des statues tout au long de l'escalier.

Les jours suivants, après la chasse matinale, il réunit ses proches, ses conseillers, ceux auxquels il veut confier une mission.
Il s'agit de se rendre à Tolède où l'empereur Charles Quint porte le deuil de l'impératrice Isabelle, morte à trente-cinq ans en accouchant, le 1er mai, d'un enfant décédé.
Il faut que Charles Quint sache que les 6 et 7 juin on a célébré des messes à Notre-Dame, à la mémoire de l'impératrice.

prince de la Renaissance française

Il faut surtout persuader l'empereur, qui s'inquiète de la politique de Soliman le Magnifique, que le roi de France a envoyé plusieurs messagers au Grand Turc pour le convaincre des avantages de la trêve, puis de la paix.

Or, Soliman a armé une flotte de deux cent cinquante navires, exigeant que Charles Quint restitue à François Ier les territoires qu'au cours des guerres les armées impériales ont arrachés aux Français.

Le roi de France exprime ses regrets quant à l'attitude de Soliman. Et François Ier réitère l'invitation à Charles Quint de traverser la France. Ce sera pour le plus grand plaisir de tous les sujets du royaume.

Charles Quint envoie une réponse imprécise.
« Il viendra » répète François Ier.
Mais il a déjà d'autres projets et il veille aux édits qui les expriment.

À Châteaurenard, au début du mois de mai, il a fait promulguer l'édit qui autorise l'établissement de loteries dans le royaume. Car les caisses du roi ne sont jamais assez remplies d'écus d'or et d'argent.

Ce sont ses envoyés en Italie qui ont décrit au roi ce jeu fructueux auquel pourront s'adonner toutes « personnes fors mendiants et misérables ».

Le « maître et facteur » de la loterie est aux côtés du « notable » – qui a obtenu du roi l'établissement de la loterie – chargé de payer les « officiers royaux » contrôlant le jeu, de rassembler les lots et de les distribuer aux parieurs qui ont misé sur le bon numéro.

Le premier tirage aura lieu à Paris au cours de l'hiver 1539-1540.

Le roi n'y assistera pas.
Il est depuis le mois d'août 1539 à Villers-Cotterêts. Les cerfs dans les forêts voisines du château sont nombreux, et comme à son habitude le roi chasse chaque jour.

Mais l'après-midi et une partie de la nuit, il veille à l'élaboration d'une *ordonnance* dont il pressent qu'elle va marquer tout son règne.

Il y a Chambord, Chenonceau et tant d'autres et il y aura ce « château des lois », l'ordonnance de Villers-Cotterêts.

François Ier s'attache avec passion à l'élaboration de ce texte de cent quatre-vingt-douze articles, d'autant plus qu'il sent que le royaume bouge, se raidit, comme un cheval qui refuse l'obstacle.

Il y a les hérétiques de plus en plus nombreux, obstinés, et François Ier estime qu'ils menacent l'unité du royaume.

Contre eux, le 24 juin 1539, une ordonnance a été promulguée.

Nombre de ces hérétiques séjournent à proximité de Genève. Ils se rendent souvent en France.

Et à Lyon précisément, les ouvriers imprimeurs organisés en corporation – une puissance, au moment où les livres à imprimer sont de plus en plus nombreux – sont mécontents de leur sort.

Organisés, armés, ils cessent le travail lorsqu'ils entendent courir dans les rues étroites, le mot d'ordre de se mettre en « grève » : Tric.

Un roi de France peut-il tolérer des corporations armées qui défilent avec arrogance quand le roi fait son entrée dans Lyon ?

François Ier s'y refuse. D'autant plus que « Tric » est un mot germanique ! Voire hérétique ?

Il faut donc, juge le roi, serrer les rênes du royaume avec vigueur et rigueur !

Pour cela il faut organiser le royaume.

Un article de l'ordonnance de Villers-Cotterêts fait obligation aux abbés, dans leur paroisse, de tenir registre des baptêmes et des sépultures. Un autre article interdit l'usage du latin dans la rédaction de tous actes de justice et ordonne qu'ils soient « prononcés, enregistrés et délivrés aux parties en langage maternel français et non autrement ».

En cette année 1539, par cette initiative de François, roi de France, premier du nom, la France n'est plus seulement un royaume, mais elle devient une *nation*.

69.

« Dieu est le maître du cœur des rois ! »

On rapporte ces propos de Charles Quint à François Ier, le 27 novembre 1539, le jour précisément où l'empereur, accompagné d'une soixantaine de gentilshommes espagnols, franchit la Bidassoa, le fleuve frontière entre le royaume d'Espagne et le royaume de France.

Les deux souverains sont donc parvenus à un accord. Charles Quint traversera la France pour gagner Gand, où l'on se rebelle contre l'empereur.

La régente Marie de Hongrie a fait appel à son frère. Et celui-ci veut briser la révolte des marchands, des corporations des ouvriers de la laine et de tous les tissus précieux venus d'Italie et parfois du fond des terres, cet infini que l'on appelle la Chine ou l'empire des infidèles, où règne le Grand Turc.

L'empereur a hésité à se mettre dans la main du roi de France.

Mais en dépit de ses conseillers qui l'invitent à éviter ce François Ier qui n'a pas respecté ses engagements, Charles Quint écoute son chancelier Granvelle, favorable à ce voyage, bien plus sûr que de s'exposer, si l'on choisit la mer, à la flotte turque.

Et peut-on traverser la Suisse, l'Allemagne avec leurs hérétiques ?

À Dieu vat.

« Dieu est le maître du cœur des rois. »
Et le 10 novembre Charles Quint quitte Tolède.
Une lettre de François Ier, envoyée le 7 octobre, rassure l'empereur.
Le roi de France exprime sa joie, son amitié, et il est entendu que l'on ne parlera pas « affaires » entre souverains.
Le roi de France enverra son dauphin Henri à la rencontre de l'empereur.
Et les sujets de nos royaumes acclameront les souverains bâtisseurs de paix.

Mais... Dieu ne dispose pas seulement du cœur des rois. Il est aussi le maître de leur corps.
Et le roi de France est assailli par une longue et cruelle fièvre.
Il est immobilisé durant plus d'un mois et demi ! Des abcès purulents le font hurler de douleur.
Certes quand ce bubon crève et permet au pus de sortir, François Ier va mieux.
Mais les abcès sont mal placés. Il ne peut chevaucher mais doit voyager en litière, ou bien remonter les fleuves dans son chaland.

Les rechutes sont nombreuses et Charles Quint s'inquiète. L'empereur a confiance dans le roi de France, mais s'il meurt, que fera le dauphin Henri ?
Le roi de France devine, comprend les hésitations de l'empereur. Il veut le rassurer.
Il écrit à l'ambassadeur de France à Londres une lettre dont le représentant du roi devra diffuser le contenu.
François Ier écrit :
« Monsieur de Marillac,
« Depuis la lettre que je vous ay dernièrement escripte, je vous advise que j'ai esté bien fort tourmenté d'un rume qui m'est tombé sur les génitoires, et vous assure que la

maladie m'en a été tant ennuyeuse et douloureuse qu'il n'est pas croyable.

« Toutefois, grâce à Dieu, je commence à très bien me porter et suis hors de la douleur. »

Le roi se met à chasser dans la forêt de Sénart, puis il séjourne à Fontainebleau.

« Il se fait ici bonne diligence, écrit-il à Montmorency, à mettre cette maison en ordre que je désire qu'elle soit pour la réception de mon dit bon frère que je m'attends qu'il la trouvera fort belle. »

Le roi François veut que, à chaque étape, Charles Quint découvre les châteaux princiers et royaux, et que l'accueil des villes soit tel – à Bayonne, Bordeaux, Poitiers, Orléans et naturellement Paris – que l'empereur mesure la force du royaume de France, sa richesse.

On ne parlera pas « affaires » ainsi que l'a souhaité l'empereur mais les Espagnols seront stupéfaits, fascinés par le luxe et la beauté des villes traversées et des châteaux où ils logent.

C'est à Loches que les deux souverains se rencontrent. Le roi de France attend devant l'entrée du château, situé sur une éminence.

Charles Quint gravit la pente, met pied à terre quelques pas avant de se trouver à la hauteur de François Ier.

François Ier est imposant, dominant de sa taille Charles Quint. Le roi de France, vêtu d'habits de satin, incarne la majesté royale. Il porte un bonnet enrichi de nombreuses pierreries.

L'empereur est vêtu de noir, rappelant ainsi la mort de l'impératrice. Autant François Ier est rayonnant, autant Charles Quint est réservé, le visage déséquilibré par la bouche toujours ouverte, le lourd menton. Il respire bruyamment, enrhumé en permanence.

Mais il émane de lui, en dépit de ses traits disgracieux, de ces nodules qui l'empêchent de respirer librement, une force maîtrisée, une manière de s'imposer par le regard, et d'affirmer sa volonté, c'est un « souverain ».

À le voir prier plusieurs fois par jour dans les chapelles des châteaux, où tout au long du voyage il loge, on mesure la foi indestructible qui le porte.

Il chevauche aux côtés de François Ier qui est allongé sur une litière, et ainsi l'on va de Loches à Chenonceau, puis Amboise.

Un incendie des tapisseries du château par des porteurs de torches maladroits déclenche la colère du roi de France, qui veut qu'on conduise à la potence les coupables.

L'empereur l'apaise. Il n'a jamais été en péril, affirme-t-il.

François Ier se calme, et quand Charles Quint s'enthousiasme devant Chambord, le roi de France est radieux.

Charles Quint ne vient-il pas de répéter après avoir visité Chambord sous la conduite du roi de France : « Je vois un abrégé de ce que peut effectuer l'industrie humaine » ?

70.

Le roi de France laisse l'empereur Charles Quint s'avancer seul vers le tombeau de Louis XI, situé dans la chapelle de Notre-Dame de Cléry. L'empereur Charles Quint est le descendant de Charles le Téméraire, ce duc de Bourgogne qui fut en guerre féodale contre le roi de France Louis XI.

François Ier est le descendant de Louis XI, et Charles Quint n'est plus maître de la Bourgogne.

François Ier fait deux grands pas, et se retrouve ainsi au côté de Charles Quint « son bon amy, son frère ».

Peut-être le temps de la paix est-il venu entre les deux souverains.

Mais qui connaît les desseins de Dieu ?

La guerre peut ressurgir.

François Ier se souvient de cette chanson sur la guerre de Jeanne contre les Anglais.

Et Charles Quint et François Ier vont entrer à Orléans.

C'est le roi de France qui chantonne la vieille chanson.

« Orléans, Beaugency
Notre-Dame de Cléry
Amy, que reste-t-il
Au dauphin si gentil
Orléans, Beaugency,
Notre-Dame de Cléry
Vendôme, Vendôme. »

prince de la Renaissance française

L'entrée dans Orléans est triomphale.
L'empereur paraît las, épuisé par cette chevauchée, ces festivités, ces foules qui se pressent.
Où est la solitude, ce moment où l'on parle à Dieu et où il écoute ?
Mais on chevauche.
Mais les arquebusiers d'Orléans réveillent le roi et l'empereur, en tirant plus de deux mille salves. Elles roulent au-dessus d'Orléans, comme un étourdissant tonnerre.

Et l'on repart.

François Ier fait visiter à Charles Quint la « Maison royale »,
Fontainebleau, dont la noblesse, la majesté, laissent Charles Quint sans voix.
« Le roi a faict en son Fontaine Bleau
Pour l'empereur feu merveilleux en l'eau. »
Ce sont six jours de festins, de danses et d'abord de chasse. L'empereur traque le cerf, et le soir dans la cour du château on aligne les pièces abattues.
François Ier, souffrant, a chassé en litière, le geste vif, la visée précise.

Et l'on repart.

Le jeudi 1er janvier 1540 : jour de liesse.
Charles Quint fait une entrée impériale dans Paris, avec à ses côtés le dauphin Henri et son frère le duc d'Orléans.
Le roi de France se tient à la fenêtre de l'hôtel de Montmorency, rue Sainte-Avoye, pour bien marquer que l'empereur est reçu comme le frère, l'ami en qui l'on a toute confiance, à qui l'on ouvre et présente Paris.
Oublié le temps où l'on qualifiait Charles Quint d'« Ennemy capital ».
Le roi de France, voyant défiler cet immense cortège, l'empereur entouré des deux fils de France – le dauphin

Henri et le duc d'Orléans –, a le sentiment d'avoir gagné une longue guerre.

Plus tard, il guide Charles Quint dans les salles du palais de la Cité où sont exposées les richesses d'orfèvrerie du roi.
Puis il lui présente « nos devanciers » – les statues de ceux qui ont régné, rassemblant les territoires qui deviendront la France.

Puis ce sera la visite du Louvre, la messe à la Sainte-Chapelle et pour couronner cette entrée Saint-Denis, là où sont rassemblés les corps, les reliques de tous ces rois de France.

Une ombre semble tout à coup ternir les joyaux, envelopper les derniers jours de Charles Quint à Paris.
L'empereur est épuisé, malade.
Ses médecins et ceux du roi l'entourent, s'inquiètent de cette fièvre coriace qui peu à peu, cependant, recule. Mais l'ombre semble avoir imprégné le visage de l'empereur.

Il participe aux dernières festivités. Il regarde de sa fenêtre les gentilshommes qui, dans la cour du Louvre, joutent avec un entrain et une jeunesse qui semblent inépuisables.
Mais le voyage s'achève, comme une jeunesse qui passe.
Charles Quint est reçu par le connétable Montmorency dans son château de Chantilly et, le 20 janvier 1540, il prend congé du roi et de la reine Éléonore.

Ces deux mois de voyage – du 27 novembre 1539 au 20 janvier 1540 – se sont parfaitement déroulés.
Les deux souverains ont veillé à ne pas parler « affaires ».
Et pourtant le visage de l'empereur est empreint de gravité.
Elle semble d'autant plus pesante que François Ier est serein, joyeux, et qu'il donne plusieurs fois l'accolade à l'empereur.

prince de la Renaissance française

Aucun des deux monarques n'a lu, gravées sur la façade de la cathédrale d'Angers, ces deux phrases :
« *Da pacem Domine diebus nostris*
Et dissipa gentes quae bella volunt. »
1540
« Donnez-nous la paix, Seigneur, en nos jours
Et détruisez les nations qui désirent la guerre »

Peut-être l'empereur comme le roi redoutent-ils que l'Autre, « son bon ami, son frère », soit l'un de ces hommes qui provoquent les batailles et souvent la mort.

Douzième partie

1540-1542

71.

François Ier est impatient.

Maintenant que l'empereur Charles Quint a quitté le sol du royaume de France, François Ier éprouve des sentiments contradictoires. La traversée de la France du 27 novembre 1539 au 20 janvier 1540 s'est pourtant fort bien déroulée.
Le nombre et la beauté des châteaux, le luxe et la richesse ont impressionné l'empereur et sa suite de gentilshommes espagnols. Et les deux monarques ont renouvelé leurs déclarations de profonde et inaltérable amitié.

Oui, mais...
Et le visage du roi se rembrunit.
Ses ambassadeurs ont déjà interrogé plusieurs fois les proches de l'empereur.
Quand donc Charles Quint reconnaîtra-t-il que le duché de Milan est de droit à François Ier ?
L'empereur se dérobe à chaque fois.
N'a-t-on pas confiance en lui ? N'a-t-il pas reçu dignement – majestueusement ! – les deux fils de François Ier, le dauphin Henri et le duc d'Orléans ?
Et cependant le mot de « fourbe » empoisonne l'esprit de François Ier.
Il lui suffit de lire les lettres que les espions français lui font parvenir pour que François Ier lance un juron et répète « maudit fourbe ».

Charles Quint propose de marier sa fille Marie au duc d'Orléans avec comme dot les Pays-Bas, la Franche-Comté, le Charolais ou le duché de Milan... étant entendu que ce duché ne pourra jamais revenir au roi de France.
C'est une diablerie, d'autant plus que le roi de France devra restituer la Savoie et le Piémont au duc Charles II !
Charles Quint veut-il la guerre ?

François Ier qui, pour fuir ses questions sans réponses, parcourt en litière – la fièvre maudite elle aussi, le tourmente – les villes du Nord (Amiens, Abbeville...) et examine l'état de leurs fortifications.
Chaque jour il exige qu'on lui rapporte les faits, les gestes, les propos, les décisions de Charles Quint.

L'empereur a humilié, puni, fait décapiter les bourgeois, les rebelles qui s'étaient levés contre lui, imaginant que le roi de France les soutiendrait.
Illusions !
Les têtes roulent à Gand. Les mille arquebusiers, les cinq mille lansquenets qui accompagnent l'empereur et sa suite – Marie de Hongrie et Christine de Milan – ont vite terrorisé les gens de Gand. Les bourgeois durent se présenter vêtus de noir, corde au cou, tête et pieds nus.
De leurs lances pesant sur le dos des vaincus, les lansquenets ont forcé ces bourgeois à s'agenouiller devant l'empereur.
De sa voix aigüe comme une lame qu'on affûte, l'empereur annonce que leurs privilèges sont abolis, leurs impositions quintuplées. Gand sera démantelée et une citadelle sera construite, par eux, où l'empereur tiendra garnison, aux frais des bons bourgeois de Gand.
Et s'il y a rumeur et parfum de révolte, le tranchant d'une hache et le nœud d'une corde imposeront à tous ces bourgeois et à ce peuple de tisserands l'obéissance.

François Ier écoute ces récits, puis il descend de litière. Il refuse de subir la loi de la maladie.

Il chasse, il chasse, il chasse.

On lui rapporte qu'à Rouen et à Dieppe, comme à Paris, les marchands annoncent que la guerre va reprendre entre les deux grands d'Europe.

À Londres les marchands se disent persuadés que les hostilités vont reprendre. Est-ce un mal ?

Henri VIII, le roi d'Angleterre, n'est pas mécontent de ce regain de rivalité entre l'empereur et le roi de France.

Et François Ier fait quelques grâces à Henri VIII.

Mais l'incertitude s'empare du roi de France.

A-t-il bien joué, alors qu'il est le protecteur naturel des seigneurs germaniques et même d'Henri VIII, qui craignent l'*Imperium* implacable de Charles Quint ?

72.

Le roi de France médite le châtiment sévère que Charles Quint inflige à ses sujets de Gand.

Un roi a le pouvoir et le droit de punir son peuple. Il est seul juge.

Et François Ier, alors qu'il chasse en litière (la fièvre est revenue) s'interroge sur la manière dont il a régné jusqu'à cette année 1540 depuis son avènement, en 1515. Il avait alors vingt et un ans.

Dans la guerre passée qui l'a opposé à Charles Quint, peut-être a-t-il été le naïf, et l'empereur le fourbe ?

Il joue avec cette pensée et elle l'empoisonne.

Peut-être est-ce la faute de Montmorency, ce connétable choyé, distingué, mais qui – selon les espions de François Ier – écrit des missives scellées à Charles Quint et semble former avec le dauphin Henri une cabale contre le roi François au bénéfice du dauphin.

Le fourbe Charles Quint se prête au jeu, le favorise.

Et tout aussi pernicieux il y a dans le royaume de France des hérétiques qui ne respectent pas les édits pris par le roi – condamnant et interdisant la publication de livres imprimés.

Mais de cet édit-là non plus, les hérétiques ne tiennent pas compte.

Et il faut donc briser, écraser cette secte qui a refusé de profiter de la tolérance du roi.

C'en est fini.
Le roi de France a le sentiment d'avoir été humilié par ces luthériens qui ont refusé de bénéficier de la grâce du roi, qui avait proposé aux fugitifs « sous espérance de leur conversion » de les accueillir dans le royaume de France.
Or, ces hérétiques ont repris leurs œuvres maléfiques. Ils propagent leurs erreurs dans tout le royaume.

Le roi écrit :
« Les séminateurs de cette infection sont à ce induiz et persuadez pour plusieurs gros personnages qui secrètement les recèlent, supportent et favorisent en leurs fausses doctrines. »
« Ordonnons, poursuit-il, que les gens de nos cours souveraines [...] puissent [...] avoir l'inquisition des dites matières contre toutes personnes de quelques qualité ou condition qu'elles soient.
[...] Enjoignons à tous nos dits baillis, sénéchaux et autres juges, sur peine de suspension de leurs offices, qu'incontinent facent leur devoir [...] non seulement contre les laïcs mais aussi contre les clercs et autres personnes ecclésiastiques [...] et ce fait, jugez promptement. »

Jamais François Ier n'a exprimé avec une telle violence la volonté d'éradiquer l'hérésie.
Le temps de la tolérance est achevé.
Le roi de France estime que « telles erreurs et fausses doctrines des hérétiques contiennent en soy crime de lèse-majesté divine et humaine, sédition de peuple et perturbation de notre estat et repos public ».
Le 7 juin 1540, l'édit est envoyé au Parlement de Paris qui l'enregistre aussitôt.

François Ier, roi de France, Roi-Chevalier

Ces hérétiques sont des criminels. Ils sapent l'autorité du roi qui prend sa source dans la volonté de Notre-Seigneur.

L'hérésie est un crime de lèse-majesté et un acte sacrilège. Ce sont les baillis, les cours souveraines, organes de la justice royale, qui doivent juger et punir.

On dresse donc les bûchers dont les flammes dévorent les hérétiques dans le sud du royaume.

Le Languedoc, la Provence, le Lyonnais, le Dauphiné sont nettoyés des adeptes de « la secte ».

Le parlement d'Aix est chargé par le roi de pourchasser les vaudois. Depuis le XIIIe siècle, ils suivent les croyances d'un prédicateur, Pierre Valdo, et s'enracinent dans l'hérésie.

François Ier, admirateur des œuvres de la Renaissance, est sans pitié pour ceux qui mettent en question sa royauté de souche divine. Les vaudois, les luthériens sont de ceux-là. Il faut brûler tous les hérétiques. Ils sont les « séminateurs » de cette infection.

73.

C'est l'été de l'an 1540.
Il fait si chaud que les fleuves, les rivières, les ruisseaux, les mares laissent apparaître leur fond vaseux, et les poissons morts s'agrippent le long des berges.
Dans les prés jaunes, les animaux couchés sur le flanc agonisent. C'est un temps de mort.

Guillaume Budé, l'érudit, le vieux compagnon du roi, meurt le 22 août 1540. Giovanni Battista Rosso, dit « le Florentin roux », l'un des proches de François Ier qui a dévoilé la beauté antique, est au seuil de la mort.
La maladie est là, gros rat noir qui parcourt les galeries de Fontainebleau, quand Wallop l'ambassadeur d'Henri VIII visite le château sous la conduite de François Ier.

Mais le roi de France lui-même est malade.
Il est inquiet. La chaleur et l'air immobile l'étouffent. Il a beau se plonger dans les bains situés sous la galerie du château, il suffoque.
Et il n'est pas rassuré quand la reine Éléonore lui révèle que son frère l'empereur souffre tant des « fondements » qu'il ne peut plus monter à cheval, et elle envoie deux litières à Charles Quint.

Cette maladie qui frappe ainsi Charles Quint et ses proches inquiète le roi de France. Si Charles Quint meurt, qui lui succédera ?

On murmure que le connétable de Montmorency veut toujours resserrer les liens entre le dauphin Henri et l'empereur.

François Ier se sent menacé par cette cabale.

Sa favorite, son aimée depuis des années, la duchesse d'Étampes, est désormais hostile au connétable.

« C'est un grand coquin, dit elle, il a trompé le roi en lui faisant croire que l'empereur lui donnerait le Milanais quand il savait le contraire. »

La guerre alors ?

Tous les jours François Ier réunit son conseil, il y retrouve la duchesse d'Étampes, le chancelier Poyet, le cardinal de Tournon. Le roi les écoute, mais il refuse de se laisser entraîner dans la guerre contre Charles Quint. Il y pense certes, et fait construire des forges à Breteuil destinées à produire des canons et des couleuvrines.

Il visite plusieurs fois la Ville Françoise, ce Havre de Grâce capable d'accueillir les plus gros navires.

Avec l'ingénieur militaire génois Jérôme Bellarmato il dresse les plans d'une ville nouvelle, fortifiée, assurée de devenir le grand port du royaume.

Il ne répond pas aux proches qui évoquent la possibilité de la guerre.

Il rassure la reine Éléonore qui s'inquiète pour l'avenir des relations entre Charles Quint, son bien-aimé frère, et son époux, le roi François.

Le roi lui-même dément le risque de conflit, accueille on ne peut plus aimablement le chancelier de l'empereur, Granvelle, et lui déclare préférer recevoir « un coup de bâton de l'empereur plutôt que de recommencer la querelle ».

L'automne de l'an 1540 disperse les miasmes de l'été brûlant.

La maladie se terre. Le roi de France chasse.

« Il y a longtemps que je ne fus en meilleure disposition, écrit le roi. J'ai visité quelques jours ceste mienne frontière de Normandie. »

Il évoque l'achèvement de la ville du Havre, les fortifications qu'il y a fait construire.

Puis à la fin du mois d'octobre, un messager entre dans le château de Saint Germain, la résidence du roi.

Le messager arrive de Rome. Il bouscule les gentilshommes, remet le pli scellé au roi de France.

Le roi fait quelques pas en lisant.

Ceux qui l'entourent le voient pâlir. Le roi de France reste un long moment silencieux. Puis d'une voix assourdie, il dit :

« Il y a eu le 11 octobre, à Bruxelles une grande cérémonie. L'empereur a donné le duché de Milan à son fils l'infant Philippe... »

« Fourbe ! », lance une voix.

Chacun sait que toute la politique de François Ier essaie de reconquérir le duché milanais.

« Fourbe » répète une autre voix.

Le roi de France, lève la main impose le silence.

« L'empereur est l'empereur, dit-il, il a un fils, c'est ainsi. »

Les têtes s'inclinent.

« C'est ainsi aujourd'hui et ce peut être différent demain, ajoute le roi. »

Un brouhaha aussitôt emplit la pièce. Des voix juvéniles scandent :

« Vive François Ier, roi de France ! Vive... »

74.

Un roi de France, Roi Très Chrétien auquel Dieu a donné le pouvoir de guérir en touchant la peau crevassée, et qui suinte, a souvent besoin d'éprouver l'attachement à sa personne.

Un roi de France, et François Ier le ressent, peut être incertain, hésitant, et il en va ainsi de François premier du nom, en ce début de l'an 1541, maintenant qu'il sait que l'empereur Charles Quint ne lui remettra jamais le duché de Milan.

Alors François Ier cherche l'appui et le soutien des seigneurs, des gentilshommes de son royaume, et l'adhésion soumise de ses sujets. Il parcourt la Touraine. Les paysans en guenilles, agenouillés au bord du chemin, quêtent un signe du roi faiseur de miracles. L'inquiétude qui serrait la poitrine du roi se desserre. Il est aimé !
Il s'installe à Blois. Il y réunit son Conseil.

Il est harcelé par la duchesse d'Étampes qui, ayant changé d'opinion, plaide pour le retour en grâce de l'amiral de France Brion. Elle s'obstine bien que Brion ait été condamné à remettre au roi des amendes pour des sommes qu'il aurait détournées à son profit. Tout ce que la duchesse d'Étampes obtient en sa faveur, c'est que Brion ne soit pas radié de l'ordre de Saint-Michel.

prince de la Renaissance française

Première victoire qui ne la satisfait pas.

Et François Ier cède à nouveau, accordant à Brion, le 12 mars 1541, la remise des sommes dues au roi.

Deuxième victoire qui s'explique par l'amour de François pour la duchesse et surtout par l'attachement que le roi ressent en faveur de Brion, l'un de ses plus vieux compagnons.

Ils avaient tous deux, en ces temps anciens d'avant Marignan, participé aux mêmes tournois, à ces jeux de guerre, dangereux, où les paysans devaient s'engager et payer de leur vie, les joutes et les plaisirs des Grands.

Mais ceux-ci portaient heaume et armes, quand les paysans combattaient sans même la protection d'un morceau de bois !

Ces jeux de guerre achevés, le roi préside son Conseil et il n'est plus question de plaisirs mais d'alliances, il faut trouver le moyen d'affaiblir ce fourbe d'empereur Charles Quint.

Antonio Rincón, l'ambassadeur du roi auprès de Soliman le Magnifique, vient d'arriver à Blois le 5 mars 1541. Il est accueilli avec chaleur par le roi de France. Les réponses de Rincón aux questions du souverain sont précises : les ambitions et la puissance de Soliman en font un précieux allié contre l'empereur.

Soliman a envahi la Hongrie, pris la ville de Bude. Vienne est menacé. La reine Marie de Hongrie s'en échappe, se réfugie à Linz.

Il faut s'allier à Soliman et pour cela il faut négocier.

François Ier désigne Antonio Rincón pour une nouvelle mission auprès de Soliman. Il sera accompagné par le capitaine César Frégose, chargé d'obtenir l'alliance des Vénitiens en faveur du roi de France et de Soliman.

Avant leur départ, le roi de France offre à ses ambassadeurs fêtes, cadeaux et gratifie Antonio Rincón de la seigneurie de Belleville en Beaujolais.

« Que Dieu vous garde ! », leur lance le roi.

Et ces mots qu'il répète font trembler son âme.

Il recherche l'alliance des infidèles contre un empereur chrétien !

Dieu s'accommodera-t-il de cette liberté prise par le roi. N'agit-il pas comme un hérétique ?

Mais n'est-ce pas aussi manière de sauvegarder des États, des peuples chrétiens ?

Dieu jugera le roi de France. Celui-ci se soumet au verdict divin, mais reste décidé à s'allier à tous ceux, turcs ou hérétiques, qui peuvent affaiblir Charles Quint.

L'un d'eux est le duc de Clèves.

Lors de ses chasses, François Ier apparaît distrait, laissant fuir un grand cerf ou ne cherchant même pas à saigner un sanglier !

Les gentilshommes se tiennent à distance, sachant qu'il faut laisser le roi méditer.

Il est question de marier Jeanne d'Albret, qui n'a pas treize ans, au duc de Clèves, cet adversaire de Charles Quint.

Dans l'entourage de François Ier, on apprend que la mère de Jeanne d'Albret, Marguerite de Navarre, la sœur du roi de France, a tenté de convaincre le roi de ne pas livrer cette jeune fille – une enfant – au duc de Clèves. Puis c'est le père de Jeanne, l'époux de Marguerite, le roi de Navarre, qui a voulu détourner le roi de son projet.

En vain.

Jeanne d'Albret est fille du roi de Navarre, beau-frère de François Ier, et un mariage avec le duc de Clèves est affaire politique.

Les filles de roi, qu'elles aient huit ou treize ans, doivent se soumettre au désir du souverain.

Et François Ier a décidé.

Le duc de Clèves a vingt-quatre ans. Sa famille a servi le roi de France. Il est duc de Clèves et duc de Gueldre. Prince germanique donc opposé à l'empereur. Belle et bonne

prince de la Renaissance française

alliance. En juillet 1540 l'accord était signé. Le roi veut que le mariage soit célébré au printemps de l'an 1541.

Qui se soucie de l'avis de cette enfant de treize ans, Jeanne d'Albret ?

Tout est prêt pour le mariage.

Il sera célébré à Châtellerault.

Le 20 avril 1541, le duc de Clèves arrive à Paris puis se dirige vers Amboise où le roi de France l'attend. On imaginait que, à Plessis-lès-Tours, les deux « promis » soient présentés l'un à l'autre.

Surprise, il n'en est rien.

Le roi laisse le duc de Clèves visiter seul Tours ; quant à lui, il rendra visite à cette petite fille têtue.

Jeanne en effet résiste : elle a, par écrit, notifié son refus d'épouser Guillaume de La Marck, duc de Clèves.

Le roi s'emporte après avoir tenté de convaincre Jeanne d'Albret. Jeanne s'obstine.

« Je me jetterai dans un puits plutôt que d'épouser le duc de Clèves », dit-elle au milieu de ses sanglots.

Le duc de Clèves fait une brève apparition.

Et le roi menace l'entourage de Jeanne.

Le roi, souvent seul, chevauche vers Châtellerault, car le mariage aura lieu.

Un roi de France ne cède pas devant les caprices d'une jeune fille de treize ans, oublieuse des devoirs d'une princesse.

François Ier ne regrette pas les ordres qu'il a donnés : qu'on la fouette jusqu'à ce qu'elle se soumette.

Être nièce d'un roi de France implique l'obéissance.

Jeanne d'Albret l'avait oublié. Qu'on la fesse jusqu'à ce qu'elle change d'avis !

Elle se soumet, assiste aux jeux et cérémonies qui commencent le 9 juin et doivent trouver leur apothéose le 14 juin 1541.

Mais Jeanne d'Albret, figée, est incapable de bouger, de se diriger vers l'autel où attend le cardinal de Tournon pour donner la bénédiction nuptiale.

Le silence a englouti tous les bruits.

Et le roi de France d'un seul geste ordonne au connétable de Montmorency de porter Jeanne d'Albret jusqu'à l'autel. Elle est légère, parée, comme une idole, d'or, de colliers et de bijoux. Le duc de Clèves lui prend la main, la soutient.

Le cardinal de Tournon les bénit et célèbre la messe.

Puis vient le temps de la fête, des danses. Et le roi de France, sans un regard pour Jeanne d'Albret, ouvre le bal !

Les fêtes se termineront le dimanche 19 juin 1541.

Entretemps, la mariée a été accompagnée dans la chambre nuptiale et couchée.

Le roi de France et la reine Éléonore, le roi et la reine de Navarre, les grands officiers, ont envahi la chambre.

Le duc de Clèves s'avance, on lui laisse le passage jusqu'au lit.

Il y glisse un pied seulement et le retire aussitôt.

Puis, entouré d'officiers, il quitte la chambre.

Le roi de France s'en va chasser.

Il vient de remporter une victoire contre Charles Quint.

Si la guerre a lieu, cette alliance avec un prince germanique sera précieuse.

Quant à Jeanne d'Albret, elle vieillira, elle s'assagira.

Ce sera le devoir du roi de veiller à ce qu'elle ne se dévergonde pas.

75.

Le roi de France ne peut longtemps penser au destin de Jeanne d'Albret.

Elle a repris seule le chemin de Plessis-lès-Tours, cependant que le duc de Clèves regagnait ses États.

Mais ce mariage non consommé avait rempli son office. Les princes allemands, le roi d'Angleterre – Henri VIII – jugeaient que dans cette rivalité qui ne cessait d'opposer Charles Quint et François Ier, le roi de France l'avait emporté sur l'empereur germanique.

De même pensait-on que la guerre entre les deux grands d'Europe allait sans doute renaître.

Le pape Paul III était particulièrement anxieux de cette division de la chrétienté au moment même où les Turcs forçaient les frontières des États chrétiens.

Paul III avait envoyé plusieurs de ses proches pour convaincre François Ier de conclure avec Charles Quint « une paix définitive ».

« Quant à la paix, avait répondu le roi de France, si l'empereur veut me rendre Milan elle est faite immédiatement. Sinon inutile de parler [...] Je ne fais rien que faire bonne chère tantôt avec les dames et mes gentilshommes et tantôt à la chasse au sanglier, et je n'oublie pas de distraire quelque peu de mon argent pour l'entretien de mes vieux amis et la recherche de nouveaux. »

Qui peut le croire, alors qu'il parcourt la Bresse et le Bugey, qu'il inspecte les fortifications, les double parfois de grands remblais de terre et de fossés ?

Et qu'il festoie en apprenant que Charles Quint a essuyé devant Alger une lourde défaite ?

Mais l'empereur germanique ne baisse pas les armes.

Lui aussi, comme François Ier, prétend qu'il n'a qu'un souci, « la paix définitive » et qu'en cela il obéit aux vœux du pape !

Qui peut croire à la pureté de son intention ?

Au mois de juillet 1541, Du Bellay, seigneur de Langey, le lieutenant du roi de France en Piémont, fait parvenir au roi la nouvelle de l'assassinat en Lombardie des deux ambassadeurs de François Ier, Rincón et Frégose.

Ils devaient se rendre à Venise et à Constantinople et toute la cour, suivant le roi, les avait honorés au moment de leur départ.

Personne n'ignorait les dangers qu'ils allaient affronter et à l'annonce de leur assassinat chacun frémit.

Toute la cour a les yeux fixés sur le roi dont le visage empourpré avoue l'émotion.

Il convoque le messager, l'entraîne dans la salle où habituellement se tient le Conseil.

Le lieutenant du roi en Piémont – Du Bellay Langey – a commencé son enquête. Il avait appris que des proches de Charles Quint avaient monté plusieurs guets-apens le long du Pô.

Langey avait dissuadé Rincón de poursuivre sa mission. L'empereur avait sûrement donné l'ordre de les assassiner. Rincón et Frégose avaient refusé. Ils étaient chargés par le roi de France d'une mission, ils la mèneraient jusqu'à son terme. Langey avait obtenu qu'ils lui confient les papiers qu'ils devaient remettre aux Vénitiens et aux Turcs.

Ils avaient remis les documents à Langey puis étaient partis le lendemain, glissant sur les eaux noires du Pô.

Deux barques chargées d'une quinzaine d'hommes armés les avaient attaqués et lardés de coups de dagues.

Le marquis del Vasto, un proche de Charles Quint, présent à Marignan puis à Pavie, avait sans aucun doute préparé cette embuscade sur ordre de Charles Quint.

Naturellement le marquis del Vasto réfute cette accusation. Il envoie à François Ier le comte de Landrian qui jure que le marquis est innocent.

Le roi de France feint de le croire. Il connaît le marquis del Vasto et son sens de l'honneur qui le rend incapable de commettre un pareil forfait, dit-il.

Mais, en Allemagne, à Rome, à Venise, à Londres, personne ne doute de la culpabilité de Charles Quint et de son exécutant, le marquis del Vasto. Reçu par le pape, l'empereur germanique promet même d'identifier les coupables et de les punir.

C'est bien la guerre qui s'avance. François Ier en est persuadé. Ce crime, cette violation des règles diplomatiques le révulse.

Il est meurtri. Il songe à la manière dont il a accueilli l'empereur lors de sa traversée de la France. Il soupire, mais se contente de dire, en regardant fixement la reine Éléonore :

« Dieu jugera le fourbe. »

76.

Le roi de France tient conseil, le matin et après dîner.

Les ambassadeurs avertissent leurs souverains. La guerre est là, toute proche.

On n'a jamais fait vente de bois de la forêt de Bière plus considérable que dans ces premiers mois de l'an 1542.
Avec ces troncs immenses, on renforce les palissades, les fortifications, on construit des fortins à l'entrée des ponts.
Les villes et les villages sont pleins du martèlement des armuriers et de la respiration des forges.
On entasse les armes, les casques, les cuirasses.
Et de la cour de France chaque jour partent des ambassadeurs de François Ier, qui propose – et signe – des alliances avec les princes du nord et du sud de l'Europe.
Mais tout cela exige que les coffres débordent de pièces d'or. Et de nouvelles impositions s'abattent sur les sujets du roi. Et l'Église, d'ordre du roi, est soumise à une très lourde contribution.
Marguerite de Navarre – sœur du roi ! – déclare à l'ambassadeur anglais Paget en rappelant qu'elle a été plusieurs fois promise à un roi d'Angleterre, le père d'Henri VIII et Henri VIII lui-même :
« Nous sommes tous deux de la même opinion sur la religion. Ni l'un ni l'autre n'aimons le pape ! »

Le 8 mars 1542, l'envoyé de François Ier auprès de Soliman le Magnifique rentre en France et est aussitôt reçu par le roi.

Le sultan promet son aide au roi de France.

Il enverra une flotte de quatre cents voiles et une armée de deux cent mille hommes.

Et pour marquer l'amitié qui unit le Grand Turc au Roi Très Chrétien, le sultan offre des cadeaux de prix : un cheval de guerre, harnaché de cuir et de pierreries, une dague et un étincelant collier.

François Ier contient sa joie, son enthousiasme.

Il lui faut être impassible, continuer à chasser. Et durant près de trois semaines, il traque les grands cerfs.

Il lui semble que jamais il n'a été aussi vigoureux, comme si une seconde jeunesse se glissait en lui.

Tout paraît réussir.

Il reçoit avec faste entouré de ses deux fils, de six cardinaux, du duc de Guise, les ambassadeurs du roi de Suède, Gustave Wasa, et il signe un traité d'alliance avec le Grand Roi du Nord.

Il donne l'ordre que l'on éloigne de la cour les ambassadeurs. Ce ne sont qu'espions serviteurs de leur prince.

Et en ces mêmes jours de juillet 1542, les écuyers arrivent, menant aux écuries les grands chevaux de bataille du roi.

Treizième partie

1542-1546

77.

C'est le 10 juillet de l'an 1542.
Le roi de France, immobile devant la fenêtre du château où il réside, écoute les roulements de tambour qui se répondent d'une rue à l'autre de Ligny-en-Barrois.
Et François ne se lasse pas de les entendre.

Souvent la voix du « diseur » est plus forte que le son des tambours.
« Cry de la guerre du Roy », annonce, répète, le « crieur ».
Il lit l'édit du roi contre Charles Quint et il rappelle « l'assassinat des ambassadeurs du roi de France, Rincón et Frégose. Injure si grande, si exécrable et si estrange envers ceulx qui ont tiltre et qualité de prince qu'elle ne se peult aucunement oublier, souffrir ni tolérer. »
François Ier a voulu que le texte de l'édit, ce « cry de la guerre », ne concerne – et François Ier a insisté sur ce point – « que Charles Quint et ses adhérans tenans son party […] et non ceulx du Saint Empire lequel nous est perpétuellement allié ».

François Ier s'écarte de la fenêtre.
Son visage s'est assombri.
Sa récolte d'alliés est maigre. Les princes germaniques et Henri VIII roi d'Angleterre se sont dérobés.
Seuls le roi Gustave Wasa de Suède, et surtout le Grand Soliman et le duc de Clèves comptent.

Mais François Ier se rassure : Charles Quint, après sa défaite sous Alger, n'a plus d'or ! Et sans pièces d'or, on ne peut gagner la guerre.

Et le roi de France veut vaincre.
Il a gagné Lyon où le Conseil va siéger. Puis il rejoint Avignon et Montpellier.
Et les premières nouvelles de la guerre sont heureuses. Dans le Nord, le cadet des deux fils du roi, le duc Charles, a remporté les premières batailles. Luxembourg est entre ses mains.
François Ier se fait relire les missives qui rendent compte des actions du duc Charles.
« Estans sortis les dits gens de guerre environ deux heures après midi, Monseigneur d'Orléans entra dedans, et fut mise si bonne police qu'une heure après les boutiques des marchands furent ouvertes pour vendre ou acheter, en telle sûreté pour eux qu'on ferait à Paris ou Rouen. »

Mais la guerre change vite de visage !
Au sud l'armée royale veut prendre Perpignan par surprise. Hélas !
« La ville était si bien pourvue de plates-formes garnies d'artillerie qu'il semblait d'un porc-espy qui de tous costés étant courroussé montre ses poinctes. »
En Roussillon des pluies diluviennes noient l'armée royale. Hommes et chevaux sont emportés par les crues.
Au nord, l'on apprend que les impériaux ont repris le Luxembourg !

La guerre est suspendue. Le pape Paul III essaie en vain de rapprocher les souverains, de les inciter à négocier.
Mais ni le roi de France ni l'empereur germanique ne veulent arrêter une guerre qui ne vient que de commencer.

François Ier s'en va visiter sa sœur, Marguerite de Navarre, à Nérac.

Elle écrit, accueille les écrivains, les poètes. Son frère, le roi, à la voir, oublie la guerre. Il chasse, se rend à Cognac, sa ville de naissance.

Il parcourt lentement les pièces de la demeure où il est né : c'est le château de sa mère.

Il s'attarde. L'émotion l'étreint, chaque pas qu'il accomplit soulève la poussière des souvenirs.

Mais des gentilshommes l'entourent. Leurs vêtements sont couverts de la boue des chemins.

Ils arrivent de La Rochelle. La population s'est rebellée. Elle refuse de payer l'impôt.

Le roi de France est emporté par la colère.

Ces manants, ces sujets, l'empêchent de parcourir son passé, ce temps des retrouvailles avec sa jeunesse.

Il va partir pour La Rochelle.

Un roi de France ne peut accepter qu'on s'en prenne à son autorité de droit divin.

L'empereur Charles Quint a brisé les habitants de Gand.

Croit-on que le roi de France est incapable de gagner la guerre que les Rochelais viennent de déclencher contre leur roi ?

En selle !

François Ier doit aussi gagner cette guerre-là.

78.

« Je jure que je ferai raser cette ville ! », s'est écrié le roi, répétant cette menace, comme pour ponctuer le récit que lui font les gentilshommes qui chevauchent près de lui.

Les habitants de La Rochelle, qui exploitent à grands bénéfices les marais salants, et ceux qui dans les îles de Ré et d'Aix sont exemptés de l'impôt sur le sel – la gabelle – se sont rebellés, refusant de payer d'avantage.
Ils ont massacré les « gabelous » chargés de recueillir cet impôt, augmenté ou perçu pour la première fois, certaines populations des îles et des côtes étant jusqu'alors dispensées de le verser.
Tout va changer !
Le roi a besoin d'or pour mener sa guerre contre l'empereur.

À Angoulême le roi reçoit « les députés » de La Rochelle. Ils tremblent et leur effroi calme la colère de François Ier.
Il les écoute, les toise, laisse entendre qu'il veut mettre La Rochelle à sac et détruire la ville si un seul de ses habitants se dresse contre l'autorité et les intentions du roi.
Il ordonne qu'à son entrée dans La Rochelle on ne sonne pas les cloches, qu'on ne dresse ni arc de triomphe ni tapisseries décorant les façades. On ne tirera aucune salve d'artillerie.

prince de la Renaissance française

Ce jour n'est pas celui des « Rentrées » royales mais celui du châtiment des rebelles.

Le seul cortège qui traverse la ville rassemble « les pauvres prisonniers des isles, liez et enferrez, tous montez sur chevaux et conduits par les archers ».

Le silence écrase la ville.

C'est le temps de la peur. Et cependant le Conseil du roi reçoit le représentant de la ville.

Il rapporte que l'avocat du roi a laissé entendre que la colère de Sa Majesté François Ier pourrait s'apaiser si la ville de La Rochelle versait une somme conséquente au roi.

Les gentilshommes proches du roi commencent à rire sous cape !

Faire trembler les marchands de sel, les bourgeois est un bon moyen pour les inciter à vider leurs bourses dans les coffres du roi !

L'or est nécessaire à la conduite de la guerre.

La peur demeure, mais lors d'un tour de ville le roi, entouré de ses proches, montre à plusieurs reprises une « joyeuse face ».

Et les enfants le voyant s'avancer crient « Vive le roi ! »

Peu après, rentré en sa demeure, le roi fait savoir que le jour suivant le roi de France veut souper avec les habitants de La Rochelle.

Pour leur pardonner ou les dépouiller de leurs biens, voire les occire !

Le lendemain, premier jour de l'an 1543, les représentants de la ville s'agenouillent devant le Conseil du roi, que François Ier rejoint. Étienne Noyau, lieutenant de La Rochelle et défenseur de la ville, plaide pour la cité, et ses habitants « pauvres supplians vivre ».

« Miséricorde ! Miséricorde ! » crient les Rochelais.

« Silence ! » ordonne le roi.

Le lieutenant de La Rochelle conclut :

« Sire, qu'il vous plaise nous renouveler vostre bonne grâce, par laquelle nous les nôtres, et qui descendent d'eux, diront d'immortelles louanges. »

Long silence mais enfin le roi parle.
Il pardonne.
« Grâce demandée et longuement différée est à demi vendue... », dit-il puis après un nouveau silence il poursuit.
« Je ne ferai jamais volontairement à mes sujets ce que l'empereur a fait aux Gantois pour moindre offense que la vôtre dont il a maintenant les mains sanglantes et je les ayn la merci à Dieu encore sans aucune taincture du sang de mon peuple. »
Il ordonne qu'on leur rende leurs clefs, leurs armes, et leurs artilleries.
« Je me confie totalement en eulx pour la garde de ma ville de La Rochelle. »

Le roi ferme les yeux.
Certains Rochellois assurent qu'ils l'ont vu pleurer.

Le lendemain matin, les notables de la ville le remercient.
« Je suis fort marri de ce qui vous êtes advenu, dit-il. Toutefois je le vous ai remis et pardonné. Et pense avoir gagné vos cœurs et vous assure, foi de gentilhomme, que vous avez le mien.
« Je m'en vais d'un costé de mon royaume pour le deffendre, deffendez cestuy et si vous ayez vouloir pour l'utilité de la ville de me demander quelque chose, demandez-le moi et je le vous octroiray. »

La voix du roi de France a tremblé d'émotion.
Les gentilshommes de sa suite ne le quittent pas des yeux, tant son visage exprime la joie, comme à la fin d'une guerre gagnée.
Il n'a pas une goutte de sang sur les mains.

prince de la Renaissance française

Il n'est pas le bourreau de son peuple, comme l'a été Charles Quint à Gand.

Il s'est montré puissant mais généreux.

« On ne l'a jamais vu si esjoui qu'après la prononciation dudit arrest. »

79.

Le roi de France chevauche seul, loin devant les gentilshommes de sa garde.

Deux écuyers seulement le suivent, prêts à obéir, ou à débusquer un vieux cerf ou un sanglier, et à prêter main forte au roi qui ne résiste jamais à la chasse au gros gibier.
Il peut aussi s'arrêter, s'installer sous un arbre, et aussitôt les écuyers disposent près de lui la vaisselle en or, la viande rôtie, les bouteilles de vin.
Le roi mange vite, se lève, marche jusqu'à une clairière. On l'entend chantonner.
Parfois il traverse lentement un village, suscitant la curiosité des paysans qui, tout à coup, s'écartent apeurés ; certains s'agenouillent et prient, ou supplient le roi de les protéger, de les bénir, de les guérir.
Un écuyer sur un geste du roi jette quelques pièces.
Et le roi prend le galop.

Il a quitté La Rochelle et, le 17 janvier de l'an 1543, il passe à Coulommiers puis il gagne les châteaux d'Amboise et de Chambord.
Mais personne ne sait exactement où le roi se trouve.
L'ambassadeur anglais, Paget, le découvre par hasard en train de se restaurer, assis à même la terre, le dos appuyé au dos d'un arbre puissant... comme une tour de guet.

prince de la Renaissance française

Le roi a salué simplement l'ambassadeur, et l'a invité à chevaucher à ses côtés jusqu'à Paris. Peut-être Paget est-il tombé dans un piège !

Le cortège royal parvient à Paris le 31 janvier 1543 et la rumeur se répand selon laquelle Henri VIII le roi d'Angleterre est décidé, enfin, à s'allier au roi de France contre l'empereur Charles Quint.
Mais naturellement Henri VIII réclame le versement de coffres lourdement chargés d'or.
Le roi de France s'y refuse. Il ne paiera pas les pensions dues depuis neuf ans au roi d'Angleterre.
Point d'argent dans les caisses du royaume de France.
Les châteaux coûtent cher à construire, et les armes, les canons, les couleuvrines n'ont pas de prix !

Pour recueillir l'argent nécessaire, François Ier vend des offices, des lettres de noblesse, des portions du domaine royal.
Et il faudrait payer l'Anglais, avide comme toujours ?
Le roi pressure ses sujets, l'Église, les villages, les villes.
Et il faudrait payer l'Anglais !
Avec ce bon argent, François Ier fait renforcer les remparts, les murs d'enceinte.
Mais ce refus conduit à la guerre.

Et déjà les Anglais tentent de débarquer en Normandie, en Picardie, en Bretagne.
La guerre montre aussitôt son visage cruel. Et ce sont les pauvres gueux qui subissent vols, saccages, viols.
Les hommes d'armes s'affrontent avec furie et la pitié ne retient jamais leurs lances, leurs dagues.
On tue comme si l'on était à la chasse.
Et le roi de France s'inquiète.

L'armée de Charles Quint a défait celle de Guillaume de Clèves, le jeune duc époux de Jeanne d'Albret.

François Ier, roi de France, Roi-Chevalier

Vaincu, l'allié et le parent du roi de France se soumet à l'empereur germanique.

Heureusement vient novembre, et les hommes d'armes au repos profitent de leur butin et de leurs prises.

Quant à François Ier, il réussit en novembre à briser le siège de Landrecies, à ravitailler cette place dont Charles Quint voulait s'emparer.

Grande gloire pour le roi de France, qui, puisque l'hiver est là, et que la guerre est suspendue, regagne Fontainebleau afin d'y attendre le retour de la belle saison, estivale et guerrière.

80.

François Ier s'agenouille dans le confessionnal.
Mais alors que le cardinal de Tournon l'invite à se confesser, le roi de France se contente de réciter le Notre Père, puis, quand le Cardinal de Tournon avec mille précautions évoque les missives que le pape lui a adressées, François Ier quitte le confessionnal.

Les décisions du roi de France n'ont pour juge que Dieu, murmure-t-il.
Et il s'avance, le visage souriant, vers les gentilshommes qui le scrutent.

Personne ne doit imaginer que le roi de France est divisé.
Il a lu et relu les lettres de Sa Sainteté.
Il sait bien qu'il est le Roi Très Chrétien. Mais il a conclu une alliance avec Soliman le Magnifique.

Les armées du Grand Turc ont pénétré en Hongrie, elles s'avancent dans la vallée du Danube. Et la flotte des infidèles a envahi la Méditerranée. En avril 1543 le Grand Turc écrit au roi de France :
« Sur la prière de ton envoyé, Polin de La Garde, je lui ai accordé une redoutable flotte.
« J'ai ordonné à Barberousse, mon capoudan-pacha d'écouter tes instructions et de former ses entreprises à la ruine de tes ennemis.

« Tu feras en sorte qu'après les avoir heureusement exécutées, mon armée soit de retour avant la même saison. »

François Ier serre les mâchoires, son visage, son sourire se crispant.
Est-ce ainsi qu'un sultan s'adresse au Roi Très Chrétien ?
Le roi imagine, quelques instants, de changer de but : s'allier avec Charles Quint, vaincre Soliman, reconquérir les territoires perdus après l'échec des croisés.
Ce serait un grand destin pour le Roi Très Chrétien.
Il relit les dernières lignes du message de Soliman :
« Prends garde que ton ennemi ne te trompe de nouveau, il ne se réduira jamais à faire la paix avec toi que lorsqu'il reconnaîtra que tu as assez de résolution pour lui faire constamment la guerre. »

Dieu jugera le roi de France !
Pour l'heure la flotte de Barberousse vogue vers Marseille. Elle longe les côtes italiennes, et lance les « razzias », enlevant les paysans ou les pêcheurs vigoureux, les jeunes femmes, pour les revendre comme esclaves.
Quand la flotte turque arrive devant Marseille, ces cent dix voiles ferment l'horizon et le comte d'Enghien, amiral de la flotte française, se rend sur la galère de Barberousse afin de saluer le capoudan-pacha.
Dieu jugera.

D'avoir ainsi confirmé ses choix apaise François Ier.
Il donne ses ordres à Barberousse qui, rejoint par la flotte française, fait le siège de Nice, au mois d'août 1543.
Les galères infidèles et royales bombardent Nice durant deux semaines. La ville se rend et les troupes du roi de France entrent dans la cité. Les combats ont été rudes. Les « lavandières » ont pris les armes, tentant de repousser Turcs et Français. Mais cette résistance est vaincue, et une partie de ces valeureux combattants se réfugient dans le château de Nice, qui domine la baie et la ville et qui est imprenable.

Les tempêtes d'automne se déchaînent et François Ier autorise la flotte de Barberousse à mouiller à Toulon.

La ville doit être abandonnée par ses habitants, ordonne le roi de France : « il faut desloger et vider ladite ville, personnes et biens, tout incontinent a peyne de la hart en désobéissance ».

Trente mille Turcs occupent la cité désertée.

Des tentes sont dressées hors de la ville car toutes les maisons sont occupées par les officiers turcs et leurs esclaves.

Il faut les nourrir, leur fournir gratuitement des vivres.

« À voir Toulon, à écouter les muezzins appeler à la prière, on dirait être à Constantinople, chacun faisant son métier et commerce de marchandises turquestes, avec grande police et justice », écrit au roi l'un de ses espions.

François Ier verse trente mille livres au gouverneur de la province – le comte de Grignan. Toulon est même affranchi de la taille pour dix ans.

Mais l'inquiétude des Toulonnais demeure quand ils constatent que les Turcs, l'hivernage achevé, tardent à lever l'ancre et à dénouer les amarres.

Le roi de France sera contraint d'acheter leur départ.

Barberousse fait hisser les voiles le 26 mai 1544 après huit mois d'hivernage. Trente-deux trésoriers ont pendant trois jours rempli les sacs d'écus.

L'argent est le sang qui fait vivre la politique et la guerre. Le roi de France le sait.

Ses sujets aussi.

Les agents du roi les tondent comme s'ils étaient des moutons de bon lainage.

81.

Le roi de France en est chaque jour persuadé, la guerre ne cesse jamais. Et c'est à lui de faire face.
À lui de mesurer les périls et ne pas se laisser prendre aux illusions de la paix.

L'hiver refroidit les ardeurs guerrières, mais elles reviennent avec le printemps. Et il y a pire que ces guerres étrangères, le roi de France contre l'empereur germanique.
Il faut compter avec les hérétiques.

Et ceux-là sont chaque jour en ordre de bataille : pamphlets, prêches, réunions secrètes, placards.
Il faut leur résister.
« Il convient, écrit le roi, de procéder à l'encontre d'eux comme séditieux et perturbateurs d'un repos et tranquillité de nostre respublique et subjects et conspirateurs occultes contre la prospérité de nostre Estal. »
Car ces hérétiques ne font pas seulement la guerre à la Sainte Église.
Ils veulent affaiblir le pouvoir du roi. Ils sont sacrilèges et n'hésitent pas à pratiquer le crime de lèse-majesté.

Et Sa Majesté François Ier est donc décidée à sévir.
On pourchasse, on exécute.
« La mauvaise semence d'erreurs s'accroît de jour en jour [...] Il faut continuer vivement sans perdre heure ni

temps jusqu'à ce que le fond et la racine de cette peste soient exterminés. »

Du Conseil du roi – que le cardinal de Tournon préside –, des lettres « de mission » sont expédiées aux officiers du roi, les incitant à l'action et les menaçant de retenir leurs gages.
Et comme les écrits hérétiques, les violents pamphlets se multiplient, on « proclame » à Paris, aux carrefours, sous peine de corde, de remettre au Parlement les livres défendus.
En fait tous les livres – et naturellement *L'Institution chrétienne* de Calvin – sont pourchassés, car l'hérésie s'est infiltrée « en tous livres, même la grammaire, dialectique, et même en alphabets ».

Mais le roi constate que ces menaces, ces édits n'endiguent pas les actions des hérétiques.
Au contraire, au sein même de l'Église les thèses de Luther puis de Calvin se propagent.
En chaire, dans sa paroisse, le curé Landry ose prêcher contre la confession, l'invocation des saints et autres errements de l'Église. Mais quand le roi le convoque pour comprendre le succès de l'hérésie, l'abbé Landry, tremblant, se rétracte.
Or le roi sait que des puissants sont ralliés à l'hérésie. Dans sa famille même, l'un de ses fils – le cadet, Charles – souhaite que l'Évangile soit prêché en France, et se considère comme l'un des membres de la ligue de Francfort.
Que faire ? Pourchasser, punir !
Mais quand l'un de ses proches affirme que la propre sœur du roi, Marguerite d'Albret, est grande lectrice d'ouvrages hérétiques et qu'elle partage les erreurs de la secte, le roi répond :
« Pour celle-là, non, elle m'aime trop. Elle ne croira que ce que je voudrai. »

82.

François Ier aime être aimé.

Deux femmes ont couvé et adoré l'enfant, prêtes à tout sacrifier pour lui, sa sœur, Marguerite, et leur mère, Louise de Savoie. Elle est morte mais la reine Éléonore – la sœur de Charles Quint – et les favorites – la duchesse d'Étampes, jamais oubliée et que le roi de France écoute – ont toutes été fascinées et prêtes à servir ce roi, leur amant. Elles ont toutes été des femmes que la politique du roi passionnait. Et il y eut une paix des Dames !

Et le 19 janvier 1544, quand Catherine de Médicis, l'épouse du dauphin Henri, met au monde un fils, elle est heureuse parce qu'elle satisfait le désir de son beau-père, le roi de France.
C'est François Ier qui examine le nouveau-né et il se dit persuadé qu'il sera vigoureux. Il est fier d'en être le grand-père.
Le roi embrasse Catherine, qui est encore allongée à même le sol, là où elle a accouché.

Le dimanche 10 février 1544, l'enfant qui porte nom de François est baptisé. Grande fête : deux cents archers brandissent chacun une torche qu'ils tiennent à bout de bras.
Festins, danses, tournois se succèdent jusqu'au 14 février, magnifiant la naissance de François de Valois, premier fils du dauphin Henri.

prince de la Renaissance française

Le 18 février 1544, le roi quitte Fontainebleau pour Paris. La guerre va reprendre.

Au Piémont le comte d'Enghien, lieutenant général, commande les troupes royales face aux troupes impériales conduites par le marquis del Vasto.

Le Conseil du roi est divisé.

L'envoyé du comte d'Enghien, Monluc, doit transmettre le désir du lieutenant général de livrer bataille, alors que le Conseil prêche la prudence, voire le repli.

Le roi hésite, penche en faveur de la prudence.

« Sire, commence Monluc, tout ce qui émeut messieurs qui ont opiné devant Votre Majesté est la crainte d'une perte. Ils ne disent autre chose que : si nous perdons, si nous perdons ! Je n'ay ouy personne d'eux qui aye dit : si nous gaignons ! Si nous gaignons quel grand bien nous adviendra ? Pour Dieu, Sire, ne craignez de nous accorder notre requeste. »

Le roi donne la parole aux prudents puis après un long silence, il se tourne vers Monluc :

« Qu'ils combattent ! Qu'ils combattent ! » lance-t-il.

Les gentilshommes, dès le choix du roi connu, s'enrôlent, gagnent le Piémont.

« Il n'y a prince au monde, dit Monluc qui ait la noblesse plus volontaire que la nôtre [...] On va mourir au lict que nous appelons le lict d'honneur. »

La bataille s'engage à Cérisoles le lundi de Pâques 11 avril 1544.

Les impériaux sont défaits. Le butin est considérable. Mais le roi refuse au comte d'Enghien une descente sur le Milanais.

« Plus tard », répète le roi.

Il attend dans le nord du royaume l'attaque des impériaux et des Anglais.

Ils sont au rendez-vous.

Les troupes de Charles Quint suivront la Marne jusqu'à Paris.

Les Anglais d'Henri VIII terrasseront d'abord l'Écosse, alliée des Français, puis envahiront la France, et puniront ce roi qui s'est associé aux Turcs en comptant sur « le chien pour détruire le chrétien ».

La violence des propos que l'on tient contre lui accable le roi de France et le révolte.

La mort des gentilshommes, ses proches compagnons, le désespère.

À Saint-Dizier, une place forte que François Ier a inspectée il y a plus de deux ans, Pierre Lalande, un vieux soldat, dirige la résistance, mais il meurt frappé, chez lui, par un coup de canon.

Et quelques semaines plus tard, le 17 août 1544, Saint-Dizier capitule devant Charles Quint, qui fait rendre les honneurs à la garnison française pour son héroïsme.

Dans son château de Villers-Cotterêts, François Ier ne peut cacher son abattement, son désespoir.

Il pleure, se tord les mains, s'agenouille, invoque Dieu :

« Ô mon Père que tu me vends cher un royaume que je pensais que tu m'eusses donné très libéralement ! Ta volonté pourtant soit faite ! »

Marguerite d'Albret, sa sœur, qui l'a rejoint, tente de le consoler. Il lui demande de prier pour le royaume et pour lui.

Mais, au cœur de la nuit, quand il chevauche seul dans la forêt, vient un moment où il s'interroge : Dieu le châtie-t-il d'avoir fait alliance avec Soliman ?

Les mots lancés contre lui lui reviennent comme une douleur lancinante : a t-il « appelé le chien pour détruire le chrétien » ?

Mais il se reprend, au début de septembre, en inspectant son armée d'au moins trente mille hommes et huit mille cavaliers, et en découvrant que son fils le dauphin Henri ne songe qu'à livrer bataille.

Mais Charles Quint se dérobe, recule, renonce donc à attaquer Paris.

François Ier parcourt les rues de sa capitale.

Elles sont encombrées de charrettes sur lesquelles les Parisiens ont entassé leurs biens les plus précieux.

Les religieux emportent le trésor de leurs églises.

Cet exode, le roi de France le vit comme une obligation sacrée d'agir.

Le 10 septembre 1544 il reçoit une députation du Parlement.

Il est impassible, souverain, déterminé.

D'un geste ample il montre les tapisseries, les statues qui font la richesse du Louvre.

« Il n'est encore survenu aucune chose pour laquelle on deust avoir matière de crainte, dit-il. Je vous garderai bien de mal, mais de peur je ne saurais : car il n'y a que Dieu qui tient le cœur des hommes dans sa main. »

Est-ce un signe de Dieu ?

La fièvre qui depuis quelques jours assaillait François Ier s'apaise, les abcès purulents qui étaient plus douloureux qu'une morsure ne le harcèlent plus.

Il n'a plus le sentiment d'être livré à des chiens enragés.

Il remercie Notre-Seigneur.

Et il apprend des paysans interrogés par les officiers que les troupes de Charles Quint battent en retraite.

Des déserteurs de l'armée impériale assurent qu'elle s'effiloche. Les mercenaires ne reçoivent plus leur solde. Les vivres manquent.

Et puis il y a la reine Éléonore, sœur de l'empereur, il y a la duchesse d'Étampes, favorite passionnée, qui, de leur propre chef, ouvrent des négociations avec l'empereur.

On est aux portes de la paix.

Charles Quint sait qu'il n'a plus d'argent pour irriguer la guerre, qu'il ne pourra plus compter sur ses lansquenets, qu'en Allemagne les princes luthériens ne le soutiendront pas.

Il faut donc signer le traité de paix, même si l'empereur se dérobe encore. Mais l'hiver est là.

François Ier s'est installé à Fontainebleau. Est-ce l'effet de la tension qui depuis des mois le presse ? Il s'évanouit fréquemment.

Il doit – et il déteste cette obligation – rester couché, incapable de se tenir debout.

Les douleurs dans l'entrejambe redoublent. Elles ne cessent que lorsque les médecins convoqués percent l'abcès. Il suffit de quelques jours pour que le roi puisse à nouveau chasser en litière.

Lorsqu'il reçoit un envoyé de Charles Quint, il ne dissimule pas son état :

« Dites à Sa Majesté que j'ai été mal mais maintenant je vais bien et suis en bonne santé mais mort pour le compte des dames. »

Il ne cache pas à l'ambassadeur impérial qu'il rassemble une flotte de deux cent cinquante navires, qui vont cingler vers l'Angleterre et y débarquer des troupes. Il séjourne quelques jours à l'abbaye de Jumièges, là où le roi Charles VII s'était recueilli avant d'attaquer les Anglais et d'en finir ainsi avec la longue guerre que plus tard on appellera de Cent ans.

Les débarquements ont lieu dans l'île de Wight, où Henri VIII a appliqué la tactique de la terre brûlée.

Et François Ier mesure que cette guerre ne doit pas se poursuivre : la puissante flotte française ne peut cependant rivaliser avec les escadres anglaises.

Des négociations s'engagent donc avec Henri VIII.

prince de la Renaissance française

Le traité de paix sera signé le 5 juin 1546, à Ardres.
La ville de Boulogne sera rendue au roi de France, qui versera une rançon de huit cent mille écus d'or.

Mais le roi de France pense-t-il encore à la paix, à la guerre ?
Le 9 septembre 1545, après sept jours de souffrance, le duc Charles d'Orléans, fils de François Ier, meurt.
Douleurs, vomissements, fièvres… Des saignées répétées, tout a été tenté pour l'arracher au sommeil de la mort.
On a craint la contagion, et le roi et le dauphin ne resteront auprès de lui qu'un court instant.
On a juste le temps, le septième jour, de lui administrer l'extrême-onction.

Après, il n'y a plus de place que pour le désespoir.
À l'annonce de la mort du duc d'Orléans, le roi s'est évanoui. Ranimé, il s'adresse à Notre-Seigneur.
« Mon Dieu que t'ai-je fait ? En quoi t'ai-je déplu de m'avoir fait celui par lequel la chrétienté pouvait demeurer en repos […] Tout en une fois tu as anéanti tout ce que toute ma vie j'avais tâché de faire…
Le roi sanglote, indifférent à ces gentilshommes qui se lamentent avec lui.
« Dieu punit mon péché en m'enlevant mes enfants… »
Le roi pleure aussi le dauphin François, mort il y a quelques années. La blessure ne s'est jamais refermée.
Dieu le punit-il d'avoir fait alliance avec Soliman ?
« Il faut bien que je sois né sous une planète malheureuse selon laquelle je chemine toujours », confie-t-il.

Un messager de l'empereur Charles Quint lui apporte une lettre de condoléances.
Le roi de France lui répond :
« Je prie Dieu vous donner grâce de n'avoir jamais besoin d'être consolé en tel endroict ny de sentir quelle douleur c'est de la perte d'un enfant. »

83.

Le roi de France a oublié la lettre qu'il a écrite au mois de septembre 1545 à l'empereur Charles Quint.

Et tout à coup, en cette nuit de la mi-janvier 1546, les mots surgissent de sa mémoire comme si son corps était un immense bûcher.
Il les répète.
« Quelle douleur c'est la perte d'un fils ! »

Lui, François Ier, il avait donc durant plusieurs mois effacé le souvenir de la souffrance.
Elle était là, mais point seule.
Il la reconnaissait, mordant ses cuisses, son sexe, sa nuque mais elle était accompagnée de hurlements, de coups de canon, et quelqu'un criait :
« Tuez-les tous, tuez tout jusqu'aux chats ! »

Des corps brûlaient, d'autres étaient empalés sur les piques de soldats et les enfants – les enfants – étaient égorgés, jetés dans l'incendie de l'église...
Et le nom du village revenait hanter le roi de France : « l'église de Cabrières ». Et plus tard, quand le duc d'Orléans était mort, lui, le roi de France, avait osé écrire à Charles Quint « Quelle douleur c'est la perte d'un fils. »
Et les pères et les fils et les filles et les mères égorgés par les troupes royales – « marins, cavaliers, gentilshommes »

prince de la Renaissance française

– avaient traqué les habitants de Mérindol, de Lourmarin, de Cabrières, dans la vallée du Lubéron.

Et lui, qui avait osé évoquer la douleur qu'est la mort d'un fils, il avait laissé ses soldats, ses gentilshommes français exterminer ces enfants, ces familles parce qu'ils refusaient de renoncer à leurs croyances hérétiques.
Ils rejetaient le pape et le clergé.
Ils étaient vaudois rassemblés dans le Comtat Venaissin et en Provence.
Et le cardinal de Tournon avait insisté pour que l'on tue cette vermine, ces vaudois hérétiques depuis deux siècles.
Et à la fin des fins, après avoir refusé d'en donner l'ordre, lui, François Ier il avait laissé le massacre des vaudois s'accomplir.

Dans cette nuit de la mi-janvier 1546, le roi de France se souvient de tout !
Et cependant, quand ses troupes ont commencé à tuer – sûrement plusieurs centaines de femmes, d'enfants, de pères, de mères –, il n'a pas cherché à savoir ce qui se déroulait dans cette vallée du Lubéron.
Il voudrait maintenant crier :
« Je n'ai pas donné l'ordre ! C'est le cardinal de Tournon et c'est Polin de La Garde qui ont arraché mon consentement. »

Dans cette nuit de la mi-janvier 1546, il a l'impression que son corps se consume.
Il hurle.
Les médecins se précipitent.
Il voudrait dire à ces hommes penchés sur son corps que c'est Dieu qui punit le roi.
Il murmure « Je n'ai pas voulu. »
Il demande à se confesser.

François Ier, roi de France, Roi-Chevalier

Et les médecins le rassurent. Ils ont percé l'abcès. Il faut que le pus s'écoule. Alors il sera soulagé.

Mais il faudra, répètent-ils tous, que la plaie reste ouverte.

Quatorzième partie

1546-1547

84.

Le roi de France sait qu'il est déchiré par une plaie ouverte.

Ce n'est pas celle que soignent les médecins et qui permet aux immondices de s'écouler sans infester le sang royal.
Le roi les écoute. Il va mieux, leur concède-t-il.

En cette fin janvier 1546, il peut à nouveau chasser dans la forêt de Saint-Germain. Il loge au château dont il a surveillé la construction. Comme compagnons de chasse il n'accepte qu'une dizaine de proches, son fils, le dauphin, accompagné de sa fille Marguerite.
La duchesse d'Étampes chevauche près de la litière où il est souvent contraint de s'allonger.
L'abcès percé rayonne de douleur quand le roi essaie de retrouver la joie et l'aisance du cavalier émérite qu'il fut.

Il ne peut donc que penser à chaque instant à cette « plaie ouverte ». Et il pourrait rétorquer aux médecins qu'il ne s'agit pas que d'une fente brûlante, là, entre ses cuisses, mais de son âme.
La plaie ouverte, ce sont ses descendants morts.
Il s'est confessé et le prêtre a répété « n'essayez pas d'oublier, Dieu vous entend. La plaie ouverte est votre pénitence et votre pardon. »

Le roi mordille ses lèvres comme s'il voulait ouvrir dans son visage une autre plaie.
Mais c'est Dieu qui décide.

Rentrant d'une chasse à La Roche-Guyon, il n'a pas douté quand il a vu les gentilshommes venir vers lui, la mine défaite, qu'un nouveau malheur venait de le frapper.
On lui raconte :
Le dauphin et quelques gentilshommes s'affrontaient jouant à la guerre. Et le duc d'Enghien donnant l'assaut a reçu sur la nuque un coffre lancé par les assiégés.
Il va agoniser toute la nuit et expirer à l'aube glacée de cette fin janvier 1546.

Il reste à pleurer ce vaillant chevalier de la bataille de Cérisoles, comte de vingt-sept ans !
Il reste à s'agenouiller devant son cercueil, à se lamenter, essayant de comprendre.
« J'ai donc bien offensé Dieu, répète le roi, pour qu'il m'ait enlevé deux de mes fils et après eux quelqu'un que j'aimais comme l'un de mes plus chers enfants. »

« Plaie ouverte », cautérisée quelques jours, après que le 2 avril, Catherine, la dauphine, a accouché d'une fille.
C'est comme une bouffée de joie, une suite de fêtes, jusqu'au baptême célébré le 4 juillet 1546.
L'ambassadeur anglais Thomas Cheyney porte dans ses bras la petite duchesse, prénommée Isabelle.
Cheyney, après la cérémonie, écrit à son roi, Henri VIII :
« Et se dict que le nom d'Isabel lui a été mis à droit pour l'espoir que l'on a avec le temps de traiter le mariage d'elle et du sieur Infant d'Espagne, où tels noms semblent être désirez. »

L'ambassadeur anglais est bien renseigné.
Le roi de France se soucie toujours de sa relation avec l'Espagne – et l'empire – de Charles Quint.

prince de la Renaissance française

Paix ou guerre ?

Le roi inspecte les territoires frontaliers.
Il demande le renforcement des remparts, exige des capitaines qu'ils fassent le recensement de leurs troupes prêtes à agir.
À la cour, au Louvre ou à Fontainebleau, les hérétiques germaniques sont flattés et la duchesse d'Étampes les qualifie de « frères évangéliques ».
Ne sont-ils pas des adversaires de Charles Quint ?
Le roi de France est aux aguets. Il écrit à son ambassadeur auprès de l'empereur :
« Me semble comme je vous ay escript plusieurs fois que vous ne devriez laisser passer un seul jour sans me faire savoir comment toutes choses passent au lieu où vous êtes. Je m'attends que vous me renvoyerez lesdits courriers en toute extrême diligence et que par eux vous m'escripverez bien au long de toutes choses. »

Le roi de France est ainsi aux aguets : il veut tout savoir de ce que pense, trame l'empereur Charles Quint.
Prépare-t-il une nouvelle invasion du royaume ?
Pour l'empêcher, François Ier veut non seulement préparer troupes et places fortes à résister – c'est le but de ses voyages aux frontières – mais il veut aussi écraser tous ceux qui dans le royaume s'opposent à Sa Majesté, portent atteinte à son autorité.
Ces opposants qu'il faut réduire pour assurer la sûreté du monarque et de l'État sont, selon François Ier et son entourage, les hérétiques.

Or ces hérétiques sont de plus en plus nombreux et ils célèbrent leur culte dans la plupart des provinces.
Ils publient les livres interdits. Ils se réunissent. Ils sont si nombreux qu'ils peuvent s'en prendre aux catholiques : sacrilège et crime de lèse-majesté !
Il faut donc arrêter, torturer, brûler.

Chaque mois on dresse des bûchers – plusieurs dizaines dans l'année 1546.

Point de tolérance et point de pitié.

Le roi avait à deux reprises arraché au bourreau l'imprimeur et humaniste Étienne Dolet. En août 1546 il le laisse condamner aux flammes.

Seul privilège : pour lui épargner d'atroces souffrances, on l'étranglera avant de le livrer au bûcher.

À Meaux, cinq cents évangélistes sont arrêtés, suppliciés, membres brisés, langue tranchée.

Quatorze potences sont dressées sur la place du marché de Meaux. Les hérétiques sont livrés d'abord à la « question extraordinaire » puis aux flammes.

« Chacun de ces martyrs vaudra au Seigneur dix mille confesseurs de la vérité », avait écrit Calvin commentant le massacre des vaudois.

François de France, qui a voulu ces condamnations, est déterminé.

Il a l'obligation de punir afin de défendre son royaume, cette création de Dieu.

Il doit donc exterminer les hérétiques. Mais en même temps il ressent avec accablement les années qui sont devant lui – peu nombreuses – comme l'annonce de la fin d'un monde : le sien.

Ses plus anciens compagnons sont morts. Ainsi, Galiot de Genouillac, son fidèle maître de l'artillerie, est mort dans son château du Limousin le 15 octobre 1546.

Marguerite d'Albret, la sœur du roi, est malade et reste calfeutrée dans son château.

Le roi de France va mal, la plaie est ouverte mais douloureuse.

La fièvre le dévore.

Dès qu'il peut il chasse, mais si la volonté de chevaucher demeure, l'entrain manque !

prince de la Renaissance française

Un gentilhomme anglais vient lui annoncer la mort d'Henri VIII le 28 juin 1547.

Le roi pâlit. Il n'était l'aîné d'Henri VIII que de trois années.

Il interroge le gentilhomme anglais, selon lequel Henri VIII a beaucoup souffert.

L'Anglais doit, de la part d'Henri VIII, inciter le roi de France à penser qu'il est mortel comme le roi d'Angleterre.

85.

François Ier se souvient.

La fièvre chaque soir s'empare de lui.
Il a la tentation d'arracher ses vêtements, ce pourpoint de soie au col de fourrure, comme s'il s'agissait de sa peau brûlante.
Ce n'est que la fièvre qui fait surgir des visages, des noms, des paysages, des voix.

Le roi de France est à Marignan. Il est prisonnier de Charles Quint. Il entre dans la tente du camp du Drap d'or où il surprend dans son sommeil Henri VIII. Il aurait pu se saisir de lui, le tuer. Et au contraire, ils se sont enlacés, comme des frères, de bons amis.
Et voici qu'Henri VIII vient de mourir, et ses derniers mots invitent le roi de France à se souvenir que les rois aussi sont mortels !

Quand le gentilhomme anglais messager d'Henri VIII, lui a rapporté ces propos du roi d'Angleterre, François Ier a d'abord eu un mouvement de colère : ce messager, ce conseil étaient bien dans la manière perfide du roi d'Angleterre.
Henri VIII avait voulu que sa mort hante les dernières années de François Ier !

Dernière année ? peut-être derniers jours, sûrement derniers jours.

Puis la colère de François Ier s'était dissipée !
Il a prié pour Henri VIII, se remémorant les événements qui avaient marqué leurs vies.
Et François Ier n'avait pu s'empêcher de pleurer, en ordonnant que l'on récite à Notre-Dame les vigiles des morts pour le roi Henri VIII d'Angleterre.
Car ce roi si souvent ennemi avait été aussi proche du roi de France. Et le roi de France pleurait.

Il sait que toute la cour, et d'abord son fils Henri le dauphin, guette chacune de ses faiblesses.
Or il trébuche souvent. Il lui faut l'aide d'un écuyer, d'un chambellan pour s'arracher à sa litière, à son lit.
Et son teint est livide.
Il voudrait être seul, mais il est le roi jusqu'à son dernier souffle. Et il sait voir les cicatrices que le temps qui passe laisse sur les visages, les corps.
Celui de la reine Éléonore, de Marguerite d'Albret sa propre sœur, celui du cardinal de Tournon et de l'amiral de France Claude d'Annebault.
François Ier a l'impression qu'il les voit entraînés par la mort et qu'il les suit.

Alors il prie pour que la mort ne soit pas victorieuse, et que vienne le temps de la résurrection.

Il assiste aux offices, il interroge les religieux.
Et l'angoisse qui l'étreint desserre ses griffes quand il répète qu'il a toujours refusé d'être comme Henri VIII un roi schismatique.
Mais il n'est apaisé que pour de courts instants.
Il y a l'alliance avec Soliman.
Il y a le massacre des vaudois.
Il y a la mort de ses fils qui est un avertissement de Dieu.

Mais il dit à son fils, le dauphin Henri :
« Quand vous viendrez en l'état où je suis maintenant pour aller rendre compte de votre charge devant Dieu, ce vous sera grand réconfort de pouvoir dire ce que je dirai maintenant que je n'ay point de remords en ma conscience pour chose que j'aye jamais faicte ny fait faire à justice à personne du monde que j'aye sceu. »

Il dit cela, il veut le penser, mais le doute persiste. Il craint le jugement de Dieu.
Alors il se tourne vers l'amour de sa vie, Anne d'Heilly, dont il n'a jamais voulu se séparer, qui est devenue duchesse d'Étampes, puis de Chevreuse.
Elle n'est pas l'une de ses favorites.
Elle est celle qu'il a toujours aimée et dont il est sûr qu'elle l'aime avec le même élan qu'il y a vingt ans.
Et il en va de même pour lui.
Et c'est parce qu'il craint de la perdre lors du passage de la vie à la mort qu'il prie et qu'il pleure.

86.

Le roi de France voit la mort approcher.
Les yeux clos, les mains croisées sur sa poitrine, la respiration bruyante – comme s'il voulait crier –, il attend.

Les chirurgiens, les gentilshommes, Pierre Duchâtel évêque de Macon qui est l'aumônier du roi, sont debout, dans sa chambre, entourant son lit.
Le roi ne bouge pas. Mais souvent, il prononce un nom, quelques phrases qui s'interrompent tout à coup, mais il reprend.

Il dit...
Et ce sont les mêmes mots, les mêmes prières, les mêmes résolutions qu'il prononce.
Il dit qu'il veut vivre, si Dieu lui accorde encore un peu de vie, dans le calme, le repos, que c'en sera fini des grands voyages, de la guerre.
Il tente de se dresser.
L'empereur Charles, dit-il, a refusé la paix, il n'a pas renoncé à reconquérir le Piémont.
Le roi de France étouffe.
Les médecins se précipitent.
Il vit encore.
On est à la mi-mars de l'an 1547. Et depuis le mois de février tous les jours la fièvre le terrasse.
Et alors que son corps brûle, le roi de France se souvient.

Il se souvient de Charles Quint, avec qui il avait parcouru le royaume, et il avait voulu que chaque ville traversée accueille l'empereur avec faste.
Que d'entrées !
Il découvrait l'étonnement jaloux de l'empereur.
Et François avait voulu que Charles Quint visite les châteaux que lui, le roi de France, avait décidé de construire, pour que chacun mesure la richesse du royaume et de son roi.

En décembre 1539, il se souvient du visage ébahi de l'empereur quand il avait découvert Chambord puis Villers-Cotterêts, et à nouveau la surprise de Charles Quint.
Le roi se souvient de Saint-Germain, des Tournelles à Paris, du Louvre qu'il n'a pas achevé, et enfin de Fontainebleau, de ses appartements royaux.
Il y avait la chambre de la reine et la chambre de la duchesse d'Étampes.
Et celle du roi.

Il avait voulu que chacun de ces châteaux soient comme la preuve de la puissance du roi de France, mais surtout de son goût pour les œuvres des peintres et des sculpteurs, des architectes, et le témoignage de ce que les anciens, les « antiques » avaient créé.
Et c'est un Italien, le Primatice, qui avait en France acheté pour le roi les œuvres les plus diverses. Et cent quarante-sept caisses avaient été débarquées à Valvins, le port de Fontainebleau.

Le roi de France se souvient.
Et au seuil de sa mort, il veut qu'après lui son fils le dauphin Henri et leurs descendants soient fiers de François, premier du nom.

A-t-il péché par vanité ?
A-t-il trahi sa reine Éléonore ?

prince de la Renaissance française

Il a aimé les femmes. Il a voulu que les plus belles soient autour de lui.

Il se souvient qu'il a plusieurs fois dit : « Une cour sans femme, c'est un printemps sans rose. »

Il y eut toujours des bouquets de roses dans sa vie.

Elles sont là, Françoise de Châteaubriant, tant d'autres, et Diane de Poitiers, qui fut aussi la rose du dauphin Henri.

Mais l'une d'elles, la duchesse d'Étampes, fut toujours à ses côtés, durant plus de vingt années.

Dieu, faites que dans votre royaume je ne l'oublie jamais, faites qu'elle se souvienne de moi.

87.

Le roi de France, le mardi 29 mars de l'an 1547 – il avait donc cinquante-trois ans –, a su qu'il allait mourir, que ses jours étaient comptés, que Dieu ne lui accordait point de sursis.

Depuis le mois de février et les premiers jours de mars, il avait cru, en dépit de la maladie, que Dieu ne l'appellerait pas encore en son royaume.
Et il priait pour obtenir ces quelques mois de vie terrestre, se fiant aux dires de ses chirurgiens et de ses médecins.

Les chirurgiens avaient une nouvelle fois crevé l'abcès. Et le roi avait cru les praticiens qui lui avaient assuré qu'il n'était plus en péril de mort.
C'est alors qu'il avait déclaré ne vouloir plus qu'une vie calme, enveloppée par la paix et le repos.

Il avait convoqué le dauphin Henri et lui avait recommandé quand il accéderait au trône, de protéger ses sujets de toutes les injustices.
Puis il avait vu sa fille Marguerite et l'émotion avait été si forte qu'il n'avait pu garder longuement la main de Marguerite entre les siennes.
« Sa tendreté de cœur paternel fut si grande qu'il fut contraint de tourner de l'autre côté de son lit. »

prince de la Renaissance française

Il avait écouté son aumônier, l'évêque de Mâcon, Pierre Duchâtel, et les paroles du prêtre l'avaient réconforté. Mais le mardi 29 la fièvre avait été si forte, l'épuisement si profond qu'il avait compris que chaque partie de son corps était envahie par les armées funestes de la mort.

Il avait demandé l'extrême-onction. Il désirait être prêt à comparaître devant le grand tribunal de Dieu.

Il ne voulait « poinct partir de ce monde sans avoir tous les caractères et enseignes d'un chevalier sous l'étendard et conduite de Jésus-Christ ». Il s'était confessé.

Et il avait entendu une femme crier devant la porte de la chambre du roi : « Terre, engloutis-moi ! »

Il avait reconnu la voix de la duchesse d'Étampes à laquelle on ordonnait de quitter le château de Rambouillet, qui allait être la dernière demeure du roi de France.

Et le roi devait se présenter devant Dieu blanchi de ses péchés.

Et la duchesse d'Étampes pendant plus de vingt ans avait été l'amour illégitime du roi.

Elle avait encore crié « Terre, engloutis-moi ! » et elle s'était jetée sur le sol.

Puis on l'avait entraînée. Et elle avait gagné l'un de ses petits châteaux, présents du roi.

Le roi avait reçu ses proches et ses familiers.

« Mon fils, avait-il dit au dauphin Henri, vous m'avez été bon fils et je m'en contente... »

Il avait béni son fils, mais le roi reconnaissait-il encore ceux qui s'approchaient de son lit d'agonie ?

Le mercredi matin 30 mars de l'an 1547, il avait recouvré sa conscience et dit à son fils :

« Mon fils faites-vous encore votre devoir ? Dieu vous le rendra ! »

Il le bénit pour la troisième fois.

François Ier, roi de France, Roi-Chevalier

C'est le grand jeu de la mort et de la vie qui se livre ainsi dans la nuit du mercredi 30 mars de l'an 1547.

Le roi reconnaît ses serviteurs puis son regard se dérobe et n'est plus qu'un brouillard qui lui ternit tout le visage. Il prononce des propos incohérents puis il revient à la raison et, le jeudi 31 mars de l'an 1547, il entend la messe.

C'est l'alternance de la brève clarté à l'ombre dense.
Il pardonne, il embrasse, il réconforte.
On a glissé une croix entre ses mains à la peau grise, il la porte à ses lèvres, et la garde serrée contre sa poitrine.

Il dit « Jésus. »
C'est un souffle.
« Je l'ai dit, je l'ai dit Jésus. »
Il se signe.

Le roi de France se meurt.

Il est deux heures de l'après-midi, le jeudi 31 mars de l'an 1547.

Épilogue

Jeudi 31 mars 1547
L'effigie

En ces premiers mois de l'an 1547, j'ai vu le roi de France, jour après jour, être peu à peu recouvert par l'épaisseur noire, la mort.

Durant le mois de février de cette même année, le roi de France chassait encore, souvent en litière.
J'ai cru qu'il allait échapper à l'étreinte mortelle.
Mais je me trompais, et je le trompais.

Un jour de février, je l'ai vu chanceler, tomber la face contre terre, les bras en croix. C'était le signe que nous donnait Dieu.

Avec les gentilshommes de la garde du roi, les médecins et les chirurgiens je me suis précipité, m'agenouillant près de lui.
Il avait les yeux ouverts, le regard fixe.
Il m'a reconnu :
« Mon aumônier, a-t-il murmuré, voici le moment. Parlez-moi, préparez-moi à comparaître devant Dieu. »
Nous l'avons aidé à se redresser, et nous l'avons porté jusqu'à son lit.

Les jours suivants il a semblé retrouver ses forces, et plusieurs fois il a quitté le château de Rambouillet pour se faire conduire dans le plus profond de la forêt. Il chassait.

Mais moi qui priais pour lui, avec lui, je sentais bien qu'il s'égarait et le mois de mars fut un lent ensevelissement dans la nuée qui étouffe les mourants.

Et il y eut cette journée du 29 mars. Il retrouva les phrases qu'il avait prononcées en février après avoir perdu l'équilibre :
« Mon aumônier, voici le moment... Il a voulu que je l'aide ainsi à franchir le passage. »

C'est ce jour-là que j'ai reconnu la voix de la duchesse d'Étampes qui criait : « Terre, engloutis-moi ! »
On l'a contrainte à quitter le château.
Et moi, Pierre Duchâtel, évêque de Mâcon, aumônier de François I*er*, roi de France et Roi Très Chrétien, j'ai, le jeudi 31 mars de l'an 1547, vers deux heures de l'après-midi, saisi le dernier regard de mon roi.

Le roi est mort mais les rois – et d'abord notre Très Chrétien roi de France – ont une vie outre-tombe.

Dieu le décide et les peuples prient le souverain disparu.
On s'agenouille devant les tombeaux, les statues, les portraits.
On honore leurs reliques, on les invoque. On prie devant elles.

Au matin du vendredi 1*er* avril de l'an 1547, j'ai vu – j'en ai tremblé – les chirurgiens et les médecins ouvrir – fendre ! – la poitrine et le ventre du roi défunt.
Ils ont retiré le cœur et les entrailles et les ont placés dans deux coffrets de bois.
Ils ont rempli le corps avec de l'étoupe et l'ont embaumé, l'enduisant d'huiles parfumées.
Puis les gentilshommes de la Chambre ont déposé le roi dans son cercueil.

prince de la Renaissance française

Je connais le menuisier Jean Caboche qui, incontinent après la mort du roi, s'est mis à ma demande à l'ouvrage.
Dieu que notre roi était grand !

Le samedi 2 avril, les coffrets et le cercueil ont été placés sur un chariot attelé de six chevaux caparaçonnés de noir.
Un cortège immense suivait le corps du roi qui, quittant Rambouillet, allait vivre la première étape de sa vie d'outre-tombe.

Notre roi devait être exposé dans la maison de l'évêque à Saint-Cloud afin que le peuple vienne s'incliner devant lui.

Notre roi de France m'avait plusieurs fois dit qu'il voulait que l'on confie au peintre François Clouet le soin de réaliser son effigie.
Le 31 mars, je prévins Clouet, qui commença son travail le jour même.
J'ai vu, tout au long de ces quinze jours qu'a duré le travail de Clouet, le corps du roi, son visage renaître.
J'ai félicité le peintre qui me répondit en pleurant qu'à chaque étape de son œuvre – il fit plusieurs moulage du visage du roi – il avait craint que l'émotion et le désespoir ne l'empêchent de terminer l'effigie.

En la découvrant je fus saisi.
Le roi était là, vivant, le teint, la barbe, les cheveux, les mains, et le corps vêtu comme il le devait quand il recevait des visites d'ambassadeurs, faisant de cette effigie, une « remembrance » parfaite de François, premier du nom.

C'était la seconde étape de sa vie d'après mort.
Et le dauphin Henri, qui lui succédait sur le trône du royaume de France, avait déclaré qu'il voulait que les funérailles de son père, notre roi, soient inoubliables et conformes à nos traditions.

Le cœur et les entrailles du roi seraient inhumés en l'église de Haute-Bruyère et son corps à Saint-Denis.

Il voulait aussi qu'avec les obsèques du roi soient célébrées celles de ses deux fils morts avant leur père : le dauphin François et son frère Charles, duc d'Orléans.

Le corps de François était à Tournon et celui de Charles, à Beauvais.

Dans sa seconde vie, notre roi était entouré par ses fils qu'il aimait par-dessus tout.

Un roi mort n'est jamais seul.

On attendit donc l'arrivée à Saint-Cloud des cortèges funèbres des fils.

Durant cette période la vie de notre roi défunt se déroula comme s'il vivait encore.

On sert les mets du dîner et du souper à sa place royale, où l'on a l'impression de le voir assis.

Ainsi durant onze jours, le roi en effigie reçoit les hommages de ses serviteurs, de son peuple, de ses gentilshommes.

Et le samedi 21 mai 1547 commence la dernière étape du voyage du roi, jusqu'à Saint-Denis.

Ses fils défunts, François et Charles, l'attendent dans l'église Notre-Dame-des-Champs.

Le cortège s'est mis en route, longue colonne humaine que précèdent cinq cent pauvres vêtus de noir.

Au village de Vaugirard, les vingt-quatre crieurs de la ville prennent la première place.

Ils font tinter leurs clochettes. Ils crient : « Priez Dieu pour l'âme de très haut, très puissant et magnanime François, par la grâce de Dieu Roi de France Très Chrétien, premier de ce nom, prince clément, père des arts et des sciences ! »

Le Parlement, les cours souveraines, les états de la ville, le Châtelet défilent devant les trois effigies : celle de notre roi et celles de ses deux fils.

Puis le cortège se met en marche.

Jamais un roi n'eut funérailles plus spectaculaires, immenses et entourées d'une jamais vue réunion de peuple.

Notre-Dame puis, au terme, la grande abbatiale de Saint-Denis sont illuminées de milliers de cierges.

Le lundi 23 mai j'ai, comme aumônier du roi défunt, évoqué les qualités de François Ier.

J'ai pleuré et ma voix a été souvent recouverte par les sanglots et les déplorations des assistants à l'évocation.

Le mardi 24 mai j'ai prononcé la seconde partie de l'oraison funèbre. J'ai dit qu'il était prince des lettres, des arts et des sciences.

Notre-Seigneur Jésus-Christ, Dieu, ai-je conclu, va protéger notre roi.

On commence à défaire les effigies du roi et de ses deux fils.

Et l'on descend les trois cercueils dans le caveau.

Le dauphin est à la droite du roi. Le duc d'Orléans à sa gauche.

Les assistants sont en pleurs.

L'on récite les prières des morts.

Je me suis écrié :

« Nous pleurons sur notre roi alors qu'il est en possession des biens éternels ! »

Le Roi de France Très Chrétien, François, premier du nom, est mort.

Il est entré dans la vie éternelle.

Table

Prologue
Octobre 1546 – 31 mars 1547.................. 15

Première partie
Chapitres 1 à 7 (1494-1515)..................... 25

Deuxième partie
Chapitres 8 à 13 (1515-1516).................... 51

Troisième partie
Chapitres 14 à 19 (1516-1519).................. 77

Quatrième partie
Chapitres 20 à 22 (1519-1520).................. 101

Cinquième partie
Chapitres 23 à 35 (1521-1525).................. 117

Sixième partie
Chapitres 36 à 41 (1525-1526).................. 165

Septième partie
Chapitres 42 à 50 (1526-1530).................. 189

Huitième partie
Chapitres 51 à 55 (1530-1534) 227

Neuvième partie
Chapitres 56 à 59 (1534-1536) 249

Dixième partie
Chapitres 60 à 64 (1536-1538) 265

Onzième partie
Chapitres 65 à 70 (1538-1540) 283

Douzième partie
Chapitres 71 à 76 (1540-1542) 307

Treizième partie
Chapitres 77 à 83 (1542-1546) 329

Quatorzième partie
Chapitres 84 à 87 (1546-1547) 355

Épilogue
Jeudi 31 mars 1547, le roi François,
premier du nom, est mort

L'effigie 371

Du même auteur

Autobiographie

L'oubli est la ruse du diable, XO Éditions, 2012.

Romans

Le Cortège des vainqueurs, Robert Laffont, 1972.
Un pas vers la mer, Robert Laffont, 1973.
L'Oiseau des origines, Robert Laffont, 1974.
Que sont les siècles pour la mer, Robert Laffont, 1977.
Une affaire intime, Robert Laffont, 1979.
France, Grasset, 1980 (et Le Livre de Poche).
Un crime très ordinaire, Grasset, 1982 (et Le Livre de Poche).
La Demeure des puissants, Grasset, 1983 (et Le Livre de Poche).
Le Beau Rivage, Grasset, 1985 (et Le Livre de Poche).
Belle Époque, Grasset, 1986 (et Le Livre de Poche).
La Route Napoléon, Robert Laffont, 1987 (et Le Livre de Poche).
Une affaire publique, Robert Laffont, 1989 (et Le Livre de Poche).
Le Regard des femmes, Robert Laffont, 1991 (et Le Livre de Poche).
Un homme de pouvoir, Fayard, 2002 (et Le Livre de Poche).
Les Fanatiques, Fayard, 2006 (et Le Livre de Poche).
Le Pacte des Assassins, Fayard, 2007 (et Le Livre de Poche).
La Chambre ardente, Fayard, 2008 (et Le Livre de Poche).
Le Roman des rois, Fayard, 2009 (et Le Livre de Poche).
Caïn et Abel, le premier crime, Fayard, 2011 (et J'ai Lu).

Suites romanesques

LA BAIE DES ANGES :

I. *La Baie des Anges*, Robert Laffont, 1975 (et Pocket).
II. *Le Palais des Fêtes*, Robert Laffont, 1976 (et Pocket).
III. *La Promenade des Anglais*, Robert Laffont, 1976 (et Pocket).
(Parue en un volume dans la coll. « Bouquins »,
Robert Laffont, 1998.)

LES HOMMES NAISSENT TOUS LE MÊME JOUR :

I. *Aurore*, Robert Laffont, 1978.
II. *Crépuscule*, Robert Laffont, 1979.

LA MACHINERIE HUMAINE :

La Fontaine des Innocents, Fayard, 1992 (et Le Livre de Poche).
L'Amour au temps des solitudes, Fayard, 1992
(et Le Livre de Poche).
Les Rois sans visage, Fayard, 1994 (et Le Livre de Poche).
Le Condottiere, Fayard, 1994 (et Le Livre de Poche).
Le Fils de Klara H., Fayard, 1995 (et Le Livre de Poche).
L'Ambitieuse, Fayard, 1995 (et Le Livre de Poche).
La Part de Dieu, Fayard, 1996 (et Le Livre de Poche).
Le Faiseur d'or, Fayard, 1996 (et Le Livre de Poche).
La Femme derrière le miroir, Fayard, 1997 (et Le Livre de Poche).
Le Jardin des Oliviers, Fayard, 1999 (et Le Livre de Poche).

BLEU, BLANC, ROUGE :

I. *Mariella,* XO Éditions, 2000 (et Pocket).
II. *Mathilde,* XO Éditions, 2000 (et Pocket).
III. *Sarah,* XO Éditions, 2000 (et Pocket).

LES PATRIOTES :

I. *L'Ombre et la Nuit,* Fayard, 2000 (et Le Livre de Poche).
II. *La flamme ne s'éteindra pas,* Fayard, 2001 (et Le Livre de Poche).
III. *Le Prix du sang,* Fayard, 2001 (et Le Livre de Poche).
IV. *Dans l'honneur et par la victoire,* Fayard, 2001
(et Le Livre de Poche).

MORTS POUR LA FRANCE :

I. *Le Chaudron des sorcières,* Fayard, 2003 (et J'ai Lu).
II. *Le Feu de l'enfer,* Fayard, 2003 (et J'ai Lu).
III. *La Marche noire,* Fayard, 2003 (et J'ai Lu).
(Parus en un volume, Fayard, 2008.)

L'EMPIRE :

I. *L'Envoûtement,* Fayard, 2004 (et J'ai Lu).
II. *La Possession,* Fayard, 2004 (et J'ai Lu).
III. *Le Désamour,* Fayard, 2004 (et J'ai Lu).

LA CROIX DE L'OCCIDENT :

I. *Par ce signe tu vaincras,* Fayard, 2005 (et J'ai Lu).
II. *Paris vaut bien une messe,* Fayard, 2005 (et J'ai Lu).

Politique-fiction

La Grande Peur de 1989, Robert Laffont, 1966.
Guerre des gangs à Golf-City, Robert Laffont, 1991.

Histoire, essais

L'Italie de Mussolini, Librairie académique Perrin, 1964, 1982 (Marabout ; coll. « Texto », Tallandier, 2011).
L'Affaire d'Éthiopie, Le Centurion, 1967.
Gauchisme, Réformisme et Révolution, Robert Laffont, 1968.
Histoire de l'Espagne franquiste, Robert Laffont, 1969.
Cinquième Colonne, 1939-1940, Éditions Plon, 1970, 1980 ; Éditions Complexe, 1984.
Tombeau pour la Commune, Robert Laffont, 1971.
La Nuit des Longs Couteaux, Robert Laffont, 1971, 2001 (coll. « Texto », Tallandier, 2010).
La Mafia, mythe et réalités, Seghers, 1972.
L'Affiche, miroir de l'histoire, Robert Laffont, 1973, 1989.
Le Pouvoir à vif, Robert Laffont, 1978.
Le XXe Siècle, Librairie académique Perrin, 1979.
La Troisième Alliance, Fayard, 1984.
Les idées décident de tout, Galilée, 1984.
Lettre ouverte à Robespierre sur les nouveaux muscadins, Albin Michel, 1986.
Que passe la justice du roi, Robert Laffont, 1987 ; Éditions Complexe, 2011.
Les Clés de l'histoire contemporaine, Robert Laffont, 1989 ; Fayard, 2001 (et Le Livre de Poche, éd. mise à jour, 2005).
Manifeste pour une fin de siècle obscure, Odile Jacob, 1989.
La gauche est morte, vive la gauche, Odile Jacob, 1990.
L'Europe contre l'Europe, Éditions du Rocher, 1992.
Histoire modeste et héroïque d'un homme qui croyait aux lendemains qui chantent, Stock, 1994 (et Mille et Une Nuits).
L'Amour de la France expliqué à mon fils, Le Seuil, 1999.
Fier d'être français, Fayard, 2006 (et Le Livre de Poche).
L'Âme de la France : une histoire de la nation des origines à nos jours, Fayard, 2007 (J'ai Lu, 2 volumes).
La Grande Guerre (préface à…), XO Éditions, 2008.
Histoires particulières, CNRS Éditions, 2009.

RÉVOLUTION FRANÇAISE :

    I. *Le Peuple et le Roi*, XO Éditions, 2009.
    II. *Aux armes, citoyens !*, XO Éditions, 2009.

Dictionnaire amoureux de l'Histoire de France, Plon, 2011 (et Pocket).

UNE HISTOIRE DE LA DEUXIÈME GUERRE MONDIALE :

1940, de l'abîme à l'espérance, XO Éditions, 2010 (et Pocket).
1941, le monde prend feu, XO Éditions, 2011 (et Pocket).
1942, le jour se lève, XO Éditions, 2011 (et Pocket).
1943, le souffle de la victoire, XO Éditions, 2011 (et Pocket).
1944-1945, le triomphe de la liberté, XO Éditions, 2012 (et Pocket).

UNE HISTOIRE DE LA PREMIÈRE GUERRE MONDIALE :

1914, le destin du monde, XO Éditions, 2013.
1918, la terrible victoire, XO Éditions, 2013.

La Chute de l'Empire romain, XO Éditions, 2014.

Biographies

Maximilien Robespierre, histoire d'une solitude, Librairie académique Perrin, 1968 (et Pocket, et Tempus, 2008).
Garibaldi, la force d'un destin, Fayard, 1982 (coll. « Texto », Tallandier, 2012).
Le Grand Jaurès, Robert Laffont, 1984, 1994 (et Pocket, et coll. « Bouquins », Robert Laffont, 2011).
Jules Vallès, Robert Laffont, 1988 (et coll. « Bouquins », Robert Laffont, 2011).
« Moi, j'écris pour agir. » Vie de Voltaire, biographie, Fayard, 2008 (et Pocket, 2012).
Jeanne d'Arc, jeune fille de France brûlée vive, XO Éditions, 2011.

NAPOLÉON :

I. *Le Chant du départ*, Robert Laffont, 1997 (et Pocket).
II. *Le Soleil d'Austerlitz*, Robert Laffont, 1997 (et Pocket).
III. *L'Empereur des rois*, Robert Laffont, 1997 (et Pocket).
IV. *L'Immortel de Sainte-Hélène*, Robert Laffont, 1997 (et Pocket).

DE GAULLE :

I. *L'Appel du destin*, Robert Laffont, 1998 (et Pocket).
II. *La Solitude du combattant*, Robert Laffont, 1998 (et Pocket).
III. *Le Premier des Français*, Robert Laffont, 1998 (et Pocket).
IV. *La Statue du Commandeur*, Robert Laffont, 1998 (et Pocket).

Rosa Luxemburg :

    Une femme rebelle, vie et mort de Rosa Luxemburg, Fayard, 2000.

Victor Hugo :

    I. *Je suis une force qui va !,* XO Éditions, 2001 (et Pocket).
    II. *Je serai celui-là !,* XO Éditions, 2001 (et Pocket).

Les chrétiens :

    I. *Le Manteau du soldat,* Fayard, 2002 (et Le Livre de Poche).
    II. *Le Baptême du roi,* Fayard, 2002 (et Le Livre de Poche).
    III. *La Croisade du moine,* Fayard, 2002 (et Le Livre de Poche).

    César Imperator, XO Éditions, 2003 (et Pocket).

Les Romains :

    I. *Spartacus, la révolte des esclaves,* Fayard, 2006 (et J'ai Lu).
    II. *Néron, le règne de l'antéchrist,* Fayard, 2006 (et J'ai Lu).
    III. *Titus, le martyre des Juifs,* Fayard, 2006 (et J'ai Lu).
    IV. *Marc Aurèle, le martyre des chrétiens,* Fayard, 2006 (et J'ai Lu).
    V. *Constantin le Grand : l'empire du Christ,* Fayard, 2006 (et J'ai Lu).

Louis XIV :

    I. *Le Roi-Soleil,* XO Éditions, 2007 (et Pocket).
    II. *L'Hiver du Grand Roi,* XO Éditions, 2007 (et Pocket).

Jésus, l'homme qui était Dieu, XO Éditions, 2010.
Geneviève de Paris, Lumière d'une sainte dans un siècle obscur, XO Éditions, 2013.

Conte

La Bague magique, Casterman, 1981.

En collaboration

Au nom de tous les miens, de Martin Gray, Robert Laffont, 1971 (et Pocket).

Composition et mise en pages
Nord Compo à Villeneuve-d'Ascq

Achevé d'imprimer sur Roto-Page
par l'Imprimerie Floch à Mayenne
en août 2014

N° d'édition : 2720/01 – N° d'impression : 87181
Dépôt légal : octobre 2014

Imprimé en France